개정판

漢 한

文 문

文 문

法 법

한 문 문 법

漢 文 文 法

김태수 지음

한국학술정보

머리말

　21세기 인터넷 세상을 사는 오늘날, 한문漢文을 공부하는 까닭은 과거 우리 선인들처럼 한문을 익혀 시문詩文을 짓는 등의 문자생활을 하려는 것은 아닐 것이다. 현 세대에 한문을 공부하려는 것은 우리의 문화유산文化遺産인 한국한문학韓國漢文學을 좀 더 깊이 음미吟味하면서 그 현대적 의미를 새롭게 조명하고, 나아가 오랜 역사를 통해 풍부하게 축적된 동양東洋의 다양한 한문고전漢文古典에 담긴 삶의 지혜智慧를 배우고자 함이다. 어문일치語文一致가 되지 않아 한문을 주主된 의사소통의 수단으로 사용할 수밖에 없었던 우리 선인들은 한문문법漢文文法을 체계적으로 배우지 않았지만, 한문으로 문자생활을 영위營爲하면서 자연스럽게 문법이 체득體得되어 모국어처럼 이해하고 실생활 문자소통 및 각종 기록은 물론 다양한 문학창작 등도 할 수 있었다. 그러나 한글과 한문의 구조가 다르고, 한글만으로 말과 글을 소통하는 오늘날에는 선인들처럼 한문이 생활 속에서 자연스럽게 습득習得되기는 매우 어려운 일이다. 따라서 한문에 입문入門하려 할 경우 한문문법의 이해를 바탕으로 접근한다면, 한문의 해독解讀과 전반적인 문리文理를 깨우치는 데 큰 도움과 힘이 생길 것이다.

　수천 년 역사의 한문은 모든 언어가 그렇듯 일정한 체계의 언어규칙言語規則과 표현방식表現方式이 있으며, 한문문법은 이를 체계적으로 종합한 것이라고 하겠다. 한문의 가장 큰 특성은 어떤 품사가 하나의 성분으로만 사용된다는 고정된 조건이 없이, 문장의 어느 위치에서 어떠한 성분으로 쓰이느냐에 따라, 한자의 형태는 전혀 변하지 않고 다른 성분으로 활용될 수 있다는 점이다. 이러한 점이 자전字典이나 많은 한자의 이해와 습득만으로 한문을 해득解得하기 어렵게 하고 있다.

또 다른 특성은 한문이 사용된 오랜 역사를 놓고 볼 때, 문장의 규칙은 시대에 따라 약간의 특징은 있으나 거의 변화가 없는 편이다. 이는 한자에 대한 지식과 문법에 대한 이해가 어느 정도 갖추어 있으면, 아주 오래전에 쓰인 ≪논어論語≫와 같은 한문고전의 해독도 가능하고, 아울러 한문에 보다 쉽게 접근할 수 있는 점이라 하겠다.

이 책은 한문문법을 다각적으로 논한 전문적인 문법서가 아니라, 문법의 기초를 다룬 입문서로, 문법의 체계적인 이해를 위해 품사편品詞篇·성분편成分篇·형식편形式篇으로 나누고, 부록에 해당하는 '주요한자主要漢字의 쓰임'편을 두어 내용의 활용도를 높이고자 하였다. 그리고 문文·사史·철哲로 대표되는 우리나라와 중국의 한문고전에서 가려 뽑은 다양한 예문을 통해 문법의 실질적인 기초를 다지면서 문장의 해독능력을 향상시킴은 물론, 그 안에 담긴 선현들의 삶의 지혜를 통해 오늘날의 삶을 돌아보는 거울로 삼고자 하는 데 주안점을 두었다.

2010년 5월

逸樂齋 一隅에서 畊松 金泰洙

目 次

PART I. 漢文의 品詞

PART II. 漢文의 成分

PART III. 漢文의 形式

PART Ⅳ. 漢字의 쓰임

漢文의 品詞

Part I. 漢文의 品詞

한문漢文의 품사品詞는 단어單語의 의미意味·형태形態·기능技能 등에 따라 나눈 갈래로, 명사名詞·대명사代名詞·수사數詞·동사動詞·형용사形容詞·부사副詞·보조사補助詞·접속사接續詞·개사介詞·종결사終結詞·감탄사感歎詞 등으로 구분한다. 그리고 실질적實質的인 의미를 갖느냐의 여부與否에 따라 실사實辭와 허사虛辭로 나누며, 실사는 명사·대명사·수사·동사·형용사·부사, 허사는 보조사·접속사·개사·종결사·감탄사이다.

1. 名詞

명사名詞는 인명人名이나 지명地名, 구체적具體的 사물과 추상적抽象的 개념概念 등을 나타내며, 그 용법用法은 문장文章에서 주어主語·서술어敍述語·목적어目的語·보어補語·관형어冠形語·독립어獨立語로 쓰인다. 그리고 의미론적意味論的 기준에 따라 고유固有명사와 보통普通명사, 구체具體명사와 추상抽象명사, 자립적自立的으로 쓰이느냐와 반드시 수식修飾하는 말이 있어야 하느냐에 따라 자립自立명사와 의존依存명사 등으로 분류한다.

(1) 명사의 용법

1) 주어

父慈, **子**孝. <禮記>

아버지가 자애慈愛로우면 자식은 효도한다. *慈(자)사랑하다.

物有本末, **事**有終始. <大學>

사물은 근본과 말단이 있고, 일은 끝과 시작이 있다.

天不生無祿之人, **地**不長無名之草. <明心寶鑑>

하늘은 녹祿이 없는 사람을 내지 않고, 땅은 이름이 없는 풀을 기르지 않는다. *祿(록)녹.<관리의 봉급>

2) 서술어

① 명사

階伯**百濟人**. <三國史記>

계백階伯은 백제百濟 사람이다. *階(계)섬돌. 伯(백)맏. 濟(제)구제하다, 건너다.

君子之德**風**, 小人之德**草**. <論語>

군자의 덕은 바람이요, 소인의 덕은 풀이다.

② 명사구

太任**文王之母**. <小學>

태임太任은 문왕文王의 어머니다. *任(임)맡기다.

詩者**小技**. <東人詩話>

시는 작은 기예技藝이다. *技(기)재주.

德者**才之主**, 才者**德之奴**. <菜根譚>

덕은 재주의 주인이요, 재주는 덕의 종이다. *奴(노)종.

③ 명사＋也

仁者**人也**. <中庸>
인仁은 사람이다.

起予者, **商也**. <論語>
나를 흥기시키는 자는 상商(자하子夏)이로다. *予(여)나.

夫君者**舟也**, 庶人者**水也**. <孔子家語>
대저 임금은 배요, 백성은 물이다. *夫(부)대저. 庶(서)여러.

④ 명사구＋也

仁**人心也**, 義**人路也**. <孟子>
인은 사람의 마음이요, 의는 사람의 길이다.

道之所存, **師之所存也**. <師說>
도가 있는 곳이 스승이 있는 곳이다.

3) 목적어

孟母斷**機**. <列女傳>
맹자孟子의 어머니가 베 짠 것을 끊었다. *孟母斷機(맹모단기)학문을 중도에서 그만두면 쓸모가 없다는 뜻. *機(기)베틀, 틀.

富潤**屋**, 德潤**身**. <大學>
부는 집을 윤택하게 하고, 덕은 몸을 윤택하게 한다. *潤(윤)윤택하다.

君子謀**道**, 不謀**食**. <論語>
군자는 도를 도모하고, 먹을 것을 도모하지 않는다. *謀(모)꾀하다.

4) 보어

水光接**天**. <赤壁賦>
물빛은 하늘에 닿았다. *接(접)잇다.

大丈夫生**世**, 用於國, 則以死報國. <李忠武公全書>

대장부가 세상에 나서, 나라에 등용되면 죽음으로써 나라에 보답한다.
*報(보)갚다.

橘生淮南, 則爲**橘**, 生**淮北**, 則爲**枳**. <晏子>

귤이 회남淮南에서 나면 귤이 되고, 회북淮北에서 나면 탱자가 된다.
*南橘北枳(남귤북지)사람도 환경에 따라 변함을 비유함. *橘(귤)귤.
淮(회)강 이름. 爲(위)되다. 枳(지)탱자나무.

5) 관형어

寸鐵殺人. <鶴林玉露>

한 치의 쇠가 사람을 죽인다. *寸鐵殺人(촌철살인)짧은 경구로도 사
람을 크게 감동시킬 수 있음을 이름. *寸(촌)치. 鐵(철)쇠.

狐假**虎**威. <戰國策>

여우가 호랑이의 위세를 빌리다. *狐假虎威(호가호위)아랫사람이 윗
사람의 권위를 빌려 남을 위협함을 비유함. *狐(호)여우. 假(가)빌리
다. 威(위)위엄.

盡**人**事, 待**天**命. <初學至要>

사람의 일을 다하고, 하늘의 명을 기다린다. *盡(진)다하다. 待(대)기
다리다.

6) 독립어

賜也, 女以予爲多學而識之者與. <論語>

사賜(자공子貢)야, 너는 나를 많이 배우고 그것을 기억하는 자라고 여
기느냐. *賜(사)주다. 也(야)어조사.<호격> 女(여)너. 予(여)나. 識(지)
기억하다. 與(여)어조사.<의문>

(2) 명사의 분류

1) 보통명사와 고유명사

고유명사는 단일한 사물에 대해서 적용되고, 보통명사는 여러 사물에 보편적으로 적용되며, 구체명사와 추상명사도 보통명사에 포함된다.

① 보통명사

馬行處, **牛**亦去. <洌上方言>
말 가는 곳에 소 또한 간다. *갑이 하는 일은 을도 할 수 있다는 의미.

林中不賣**薪**, **湖**上不鬻**魚**. <淮南子>
숲에서 땔나무를 팔지 않고, 호숫가에서 물고기를 팔지 않는다. *賣(매)팔다. 薪(신)땔나무. 鬻(육)팔다.

性靜**情**逸, **心**動**神**疲. <千字文>
성품이 고요하면 감정도 편안하고, 마음이 동하면 정신도 피로해진다. *逸(일)편안하다. 疲(피)지치다.

② 고유명사

白頭山, 在**女眞朝鮮**之界. <擇里志>
백두산白頭山은 여진女眞과 조선朝鮮의 경계에 있다. *鮮(선)곱다.

伯牙善鼓琴, **鍾子期**善聽. <列子>
백아伯牙는 거문고 타기를 잘하고, 종자기鍾子期는 듣기를 잘하였다. *伯(백)만. 善(선)잘하다. 鼓(고)악기를 타다. 琴(금)거문고.

清海, **新羅**海路之要, 今謂之**莞島**. <三國史記>
청해清海는 신라新羅 바닷길의 요충지로, 지금 이곳을 완도莞島라 이른다. *羅(라)벌이다. 莞(완)왕골.

2) 구체명사와 추상명사

구체명사는 눈에 보이는 모양과 형태가 있으며, 추상명사는 손으로 만질 수 없고 눈에 보이지 않는 추상적인 개념을 나타낸다.

① 구체명사

烏飛, **梨**落. <松南雜識>
까마귀 날자, 배 떨어지다. *梨(리)배.

口有**蜜**, 腹有**劍**. <十八史略>
입에는 꿀이 있고, 배에는 칼이 있다. *蜜(밀)꿀. 腹(복)배. 劍(검)칼.

種**瓜**得**瓜**, 種**豆**得**豆**. <明心寶鑑>
오이씨를 심으면 오이를 얻고, 콩을 심으면 콩을 얻는다. *결과에는
원인이 있다는 의미. *種(종)심다. 瓜(과)오이.

② 추상명사

以**直**報**怨**, 以**德**報**德**. <論語>
곧음으로 원한을 갚고, 덕으로 덕을 갚는다. *報(보)갚다.

窮不失**義**, 達不離**道**. <孟子>
궁窮하여도 의를 잃지 않으며, 영달榮達하여도 도를 떠나지 않는다.

智窮於學成, 而裕於自得. <盜子說>
지혜는 배워 이루어진 것에서는 궁하고, 스스로 얻음에서는 넉넉해진
다. *裕(유)넉넉하다.

3) 자립명사와 의존명사

자립명사는 스스로 뜻을 지니고 있어서 다른 말의 도움을 받지 않고 단독
으로 쓰일 수 있는 명사이며, 의존명사는 의미가 형식적이어서 다른 말 아래
에 기대어 쓰이는 명사. 반드시 수식어가 필요한 불완전不完全명사로 수식
어를 앞에 가지는 '者'와 용언류가 뒤에서 수식하는 '所·攸·所以'가 있으
며, 양사量詞도 일종의 의존명사이다.

① 자립명사

花無百日紅. <通俗編>
꽃은 백 일 동안 붉은 것이 없다.

作**亭**者**誰**. <醉翁亭記>

정자를 지은 사람은 누구인가. *亭(정)정자. 誰(수)누구.

死生有**命**, **富貴**在**天**. <論語>

죽고 사는 것은 명이 있고, 부와 귀는 하늘에 달려 있다.

② 의존명사

▷者(자)

言悖而出**者**, 亦悖而入. <大學>

말이 도리에 어긋나게 나간 것은 또한 도리에 어긋나게 들어온다.
*悖(패)어그러지다.

欲致魚**者**, 先通水, 欲致鳥**者**, 先樹木. <淮南子>

물고기를 잡고자 하는 사람은 먼저 물을 통하게 하고, 새를 잡고자
하는 자는 먼저 나무를 심는다. *樹(수)심다.

我非生而知之**者**, 好古敏以求之**者**也. <論語>

나는 나면서부터 아는 자가 아니라, 옛것을 좋아하여 민첩敏捷하게
그것을 구한 자이다. *敏(민)민첩하다.

▷所(소)

詩者, 興**所**見也. <白雲小說>

시란 본 것을 일으키는 것이다. *興(흥)일으키다.

寅若不起, 日無**所**辦. <明心寶鑑>

새벽에 일어나지 않으면, 하루에 힘쓸 것이 없다. *寅時(인시)오전
3～5시. *辦(판)힘쓰다.

卷中對聖賢, **所**言皆吾事. <李滉詩>

책 속에서 성현을 마주 대하니, 말씀하는 것이 모두 내 일이다. *卷
(권)책.

▷攸(유)

汝不憂朕心之**攸**困. <書經>

너희들은 짐의 마음이 곤란한 바를 근심하지 않는다. *朕(짐)나, 천자의 자칭. 攸(유)바.

易輶**攸**畏, 屬耳垣牆. <千字文>

말을 쉽고 가볍게 함을 두려워하는 바이니, 귀가 담장에 붙어 있음이다. *易(이)쉽다. 輶(유)가볍다. 畏(외)두려워하다. 屬(속)붙다. 垣(원)담. 牆(장)담.

作爲農器織器, 以利民用, 以厚民生, 亦民牧之**攸**務也. <牧民心書>

농기계와 베 짜는 기구를 만들어서 백성들이 쓰기에 이롭게 하여, 백성들의 생활을 넉넉하게 해 주는 것, 또한 목민관이 힘써야 할 바이다. *織(직)짜다. 厚(후)두텁다. 牧(목)기르다. 務(무)힘쓰다.

▷所以(소이)

彼知矉美, 而不知矉之**所以**美. <莊子>

그는 눈살을 찌푸리는 것이 아름다운 줄만 알고, 눈살을 찌푸리는 것이 아름다운 이유를 알지 못하였다. *彼(피)그. 矉(빈)찡그리다.

明鏡**所以**昭形也, 往古**所以**知今也. <說苑>

밝은 거울은 형체를 비추는 것이요, 옛날(왕고往古)은 지금을 아는 것이다. *鏡(경)거울. 昭(소)밝히다.

▷양사

<길이> '寸·尺·丈·仞·尋·里' 등

是後見墨, 雖一**寸**重若千金, 不敢忽也. <破閑集>

이후 먹을 보면, 비록 한 치라도 천금같이 중히 여겨, 감히 소홀히 하지 않았다. *寸(촌)치. 敢(감)감히. 忽(홀)소홀히 하다.

黑齒常之百濟西部人, 長七**尺**餘. <三國史記>

흑치상지黑齒常之는 백제 서부 사람으로, 신장이 7척 남짓이었다.

*濟(제)건너다. 尺(척)자.

寧測十丈水深, 難測一**丈**人心. <耳談續纂>
차라리 열 길 물 깊이는 헤아릴 수 있어도, 한 길 사람의 마음은 알기 어렵다. *寧(영)차라리. 測(측)헤아리다. 丈(장)장, 열 자.

爲山九**仞**, 功虧一簣. <書經>
아홉 길의 산을 만드는데, 공이 한 삼태기 때문에 무너진다. *仞(인)길. 虧(휴)이지러다. 簣(궤)삼태기.

履危石, 臨百**仞**之淵, 若能射乎. <莊子>
위태로운 바위를 밟고, 못이 백 길 내려다보이는 벼랑에 임하여서도, 그대는 쏠 수 있겠는가. *履(리)밟다. 淵(연)못. 若(약)너. 射(사)쏘다.

新羅乘**釁**, 奪我地五百**里**. <三國史記>
신라가 틈을 타, 우리 땅 5백 리를 빼앗았다. *乘(승)타다. 釁(흔)틈, 결점. 奪(탈)빼앗다. 里(리)길이의 단위.

楚誠能絶齊, 秦願獻商之地六百**里**. <史記>
초楚가 진실로 제齊와 절교할 수 있다면, 진秦은 상商의 땅 6백 리를 드리기 원한다. *誠(성)진실로. 獻(헌)드리다.

<면적> '畝·頃·結' 등

良田萬**頃**, 不如薄藝隨身. <明心寶鑑>
좋은 밭 만 이랑이 얇은 재주가 몸을 따르는 것만 못하다. *頃(경)이랑. 薄(박)엷다. 隨(수)따르다.

百**畝**之田, 勿奪其時, 數口之家, 無飢矣. <孟子>
백 묘의 토지에 농사철을 빼앗지 않는다면, 몇 식구의 집안이 굶주림이 없을 것이다. *畝(묘)이랑. 奪(탈)빼앗다. 數(수)두어. 飢(기)주리다.

至京, 賜庾信田五百**結**. <三國史記>
서울에 도착하여, 유신庾信에게 밭 오백 결結을 하사하였다. *庾(유)곳집. 結(결)논밭의 면적단위. 賜(사)주다. 하사하다.

<부피> '合・升・斗・斛・石・鍾' 등

始用**升**授, 還以**斗**受. <耳談續纂>

처음에 되로써 주고 도리어 말로써 받는다, *升(승)되. 還(환)도리어.
斗(두)말.

豈能爲五**斗**米, 折腰向鄕里小兒. <晉書>

어찌 쌀 다섯 말 녹을 위해서, 촌마을의 어린애 같은 관리에게 허리
를 굽힐 수 있겠는가. *折(절)꺾다. 腰(요)허리.

先生飮一**斗**而醉, 惡能飮一石哉. <史記>

선생은 한 말 술을 마시면 취하는데, 어떻게 열 말 술을 마실 수 있
겠습니까. *醉(취)취하다. 惡(오)어떻게, 어찌. 哉(재)어조사.

郎徒幾千人, 各出粟一**石**爲贈. <三國史記>

화랑도 몇천 명이 각각 곡식 한 섬씩을 내주었다. *徒(도)무리. 幾(기)
몇. 粟(속)곡식. 石(석)섬. 贈(증)주다.

富家不用買良田, 書中自有千**鍾**粟. <眞宗皇帝勸學>

집을 부하게 하려고 좋은 밭을 살 필요가 없다, 책 속에 절로 천
종의 곡식이 있다. *買(매)사다. 鍾(종)용량의 단위. 粟(속)곡식. *不
用(불용)~할 필요가 없다.

得穀爲千**斛**, 而注役爲二萬日, 則每一日分糧五**升**. <田論>

거둔 곡식이 천 곡斛이고, 일을 기록한 날이 2만 일이면, 매번 하루에
나눈 곡식이 5되이다. *斛(곡)휘.<10말의 용량> 注(주)기록하다.<주
註> 役(역)일, 노동. 糧(량)곡식.

<무게> '銖・斤・兩・鈞・鎰' 등

得黃金百**斤**, 不如得季布一諾. <史記>

황금 백 근 얻는 것이 계포季布의 한 번 승낙을 얻는 것만 못하다.
*季布一諾(계포일락)확실한 승낙. *斤(근)근. 諾(낙)대답하다.

黃金千**兩**, 未爲貴, 得人一語, 勝千金. <明心寶鑑>

황금 천 냥이 귀한 것이 아니요, 사람의 좋은 말 한마디 얻는 것이 천금보다 낫다. *兩(량)무게의 단위. 勝(승)낫다.

吾力足以擧百**鈞**. <孟子>
내 힘은 삼천 근을 들 수 있다. *擧(거)들다. 鈞(균)서른 근.

秦王大悅, 迺遣車十乘黃金百**鎰**, 以迎孟嘗君. <史記>
진왕秦王은 매우 기뻐, 이에 수레 열 대에 황금 이천 냥을 보내 맹상군孟嘗君을 맞이하게 하였다. *悅(열)기뻐하다. 迺(내)이에. 乘(승)수레. 鎰(일)중량의 단위.<20냥>

<수효> '箇・個・件・番・度・匹・乘・枚・隻・張・頭' 등

授天符印三**箇**, 遣往理之. <三國遺事>
천부인天符印 세 개를 주어, 가서 그곳을 다스리게 하였다. *箇(개)낱, 개. 授(수)주다. 符(부)부신, 들어맞다. 遣(견)보내다.

兒童以索, 執其兩端, **且越且跳**, 至千餘**度**. <海東竹枝>
어린이들이 새끼줄을 그 양쪽 끝을 잡고, 넘으면서 뛰어 천여 번에 이르렀다. *索(삭)동아줄. 執(집)잡다. 端(단)끝. 越(월)넘다. 跳(도)뛰다. 度(도)도수, 횟수.

此身死了死了, 一百**番**更死了. <丹心歌>
이 몸이 죽고 죽어, 일백 번 고쳐 죽다. *番(번)차례, 횟수. 更(갱)다시.

上使人賜徐福帛十**匹**. <說苑>
왕은 사람으로 하여금 서복徐福에게 비단 열 필을 주게 하였다. *賜(사)주다. 帛(백)비단. 匹(필)필.

公主以寶釧數十**枚**, 繫肘後, 出宮獨行. <三國史記>
공주는 보물 팔찌 수십 개를 팔꿈치에 걸고, 궁궐을 나와 혼자 길을 떠났다. *枚(매)낱. 釧(천)팔찌. 繫(계)매다. 肘(주)팔꿈치.

萬**乘**之國, 弑其君者, 必千**乘**之家. <孟子>
만승萬乘의 나라에, 그 군주를 시해하는 자는 반드시 천승千乘의 나라일 것이다. *주대周代에 전시戰時에 천자는 만승萬乘, 제후는 천승

千乘을 내도록 되어 있었음. *乘(승)수레. 弑(시)죽이다.

望子敬借我二十**隻**船. <三國志演義>

자경子敬께서 제게 배 20척을 빌려주기를 바랍니다. *借(차)빌리다,
빌려주다. 隻(척)척.<배를 세는 단위>

2. 代名詞

대명사代名詞는 명사를 대신代身하는 품사로 인물을 대신하는 인칭人稱대명
사, 사물을 대신하는 지시指示대명사, 의문을 드러내는 의문疑問대명사로 나뉜
다. 대명사는 문구文句나 문장文章의 반복에 따라 생기는 번잡을 생략하는 데 있
다. 그리고 명사를 대신하여 명사가 지니는 문장 성분으로 사용될 수 있지만, 명
사와는 달리 다른 품사의 수식修飾을 받지 않고 중첩重疊하여 사용하지 않는다.

(1) 대명사의 용법

1) 주어

吾以天地爲棺槨. <莊子>
나는 천지를 관으로 삼는다. *棺(관)널, 관. 槨(곽)외관外棺.

我有子無, 何故不受. <說苑>
나는 있고 그대는 없는데, 무슨 까닭으로 받지 않는가. *子(자)그대.
受(수)받다.

君記我乎. <許生傳>
그대는 나를 기억하는가. *君(군)그대. 記(기)기억하다.

弟子**孰**爲好學. <論語>
제자 중에 누가 학문을 좋아합니까. *孰(숙)누구.

2) 목적어

父兮生**我**, 母兮鞠**我**. <詩經>

아버지는 나를 낳으시고, 어머니는 나를 기르셨다. *兮(혜)어조사. 鞠
(국)기르다.

寡人將去**斯**, 而之何. <列子>

과인寡人이 장차 이곳을 떠나 어디로 갈 것인가. *寡人(과인)군주의
자칭. *斯(사)이. 之(지)가다.

內省不疚, 夫**何**憂, **何**懼. <論語>

안으로 반성하여 조그마한 하자도 없으니, 무엇을 근심하며, 무엇을
두려워하겠는가. *省(성)살피다. 疚(구)꺼림하다, 고질병. 懼(구)두렵다.

3) 관형어

昔者, **吾**舅死於虎. <禮記>

옛날에 나의 시아버지가 범에게 죽임을 당하였다. *舅(구)시아버지.
於(어)~에게.

爾身克正, 罔敢不正. <書經>

네 몸이 능히 바르면, 감히 바르지 않게 하는 이가 없을 것이다. *爾
(이)너. 克(극)능히, 능하다.

因**誰**之佾, 以至於此乎. <三國史記>

누구의 속임으로 인하여, 여기에 이르렀는가. *因(인)인하다. 誰(수)누
구. 佾(주)속이다.

之二蟲, 又何知. <莊子>

이 두 마리 벌레가 또 무엇을 알겠는가. *之(지)이. 蟲(충)벌레.

欲齊**其**家者, 先修**其**身. <大學>

그 집안을 가지런히 하고자 하는 자는 먼저 그 몸을 닦는다. *齊(제)
가지런하다. 修(수)닦다.

是時百濟君臣, 奢泰淫逸, 不恤國事. <三國史記>

이때 백제의 임금과 신하는 사치하고 음란하여, 국사를 돌보지 않았다. *奢(사)사치하다. 淫(음)음란하다. 逸(일)난잡하다, 음란하다. 恤(휼)구휼하다.

4) 보어

子爲**誰**. <論語>
그대는 누구인가. *子(자)당신. 誰(수)누구.

食夫稻, 衣夫錦, 於**女**安乎. <論語>
저 쌀밥을 먹고, 저 비단옷을 입는 것이 너에게 편안하느냐. *稻(도)벼. 錦(금)비단. 女(여)너.

卿言多務, 孰若**孤**. <資治通鑑>
경卿은 일이 많다고 말하나 누가 나만 하겠는가. *卿(경)임금의 신하에 대한 호칭. 務(무)일. 孤(고)나, 왕후王侯의 겸칭.

君子成人之美, 不成人之惡, 小人反**是**. <論語>
군자는 남의 아름다움을 이루어 주고, 남의 악을 이루어 주지 않으니, 소인은 이와 반대이다.

5) 서술어

折花獻者, 其**誰**. <三國遺事>
꽃을 꺾어 줄 사람은 그 누구인가. *折(절)꺾다. 獻(헌)바치다.

春者**何**, 歲之始也. <公羊傳>
봄은 무엇인가, 세월의 시작이다.

居惡在, 仁**是也**, 路惡在, 義**是也**. <孟子>
거하는 것은 어디에 있어야 하는가, 인仁이 이것이요, 길은 어디에 있어야 하는가, 의義가 이것이다. *惡(오)어디.

(2) 대명사의 분류

1) 인칭대명사

사람을 가리키는 대명사로, 자신을 지칭指稱하는 1인칭, 상대방을 지칭하는 2인칭, 화자話者와 청자聽者 이외의 사람을 대신하는 3인칭, 불특정不特定 사람을 지칭하는 부정칭不定稱으로 나눈다.

① 1인칭

1인칭 대명사 '我・吾・予・孤・寡人・朕・僕・愚・臣・妾・小人・小生・小子' 등은 말하는 자신을 지칭하며, '僕・愚, 臣・妾・小人・小生・小子・孤・寡人・朕' 등은 자신을 낮추는 겸칭謙稱이며, '孤・寡人・朕' 등은 왕후王侯의 겸칭이다.

▷我(아)

我敬農夫, 如敬佛. <李奎報詩>
나는 농부 공경하기를 부처님 공경하듯 한다.

念**我**之獨, 誰其與歸. <黃鳥歌>
나의 고독을 생각하니, 누구와 더불어 돌아갈까. *誰(수)누구. 與(여)더불다.

我腹旣飽, 不察奴飢. <耳談續纂>
내 배가 이미 부르면, 종의 배고픔을 살피지 않는다. *旣(기)이미. 飽(포)배부르다. 察(찰)살피다. 奴(노)종. 飢(기)주리다.

▷吾(오)

彼丈夫也, **吾**亦丈夫也. <孟子>
그도 장부며, 나 또한 장부다. *彼(피)그.

吾文王之子, 武王之弟, 成王之叔父也. <韓詩外傳>
나(주공周公)는 문왕文王의 아들이자, 무왕武王의 동생이며, 성왕成王의 숙부이다.

衆鳥欣有托, **吾亦愛吾**廬. <陶淵明詩>

뭇 새들은 의탁할 곳이 있음을 기뻐하고, 나 또한 나의 집을 사랑한다. *欣(흔)기뻐하다. 托(탁)의탁하다. 廬(려)집.

▷余(여)

問**余**何事栖碧山. <李白詩>

나에게 무슨 일로 푸른 산에 사느냐고 물었다. *余(여)나. 栖(서)깃들이다. 碧(벽)푸르다.

余爲大韓獨立而死, 爲東洋平和而死. <韓國獨立運動之血史>

나는 대한독립을 위하여 죽고, 동양평화를 위하여 죽는다.

余於中秋泛舟龍浦, 過洛東江泊犬灘. <白雲小說>

내가 중추中秋에 용포龍浦에 배를 띄워, 낙동강洛東江을 지나 견탄犬灘에 배를 댔다. *泛(범)띄우다, 뜨다. 浦(포)개, 물가. 洛(낙)물 이름, 잇닿다. 泊(박)배 대다. 灘(탄)여울.

▷予(여)

予助苗長矣. <孟子>

내가 벼 싹이 자라도록 도와주었다. *助長(조장)무리하게 도와서 도리어 해가 됨. *予(여)나. 助(조)돕다. 苗(묘)싹.

蓮之愛, 同**予**者何人. <愛蓮說>

연꽃을 사랑함이 나와 같은 사람은 어떠한 사람인가. *蓮(연)연꽃.

回也視**予**猶父也, **予**不得視猶子也. <論語>

안회顏回는 나 보기를 아버지처럼 하였는데, 나는 자식처럼 보지 못했다. *猶(유)같다.

▷僕(복)

何足下距**僕**之深也. <史記>

어찌 족하께서는 저를 거절함이 심하십니까. *足下(족하)동료에 대한 존칭. *距(거)거절하다.

僕奉將軍如父, 豈可獨歸. <三國史記>

제가 장군을 아버지처럼 받들었는데, 어찌 홀로 돌아갈 수 있겠는가.
*僕(복)저. 奉(봉)받들다.

僕在京城之外, 居大道之旁. <三國史記>

저는 경성 밖 큰길가에 살고 있습니다. *旁(방)곁.<旁傍>

▷妾(첩)

今者燭滅, 有引**妾**衣者. <說苑>

지금 촛불이 꺼지자, 첩의 옷자락을 당기는 이가 있습니다. *滅(멸)꺼
지다. 引(인)당기다.

花若勝於**妾**, 今宵花同宿. <李奎報詩>

꽃이 만약 저보다 예쁘시거든, 오늘밤은 꽃하고 주무시구려. *若(약)
만약. 勝(승)낫다. 宵(소)밤. 宿(숙)자다.

妾等, 乃東池靑池二龍之妻也. <三國遺事>

저희들이 바로 동지東池와 청지靑池 두 용의 아내입니다. *等(등)무
리. 池(지)못. 乃(내)곧.

▷寡人(과인)

寡人之民不加多, 何也. <孟子>

과인의 백성이 많아지지 않음은 어째서입니까. *寡人(과인)과덕지인
寡德之人<덕이 적은 사람>이라는 뜻으로, 왕후王侯의 겸칭.

寡人竊聞趙王好音, 請奏瑟. <史記>

과인은 조趙나라 왕께서 음악을 좋아한다고 들었는데, 비파를 연주해
주기를 청합니다. *竊(절)살짝, 몰래. 奏(주)연주하다. 瑟(슬)비파.

▷孤(고)

利於民, **孤**之利也. <左傳>

백성에게 이로움이 나의 이로움이다. *孤(고)나, 왕후王侯의 겸칭.

孤之有孔明, 猶魚之有水也. <三國志>

내가 공명孔明이 있음은 물고기가 물이 있음과 같다. *猶(유)같다.

孤極知燕小力少, 不足以報. <通鑑節要>
나는 연燕이 작고 힘이 부족해 보복할 수 없음을 잘 안다. *極(극)매우, 심히. 報(보)보복하다.

▷朕(짐)

朕欲伐吳, 可乎. <三國志演義>
짐朕이 오吳나라를 정벌征伐하려고 하는데 괜찮겠소. *朕(짐)천자의 자칭. 伐(벌)치다.

萬方有罪, 罪在**朕**躬. <論語>
만방에 죄가 있음은 그 죄가 내 몸에 있다. *躬(궁)몸.

自今以來除諡法, **朕**爲始皇帝. <十八史略>
이제부터 이후로 시호법諡號法을 없애고, 나를 시황제始皇帝라고 한다. *諡號(시호)왕이나 사대부들이 죽은 뒤에 그 공덕을 찬양하여 추증하는 호. *自(자)~로부터. 諡(시)시호.

② 2인칭

2인칭 대명사 '汝・爾・女・而・若・君・子・乃・夫子・公・卿・叟・足下・夫子・大人・先生' 등은 듣는 상대방을 지칭하며, '君・子・夫子・公・卿・叟・足下・夫子・大人・先生' 등은 상대방을 높이는 경칭敬稱이며, '足下'는 같은 연배年輩에 대한 경칭이다.

▷汝(여)

學業, 在**汝**篤志與否. <退溪家訓>
학업은 네가 뜻을 돈독히 하느냐 안 하느냐에 있다. *汝(여)너. 篤(독)도탑다. 否(부)아니다.

汝當效我向高麗之心, 事汝朝鮮之王. <海東續小學>
너는 마땅히 내가 고려高麗를 향하는 마음을 본받아, 너의 조선朝鮮의 왕을 섬겨야 한다. *效(효)본받다. 麗(려)곱다. 事(사)섬기다. 鮮(선)곱다.

汝盈而能損故不溢, 人滿而不省故易仆. <樽銘>

너는 찼다가도 덜 수 있어 넘치지 않는데, 사람들은 가득한데도 덜지 못하므로 넘어지기 쉽다. *盈(영)차다. 損(손)덜다. 溢(일)넘치다. 省(생)덜다. 仆(부)넘어지다.

▷ 爾(이)

出乎**爾**者, 反乎爾者也. <孟子>

네게서 나온 것은 네게로 돌아가는 것이다. *爾(이)너. 乎(호)~에서, ~에게.

百鳥豈無母, **爾**獨哀怨深. <白居易詩>

온갖 새가 어찌 어미가 없겠냐마는, 까마귀 너만이 슬픔과 원망이 깊구나. *百(백)모든. 怨(원)원망하다.

我以不貪爲寶, **爾**以玉爲寶. <春秋左傳>

나는 탐하지 않는 것을 보물로 여기고, 너는 옥을 보물로 여긴다. *貪(탐)탐하다. 寶(보)보배.

▷ 若(약)

若非吾故人乎. <史記>

너는 친구(고인故人)가 아닌가. *若(약)너.

虞兮虞兮, 奈**若**何. <十八史略>

우미인虞美人(항우 애첩)이여, 우미인이여, 너를 어찌하리. *虞(우)헤아리다. 兮(혜)어조사. 奈(내)어찌.

我勝**若**, **若**不吾勝, 我果是也, 而果非也邪. <莊子>

내가 너를 이기고, 네가 나를 이기지 못한다 하여, 내가 과연 옳고, 네가 과연 그른 것인가. *果(과)과연. 是(시)옳다. 而(이)너. 邪(야)어조사.<의문>

▷ 而(이)

余**而**祖也. <左傳>

나는 너의 할아버지다. *余(여)나. 而(이)너.

夫差, 而忘越人之殺而父耶. <十八史略>

부차夫差야, 너는 월나라 사람이 네 아버지를 죽인 것을 잊었느냐.
*耶(야)어조사.<의문>

若能入而國武庫割破鼓角, 則我以禮迎, 不然則否. <三國史記>

만약 너의 나라 무기고에 들어가 북과 피리를 찢고 깨뜨릴 수 있다
면, 나는 예로써 맞이하고, 그렇지 않으면 않겠다. *庫(고)곳집. 割(할)
베다. 鼓(고)북. 角(각)뿔피리. 迎(영)맞이하다. 否(부)아니다.

▷女(여)

女與回也, 孰愈. <論語>

너와 안회顏回는 누가 나으냐. *女(여)너. 與(여)~와. 孰(숙)누구. 愈
(유)낫다.

女爲君子儒, 無爲小人儒. <論語>

너는 군자다운 선비가 되고, 소인 같은 선비는 되지 마라. *無(무)말다.

女朝出而晩來, 則吾倚門而望. <戰國策>

네가 아침에 나가서 늦게 오면, 나는 문에 기대어 바라본다. *倚門而
望(의문이망)어머니가 자녀의 돌아오는 것을 마음을 졸여 가며 기다
림. *倚(의)의지하다.

▷子(자)

子非魚, 安知魚之樂. <莊子>

자네는 물고기가 아닌데, 어떻게 물고기의 즐거움을 아는가. *子(자)
너, 그대. 安(안)어찌.

若無子之一言, 孤不能得巴素以共理. <三國史記>

만일 그대의 한마디 말이 없었다면, 내가 을파소乙巴素를 얻어 함께
다스릴 수 없었을 것이다. *孤(고)나, 왕후王侯의 겸칭.

天下溺, 援之以道, 嫂溺, 援之以手, 子欲手援天下乎. <孟子>

천하가 도탄에 빠지거든 도로써 구원하고, 형수가 물에 빠지거든 손으로써 구원하는 것이니, 그대는 손으로 천하를 구원하고자 하는가. *溺(닉)빠지다. 援(원)당기다, 구원하다. 嫂(수)형수.

▷ 乃(내)

往踐乃職, 無逆朕命. <春秋左氏傳>
귀국해서 그대의 직분을 지켜, 짐의 명령에 거역함이 없게 하라. *乃(내)너, 그대. 踐(천)지키다. 逆(역)거스르다. 朕(짐)천자의 자칭.

今欲發之, 乃能從我乎. <漢書>
지금 그 일을 펴려고 하는데, 너희들은 나를 따를 수 있겠는가.

必欲烹乃翁, 幸分我一盃羹. <漢書>
꼭 너의 늙은이(아비)를 삶고자 한다면, 나에게도 국 한 그릇을 나누어 주기 바란다. *烹(팽)삶다. 幸(행)바라다. 盃(배)대접, 잔. 羹(갱)국.

▷ 君(군)

君安得高枕而臥乎. <史記>
그대는 어찌 베개를 높이 베고 누울 수 있겠는가. *高枕而臥(고침이와)안심하고 잠. *君(군)그대. 枕(침)베개.

以君之才容, 國亡, 必入權豪之家. <太平廣記>
그대의 재주와 용모로 나라가 망하면 반드시 권세 있는 집안에 들어갈 것이다.

草木亦霑周雨露, 愧君猶食首陽薇. <成三問詩>
초목 또한 주나라 이슬과 비에 젖어 컸는데, 그대가 오히려 수양산 고사리 먹은 것이 부끄럽구나. *霑(점)젖다. 愧(괴)부끄럽다. 薇(미)고비, 장미.

▷ 公(공)

沛公不先破關中, 公豈敢入乎. <史記>
패공沛公(유방劉邦)이 먼저 관중關中을 깨트리지 않았다면, 공이 어찌 감히 들어왔겠는가. *沛(패)늪. 關(관)빗장.

公若往而不還, 則僕之馬跡, 必踐於麗濟兩王之庭. <三國史記>
공께서 가서 돌아오지 못하면, 나의 말발굽이 고구려와 백제 두 왕의
뜰을 반드시 짓밟을 것이다. *僕(복)저. 跡(적)자취. 踐(천)밟다.

▷ 卿(경)

卿今當塗掌事, 不可不學. <資治通鑑>
경은 지금 중요한 지위에서 일을 관장管掌하니, 공부하지 않으면 안
됩니다. *當塗(당도)당로當路. 요로要路에 있음. *卿(경)임금의 신하에
대한 호칭. 塗(도)길. 掌(장)맡다.

配朕而作后亦天之命, **卿**等無慮. <三國遺事>
짐朕에게 짝을 지어 왕후를 삼게 하는 것도 역시 하늘의 명령이 있을
것이니, 경들은 염려 마라. *配(배)짝. 后(후)왕비. 慮(려)근심하다, 생
각하다.

▷ 足下(족하)

足下不死, 孤不得安. <三國志>
당신이 죽지 않으면, 나는 편안할 수 없을 것이다. *足下(족하)동료에
대한 존칭.

足下欲助秦, 攻諸侯乎, 且欲率諸侯, 破秦也. <史記>
그대는 진秦을 도와 제후를 공격하고자 하느냐. 또한 제후를 거느리
고 진을 깨뜨리고자 하느냐. *秦(진)나라. 攻(공)치다. 率(솔)거느리다.

欲以一劍待**足下**而復故主, 不幸爲姦人所發. <六臣史略>
하나의 검으로 그대를 기다려 옛 임금을 복위하려고 하였는데, 불행히
간사한 사람들에게 들키게 되었다. *復(복)돌아오다. 姦(간)간사하다.

③ 3인칭

3인칭 대명사는 '彼・其・之・夫・伊' 등으로 지시대명사에서 전성되었
으며, 화자話者와 청자聽者 이외의 사람을 지칭한다.

▷ 彼(피)

彼曲我直, 而反自逃, 非丈夫也. <三國史記>

저들이 잘못되고 내가 바른데, 도리어 내가 도망한다면 장부가 아니다. *彼(피)저, 그. 逃(도)달아나다.

彼以其富, 我以吾仁, **彼**以其爵, 我以吾義. <孟子>

그가 부로써 하면, 나는 나의 인仁으로써 하고, 그가 그 벼슬로써 하면 나는 나의 의義로써 할 것이다. *爵(작)벼슬.

▷ 其(기)

'其＋동사류'는 대명사, '其＋명사류'는 관형어이다.

夫子, 何以知**其**將見殺. <孟子>

선생께서는 어떻게 그가 장차 죽임을 당할 것을 아셨습니까. *見(견)당하다.

比**其**反也, 則凍餒其妻子. <孟子>

돌아올 때에 미쳐서는, 그의 아내와 자식을 얼고 굶주리게 하였다. *比(비)미치다, 이르다. 反(반)돌이키다. 凍(동)얼다. 餒(뇌)주리다.

▷ 之(지)

사람이나 사물을 대신하여 목적어로 쓰인다.

越王勾踐, 獻**之**吳王夫差. <蒙求>

월왕越王 구천勾踐은 그(서시西施)를 오왕吳王 부차夫差에게 바쳤다. *越(월)넘다. 勾(구)굽다. 踐(천)밟다. 獻(헌)드리다.

愛人者, 人恒愛**之**. <孟子>

남을 사랑하는 자는 남이 항상 그를 사랑한다.

諸侯多謀伐寡人者, 何以待**之**. <孟子>

제후들이 과인을 칠 것을 꾀하는 자가 많으니, 어떻게 이들을 대비해야 합니까. *謀(모)꾀하다. 伐(벌)치다. 待(대)대비하다.

▷夫(부)

‘夫’는 피수식어가 있으면 지시대명사, 없으면 인칭대명사이다.

我皆有禮, **夫**猶鄙我. <左傳>

우리가 다 예의가 있더라도, 저들은 오히려 우리를 비루하게 여길 것이다. *夫(부)저. 猶(유)오히려. 鄙(비)더럽다.

使**夫**往而學焉, **夫**亦愈知治矣. <左傳>

그로 하여금 가서 배우게 한다면, 그 또한 점차 다스림을 알 것이다. *愈(유)더욱, 점점.

▷伊(이)

此翁白頭眞可憐, **伊**昔紅顏美少年. <代悲白頭翁>

이 노인의 백발 참으로 가련하지만, 그도 지난날에는 홍안의 미소년이었다네. *憐(련)가엾다. 伊(이)그이, 그녀.

④ 부정칭

부정칭 ‘或·某·人’ 등은 그 가리키는 대상이 누구인지 분명하지 않거나 불특정한 인물을 지칭한다.

▷或(혹)

如**或**知爾, 則何以哉. <論語>

만일 어떤 사람이 너희들을 알아준다면, 어찌하겠느냐. *如(여)만일. 或(혹)어떤 사람. 爾(이)너.

或百步而後止, **或**五十步而後止. <孟子>

어떤 사람은 백 보를 달아난 후에 멈추고, 어떤 사람은 오십 보를 달아난 후에 멈추었다. *五十步百步(오십보백보)차이가 별로 없음.

人固有一死, **或**重於泰山, **或**輕於鴻毛. <史記>

사람은 반드시 한 번 죽음이 있는데, 어떤 사람은 태산보다 중히 여기고, 어떤 사람은 기러기 털보다 가볍게 여긴다. *固(고)반드시. 於(어)~보다. 鴻(홍)큰 기러기.

▷ 某(모)

某在斯, **某**在斯. <論語>
아무개는 여기에 있고, 아무개는 여기에 있다. *某(모)아무개. 斯(사)이.

某子甲, 何爲不來乎. <史記>
아무개 아들 갑이 어찌하여 오지 않는가.

▷ 人(인)

能與**人**規矩, 不能使**人**巧. <孟子>
남에게 규구規矩를 줄 수는 있을지언정, 남으로 하여금 공교롭게 할
수는 없다. *人(인)남, 다른 사람. 與(여)주다. 規(규)그림쇠.<원형을
그리는 제구> 矩(구)곱자.

大丈夫當容**人**, 無爲**人**所容. <景行錄>
대장부는 마땅히 남을 용서할지언정, 남에게 용서받는 바는 되지 마
라. *容(용)받아들이다.

古之學者爲己, 今之學者爲**人**. <論語>
옛날에 배우는 자들은 자신을 위한 학문을 하였는데, 지금 배우는 자
들은 남을 위한 학문을 한다.

⑤ 인칭대명사의 복수

인칭대명사 뒤에 '等·輩·曹·儕·屬' 등을 붙여 복수複數를 표시한다.

▷ 等(등)

我等期與士君子遊, 而不先正心修身 則恐不免於招辱. <三國史記>
우리들이 선비나 군자와 함께 교유하기를 기대하면서도, 먼저 마음을
바르게 하고 몸을 닦지 않는다면, 아마 욕을 부르는 것을 면치 못할
것이다. *等(등)무리. 恐(공)아마. 招(초)부르다. 辱(욕)욕되다.

若等爲人臣子, 恐不能堪. <三國史記>
그대들이 남의 신하로서는, 아마 감당할 수 없을 것이다. *若(약)너.
恐(공)아마. 堪(감)견디다.

爾等力不足以擧百金, 何能爲盜. <許生傳>

너희들은 힘이 백 냥도 들 수 없는데, 어떻게 도적질을 할 수 있겠느냐. *爾(이)너. 擧(거)들다. 盜(도)훔치다.

你等須掘峯頂撮土. <三國遺事>

너희들은 모름지기 산봉우리 꼭대기의 흙을 파라. *你(니)너. 掘(굴)파다. 頂(정)정수리. 撮(촬)취하다.

卿等無狀, 侵奪我州. <三國志>

그대들이 무례하게 우리 주州를 침탈侵奪했다. *卿(경)임금의 신하에 대한 호칭. 狀(상)모양. 侵(침)침노하다. 奪(탈)빼앗다.

▷輩(배)

我輩, 豈以離別骨肉爲恨乎. <三國史記>

우리들이 어찌 골육骨肉(혈육血肉)과 헤어지는 것을 한으로 삼겠습니까. *輩(배)무리. 離(리)떠나다, 떨어지다. 恨(한)한하다.

爾輩食之, 不見日光百日, 便得人形. <三國遺事>

너희들이 이것을 먹고, 백 일 동안 햇빛을 보지 않으면, 곧 사람의 형체가 될 수 있을 것이다. *爾(이)너. 便(변)곧.

以財粹面, **君輩**事耳, 萬金何肥於道哉. <許生傳>

재물로 얼굴을 아름답게 하는 것은 그대들이 하는 일일 따름이지, 만금萬金이 어찌 도를 살찌게 하겠소. *粹(수)아름답다. 순수하다. 君(군)그대, 자네. 耳(이)뿐, 따름. 肥(비)살찌다. 哉(재)어조사.

▷儕(제)

吾儕欲見識理君子, 久矣. <金鰲新話>

우리들이 이치를 아는 군자를 만나 보고자 함이 오래였다. *儕(제)무리. 矣(의)어조사.

吾儕小人, 皆有闔廬, 以辟燥濕寒暑. <左傳>

우리 소인들은 다 집(합려闔廬)이 있어서, 건조함과 습함과 추위와 더

위를 피하였습니다. *闔廬(합려)집, 가옥. *闔(합)문짝. 廬(려)집. 辟
(피)피하다.<피避>. 燥(조)마르다. 暑(서)더위.

▷曹(조)

吾愛之重之, 願**汝曹**効之. <後漢書>
내가 아끼고 중하게 여기니, 그대들이 본받기를 원한다. *汝(여)너. 曹
(조)무리. 効(효)본받다.

爾曹, 但當以責人之心責己, 恕己之心恕人. <小學>
너희들은 다만 마땅히 남을 꾸짖는 마음으로 자신을 꾸짖고, 자기를
용서하는 마음으로 남을 용서하여야 한다. *但(단)다만. 責(책)꾸짖다.
恕(서)용서하다.

2) 지시대명사

지시대명사는 말하는 사람이 자기의 처지에서 사람 이외의 어떤 사물事
物・처소處所・방향方向 등을 가리킨다. 말하는 사람 가까이 있는 것을 가
리키는 근칭近稱, 그리 멀지 않은 것을 가리키는 중칭中稱, 멀리 있는 것을
가리키는 원칭遠稱이 있다.

① 근칭

'是・此・這・之・兹・斯・諸・焉' 등

▷是(시)

惡辱而居不仁, **是**猶惡濕而居下也. <孟子>
치욕을 싫어하면서도 어질지 못함에 처함, 이는 습함을 싫어하면서도
낮은 곳에 거함과 같다. *惡(오)미워하다. 猶(유)같다. 濕(습)젖다.

君子無終食之間違仁, 造次必於**是**, 顛沛必於**是**. <論語>
군자는 밥을 먹는 동안이라도 인仁을 떠남이 없으니, 경황 중에도 이
를 반드시 하며, 위급한 상황에도 이를 반드시 하는 것이다. *造次(조
차)급하고 구차한 때. 顛沛(전패)위급 존망의 경우. *造(조)갑자기. 次
(차)때. 顛(전)넘어지다. 沛(패)자빠지다. 必(필)기필하다.

▷此(차)

今人以書案爲雪案, 由**此**也. <晉書>
지금 사람들이 서안書案을 설안雪案이라고 하는 것은 이에서 말미암았다. *案(안)책상. 由(유)말미암다.

今釋弗擊, **此**所謂養虎自遺患也. <史記>
지금 풀어 주고 치지 않으면, 이것은 이른바 범을 길러 스스로 근심을 남기는 것이다. *養虎遺患(양호유환)화근을 길러 근심을 삼. *釋(석)풀다. 擊(격)치다.

花看半開, 酒飮微醉. **此**中大有佳趣. <菜根譚>
꽃은 반쯤 피었을 때 보고, 술은 약간 취하는 정도로 마신다. 이런 중에 아주 좋은 멋이 있다. *微(미)조금, 작다. 醉(취)취하다. 趣(취)뜻, 멋.

▷斯(사)

人生**斯**世, 非學問, 無以爲人. <擊蒙要訣>
사람이 이 세상에 나서, 학문이 아니면 사람다운 사람이 될 수 없다. *斯(사)이.

必不得已而去, 於**斯**三者何先. <論語>
반드시 마지못하여 버린다면, 이 셋(식食·병兵·신信)에서 무엇을 먼저 해야 합니까. *不得已(부득이)마지못하여, 하는 수 없이. *已(이)그치다.

▷茲(자)

朕降于**茲**, 天命也. <三國遺事>
내가 여기에 내려온 것은 하늘의 명이다. *朕(짐)천자의 자칭. 降(강)내리다. 茲(자)이.

治本於農, 務**茲**稼穡. <千字文>
다스림은 농사를 근본으로 하여 이 심고 거둠을 힘쓰게 하여야 한다. *務(무)힘쓰다. 稼(가)심다. 穡(색)거두다.

▷ 之(지)

人心之所同然者, 謂之公論. <退溪集>

사람들의 마음이 함께 그렇다고 하는 것, 이를 공론公論이라 한다.
*之(지)이, 이것.

之二臣者, 甚相憎也, 恐其相攻也. <呂氏春秋>

이 두 신하가 매우 서로 미워하여, 신은 그들이 서로 칠까 염려됩니다. *憎(증)미워하다. 甚(심)심히, 매우. 恐(공)두렵다. 攻(공)치다.

▷ 諸(저)

施諸己而不願, 亦勿施於人. <中庸>

자기 몸에 베풀어 원하지 않는 것을, 또한 남에게 베풀지 말아야 한다. *施(시)베풀다. 諸(저)~에 이를.<전치사겸 대명사. 지어之於>

我愛人, 而人不親我, 則反求諸己. <孟子>

내가 남들을 사랑해도 남들이 나를 친히 하지 않는다면, 돌이켜 자신에게 찾아야 한다.

▷ 焉(언)

過而能改, 善莫大焉. <左傳>

잘못하였으되 고칠 수 있다면, 선이 이보다 더 큰 것은 없다. *焉(언)이보다.<전치사겸 대명사. 어시於是>

心不在焉, 視而不見. <大學>

마음이 이에(보는 데) 있지 않으면, 보아도 보이지 않는다. *焉(언)이에.<전치사겸 대명사. 어시於是>

② 중칭

'其·厥' 등

▷ 其(기)

惡罪, 不惡其人. <孔叢子>

죄를 미워하고 그 사람을 미워하지 않는다. *惡(오)미워하다.

入**其**國者, 從其俗. <淮南子>

그 나라에 들어가서는 그곳의 풍속을 따라야 한다. *從(종)따르다.

不知**其**人, 視其友. <耳談續纂>

그 사람을 알지 못하거든, 그 친구를 보아라.

▷厥(궐)

允執**厥**中. <中庸>

진실로 그 중도中道를 잡아야 한다. *允(윤)진실로. 厥(궐)그. 執(집)
잡다.

農夫餓死, 枕**厥**種子. <耳談續纂>

농부는 굶어 죽을지라도, 그 종자를 베고 죽는다. *餓(아)주리다. 枕
(침)베개. 種(종)씨.

若藥弗瞑眩, **厥**疾弗瘳. <書經>

만약 약이 독하여 정신이 어지럽지 않으면, 그 병은 낫지 않는다. *若
(약)만약. 弗(불)아니다. 瞑(명)눈이 어둡다. 眩(현)아찔하다. 瘳(추)낫다.

③ 원칭

'彼·夫' 등

▷彼(피)

逐**彼**山兎, 竝失家兎. <耳談續纂>

저 산토끼 쫓다가, 아울러 집토끼 잃는다. *逐(축)쫓다. 竝(병)아우르다.

鳳凰鳴矣, 于**彼**高岡. <詩經>

봉황이 우네, 저 높은 뫼에서. *鳴(명)울다. 岡(강)뫼.

▷夫(부)

客亦知**夫**水與月乎. <赤壁賦>

객은 또한 저 물과 달을 아는가. *與(여)~와.

夫人不言, 言必有中. <論語>

저 사람은 말을 하지 않을지언정, 말을 하면 반드시 맞음이 있다. *中
(중)맞다, 적중하다.

夫時子, 惡知其不可也. <孟子>
저 시자時子가 어찌 불가함을 알겠는가. *惡(오)어찌.

3) 의문대명사

의문대명사는 '누구(인물)·무엇(사물)·어디(처소, 방향)·몇(수효)' 등
으로 의문의 뜻을 나타내며, 일반적으로 목적어나 보어로 쓰이는 경우 도치
倒置된다.

① 인물

'誰·孰·疇' 등

▷誰(수)

漢陽中, **誰**最富. <許生傳>
한양 안에서 누가 가장 부자인가. *誰(수)누구. 最(최)가장.

誰知盤中飱, 粒粒皆辛苦. <李紳詩>
누가 소반의 밥이 알알이 다 농부의 고생임을 알겠는가. *飱(손)밥.
粒(립)낟알. 辛(신)맵다, 고생하다.

▷孰(숙)

鄒人與楚人戰, 則王以爲**孰**勝. <孟子>
추鄒나라 사람이 초楚나라 사람과 싸운다면, 왕께서는 누가 이기리라
고 생각하십니까. *鄒(추)나라 이름. 孰(숙)누구.

政者正也, 子帥以正, **孰**敢不正. <論語>
정치란 바로잡음이니, 그대가 바름으로써 다스린다면 누가 감히 바르
지 않겠는가. *子(자)그대. 帥(솔)거느리다. 敢(감)감히.

▷疇(주)

萬姓仇予, 予將**疇**依. <書經>

만백성이 나를 원수로 여기니, 내 장차 누구를 의지하겠는가. *疇(주)
누구. 仇(구)원수. 予(여)나.

疇敢不祗若王之休命. <書經>
누가 감히 임금의 명령을 공경하지 않겠는가. *休命(휴명)임금의 명
령, 하늘의 명령. *祗(지)공경하다.

子都之姣, **疇**不爲美, 易牙之所調, **疇**不爲旨. <愛惡箴并序>
자도子都의 예쁨을 누가 아름답다 아니 하며, 이아易牙가 조리하는
것을 누가 맛있다 아니 하겠는가. *姣(교)예쁘다. 調(조)고르다, 조절
하다. 旨(지)맛있다.

② 사물·장소·수효

'何·安·孰·焉' 등

▷何(하)

何謂浩然之氣. <孟子>
무엇을 호연지기浩然之氣라 합니까. *浩然之氣(호연지기)넓고 크고
굳은 기상. *何(하)무엇.

寡人將去斯, 而之**何**. <列子>
나는 장차 이곳을 떠나, 어디로 갈 것인가. *斯(사)이. 之(지)가다. 何
(하)어디.

▷安(안)

子將**安**之. <說苑>
그대는 장차 어디로 가려고 하는가. *安(안)어디. 之(지)가다.

漢王**安**在. <史記>
한왕漢王은 어디에 있는가.

▷孰(숙)

創業守成, **孰**難. <十八史略>
창업創業과 수성守成에서 어느 것이 어렵습니까. *孰(숙)어느, 무엇.

人之所有, **孰**爲不借者. <借馬說>

사람이 가지고 있는 것에서, 무엇이 빌리지 아니한 것인가. *借(차)빌리다.

膾炙與羊棗, **孰**美. <孟子>

회자膾炙와 양조羊棗 중에 어느 것이 맛이 있습니까. *膾炙(회자)칭찬을 받으며 사람의 입에 자주 오르내림. 羊棗(양조)야생의 작은 감. *膾(회)회. 炙(자)구운 고기. 棗(조)대추. 美(미)맛있다.

▷焉(언)

汝今離家, 欲**焉**往. <韋島王傳>

너는 지금 집을 떠나, 어디로 가려고 하는가. *焉(언)어디.

人**焉**廋哉. 人**焉**廋哉. <論語>

사람이 어디에 숨겠는가. 사람이 어디에 숨겠는가. *廋(수)숨기다. 哉(재)어조사.

▷奚(해)

彼且**奚**適也. <莊子>

저것은 장차 어디로 갈 것인가. *奚(해)어디, 무엇. 且(차)장차. 適(적)가다.

衛君待子而爲政, 子將**奚**先. <論語>

위衛나라 임금이 선생을 기다려 정치를 하게 한다면, 선생께서는 장차 무엇을 먼저 하시겠습니까. *衛(위)지키다.

▷曷(갈)

嗚呼, **曷**歸. 予懷之悲. <書經>

아, 어디로 돌아갈까. 내 마음의 서글픔이여. *曷(갈)어디, 어찌. 嗚(오)탄식하다. 呼(호)탄식하다. 予(여)나. 懷(회)품다.

時日**曷**喪. 予及汝偕亡. <書經>

이 해는 언제 없어질까. 나와 너는 함께 망하리라. *時(시)이.<이是>

曷(갈)언제. 及(급)및. 偕(해)함께.

▷ 幾(기)

相識滿天下, 知心能**幾**人. <增廣賢文>
서로 얼굴을 아는 사람이 세상에 가득하지만, 마음을 알아주는 사람이 몇이나 될까. *幾(기)몇.

我屋南山下, 今生**幾**叢菊. <陶潛詩>
남산 아래 우리 집에는, 지금 몇 떨기의 국화가 자랐을까. *叢(총)떨기, 모이다.

3. 數詞

사물의 수數와 양量을 표시하거나 사물의 차례나 횟수를 나타내는 품사로, 문장에서 주어·관형어·서술어·목적어·부사어·보어로 사용되며, 기수基數·서수序數·분수分數·약수約數<대략의 숫자>로 나눈다.

(1) 수사의 용법

1) 주어

一勝十. <戰國策>
하나가 열을 이길 수 있다.

道生一, 一生二, 二生三, 三生萬物. <老子>
도는 하나를 낳고, 하나는 둘을 낳고, 둘은 셋을 낳고, 셋은 만물을 낳는다.

2) 서술어

夫金鼓旌旗者, 所以一民之耳目也. <孫子>
무릇 종과 북과 깃발은 백성의 이목을 하나로 하는 것이다. *金鼓(금
고)군중에서 쓰는 종과 북. *鼓(고)북. 旌(정)기. 旗(기)기.

天下之惡一也, 惡於宋而保於我, 保之何補. <左傳>
천하 사람들이 미워함은 한 가지인데, 송나라에 미움당하고 우리에게
보호받는다면, 보호함이 어떻게 도움이 되겠습니까. *惡(오)미워하다.
補(보)돕다.

3) 목적어

一擧兩得. <戰國策>
하나를 들어 둘을 얻다. *擧(거)들다.

回也, 聞一以知十. <論語>
안회顔回는 하나를 들어 열을 알았다.

4) 관형어

男兒須讀五車書. <杜甫詩>
남아는 모름지기 다섯 수레의 책을 읽어야 한다. *須(수)모름지기~
해야 한다. 車(거)수레.

十人守之, 不得察一賊. <旬五志>
열 사람이 지키더라도, 한 도둑 살필 수 없다. *察(찰)살피다. 賊(적)
도적.

手把金剪刀, 夜寒十指直. <許蘭雪軒詩>
손으로 가위를 잡으니, 밤이 차 열 손가락이 곱아지네. *把(파)잡다.
剪(전)가위. 指(지)손가락.

百川學海, 而至于海. <揚子>
모든 냇물은 바다를 배워 바다에 이른다. *百川學海(백천학해)학문을

배우는 데 있어 가져야 할 자세를 이름.

千山鳥飛絶, **萬**徑人蹤滅. <柳宗元詩>

온 산에 새가 낢이 끊어지고, 모든 길에는 사람 자취 없어졌다. *徑
(경)길. 蹤(종)자취.

5) 부사어

韋編**三**絶. <史記>

가죽으로 엮은 끈이 세 번 끊어졌다. *韋編三絶(위편삼절)독서를 열
심히 함. *韋(위)가죽. 編(편)엮다.

子**三**諫, 而不聽, 則隨而號之. <小學>

아들이 세 번 거듭 간하고, 듣지 않으면 따라다니면서 울부짖는다.
*諫(간)간하다. 隨(수)다르다. 號(호)부르짖다.

知彼知己者, **百**戰**百**勝. <孫子>

저쪽을 알고 자기를 아는 자는 백 번 싸워 백 번 이긴다.

再三防夜醉, **第一**戒晨嗔. <明心寶鑑>

재삼再三 밤에 취하는 것을 막고, 새벽에 화내는 것을 제일第一 경계
하라. *防(방)막다. 戒(계)경계하다. 晨(신)새벽. 嗔(진)성내다.

6) 보어

三歲之習, 至于**八十**. <耳談續纂>

세 살 적 버릇이 여든까지 간다.

及論功, 無不以溫達爲**第一**. <三國史記>

공을 논함에 미치어, 온달溫達을 제일로 삼지 않음이 없었다.

(2) 수사의 분류

1) 기수

기수基數는 확정된 수를 표시하는 것으로 '一・二・三・四・五・十・百・千・萬' 등이다.

人生**七十**古來稀. <杜甫詩>

사람이 일흔까지 산다는 것은 예로부터 드물었다. *古稀(고희)고래로 드문 나이란 뜻으로 일흔 살을 이름. *稀(희)드물다.

二人同心, 其利斷金. <易經>

두 사람이 마음을 함께하면, 그 예리함이 쇠도 자른다.

毛遂比至楚, 與**十九**人論議. <史記>

모수毛遂는 초나라에 이르러, 열아홉 사람과 논의하였다. *遂(수)이루다. 比(비)미치다.

▷단위 수와 단위 수 사이에 有를 넣기도 한다.

吾十**有**五, 而志于學. <論語>

나는 열다섯 살에 학문에 뜻을 두었다.

二十**有**六年, 初并天下, 罔不賓服. <史記>

(진시황) 26년 처음 천하를 통일하자, 와서 복종하지 않음이 없었다. *并(병)어우르다. 罔(망)없다. 賓(빈)따르다. 服(복)따르다, 항복하다.

朞三百**有**六旬**有**六日. <書經>

일 년은 삼백육십육 일이다. *朞(기)기년朞年, 1주년. 旬(순)열흘.

2) 서수

서수序數는 사람이나 사물의 순서를 나타내며, 기수 앞에 '第'를 더하여, '第一・第二・第三' 등으로 표시한다.

韓石峯濩字景洪, 海東**第一**名筆也. <異鄕見聞錄>

석봉石峯 한호韓濩의 자는 경홍景洪이며, 해동 제일의 명필이다. *濩

(호)퍼지다.

甄萱多娶妻, 有子十餘人, **第四**子金剛身長, 而多智. <三國史記>
견훤甄萱은 아내를 많이 취하여, 아들이 십여 명이었고, 넷째 아들 금강金剛은 키가 크고, 지혜가 많았다. *甄(견)질그릇. 萱(훤)원추리. 娶(취)장가들다. 剛(강)굳세다.

3) 분수

① 분모分母와 분자分子 연용連用

願受**什一**之利. <許生傳>
십 분의 일의 이익을 받기를 원합니다. *願(원)원하다. 受(수)받다. 什(십)열.

天寒, 士卒墮指者, **什二三**. <史記>
날씨가 추워 병졸 중에 손가락이 떨어진 자가 열에 두셋이었다. *墮(타)떨어지다. 指(지)손가락.

曾聞大禹飲而甘, 嗜酒全身**十二三**. <聽天堂詩集>
일찍이 우禹임금은 마셔 보고 달게 여겼다 들었지만, 술 좋아하고 몸 온전함은 열에 두셋이다. *禹(우)우임금. 嗜(기)즐기다.

近塞之人, 死者**十九**, 此獨以跛之故, 父子相保. <淮南子>
변방 가까이에 사는 사람은 죽은 자가 열에 아홉이었으나, 이 사람만이 절름발이인 까닭에 부자가 서로 목숨을 보전하였다. *塞(새)변방. 跛(파)절름발이. 故(고)까닭.

② 분모＋之＋분자

於舜之功, **二十之一**也. <左傳>
순임금 공에 이십 분의 일이다. 舜(순)순임금.

萬德取**十之一**, 以活親族, 其餘盡輸之官. <樊巖集>
김만덕金萬德은 십 분의 일을 취하여 친족을 살리고, 나머지는 모두 관가로 보냈다. *輸(수)보내다.

③ 분모＋分之＋분자

比於隋時, 纔**十分之一**. <貞觀政要>

(백성은) 수 왕조 때에 비하면 겨우 십 분의 일이다. *隋(수)수나라.
纔(재)겨우.

關中之地, 於天下**三分之一**, 而人衆不過什三. <史記>

관중關中의 땅은 천하에 삼 분의 일인데, 사람은 십 분의 삼을 넘지
않는다.

④ 분모＋而取＋분자

吾欲**二十而取**一, 何如. <孟子>

나는 (조세로)이십 분의 일을 취하고자 하는데, 어떻습니까.

4) 약수

약수約數는 대략의 숫자로, 일정한 수를 나타내는 수사 뒤에 '餘・許 所'
등을 사용하거나, 근접한 두 숫자를 연용한다.

① 餘(여)

三代花郎, 無慮**二百餘**人. <三國史記>

3대의 화랑은 무려 이백여 명이었다. *慮(려)헤아리다.

群臣**百餘**人, 皆絶去其冠纓. <蒙求>

여러 신하 백여 명은 다 그 갓끈을 잘랐다. *群(군)무리. 纓(영)갓끈.

康州地陷成池, 縱廣**五十餘**尺. <三國史記>

강주康州에서 땅이 내려앉아 연못이 되었는데, 가로와 세로가 50여
척尺이었다. *康(강)편안하다. 陷(함)무너지다. 池(지)못. 縱(종)세로.
廣(광)넓이, 가로.

② 許(허)

十五許嫁, 而後從夫. <孔叢子>

열다섯쯤 시집가서, 이후 남편을 따른다. *許(허)가량, 쯤. 嫁(가)시집

가다.

魴率吏士**七十許**人, 力戰連日. <後漢書>

풍방馮魴은 아전 칠십여 명을 거느리고, 연일 힘써 싸웠다. *魴(방)방
어. 率(솔)거느리다.

③ 所(소)

才留**三千所**兵, 守武昌耳. <三國志>

겨우 병사 삼천여 명쯤 남아, 무창武昌을 지킬 뿐이었다. *才(재)겨우.
所(소)쯤, 정도. 耳(이)뿐.

其巫老女子也, 已年七十, 從弟子女**十人所**. <史記>

그 무인은 늙은 여자로, 이미 나이가 칠십이었는데, 여자 제자 십여
명쯤 따랐다. *巫(무)무당. 已(이)이미. 從(종)따르다.

④ 근접한 두 숫자를 연용

方宅十餘畝, 草屋**八九**間. <杜甫詩>

네모진 택지는 십여 이랑이고, 초가집은 팔구 칸이네. *畝(무)이랑.

猛士一人從廟中出, 四面雨射, 中殺**七八**人. <三國遺事>

용맹한 병사 한 명이 사당으로부터 나와, 사방으로 빗발처럼 활을 쏘
아, 칠팔 명을 맞혀 죽였다. *猛(맹)용감하다. 從(종)부터. 廟(묘)사당.
射(사)쏘다. 中(중)적중하다.

冠者**五六**人, 童子**六七**人, 浴乎沂, 風乎舞雩, 詠而歸. <論語>

갓을 쓴 자 오륙 명과 어린아이 육칠 명과 기수沂水에서 목욕하고,
무우舞雩에서 바람 쐬고, 읊으며 돌아오겠습니다. *舞雩詠歸(무우영
귀)산수 자연을 즐기는 즐거움. *浴(욕)목욕하다. 沂(기)물 이름. 雩
(우)기우제.

4. 動詞

사람이나 사물의 동작動作・행위行爲・변화變化・존재存在 등을 나타내는 품사로, 주로 주어의 서술敍述 기능을 한다. 목적어의 유무有無에 따라 자동사自動詞와 타동사他動詞, 직접直接목적어와 보어補語<간접間接목적어>를 취하는 수여授與와 고시告示동사, 사물의 존재의 유무를 나타내는 존재存在동사, 주어와 보어 사이에 놓여 둘을 연결하는 연계連繫동사 등으로 분류된다. 그리고 원래는 다른 품사이지만 술어의 위치에 놓여 동사로 전성된 경우 전성轉成동사라 한다.

(1) 자동사와 타동사

1) 자동사

동작과 변화가 상대에게 미치지 않고도 완전한 의미를 나타내는 동사로, 보어의 유무에 따라 완전完全자동사와 불완전不完全자동사로 나눈다.

① 완전자동사

國雖大, 好戰必**亡**. <史記>
나라가 비록 크더라도, 싸움을 좋아하면 반드시 망한다.

善游者**溺**, 善騎者**墮**. <淮南子>
헤엄치기를 잘하는 자는 빠지고, 말 타기를 잘하는 자는 떨어진다.
*善(선)잘하다. 游(유)헤엄치다. 溺(익)빠지다. 騎(기)말 타다. 墮(타)떨어지다.

子孝雙親**樂**, 家和萬事**成**. <明心寶鑑>
자식이 효도하면 어버이가 즐거워하고, 집안이 화목하면 모든 일이 이루어진다.

② 불완전자동사

千里之行, **始**於足下. <老子>

천 리 길을 가는 것이 발아래에서 시작된다. *於(어)~에서.

窮鳥**入**懷, 仁人所憫. <顏氏家訓>

궁한 새가 품에 들어오면, 어진 사람은 불쌍히 여기는 것이다. *窮
(궁)궁하다. 懷(회)품다, 품. 憫(민)불쌍하다.

師事子思, 遂**成**天下之名儒. <列女傳>

자사子思를 스승으로 섬겨, 드디어 천하의 이름난 선비가 되었다.
*事(사)섬기다. 成(성)되다. 儒(유)선비.

2) 타동사

주어의 동작이 반드시 상대에게 미치는 동사로, 반드시 영향을 받는 목적어
를 필요로 한다. 보어의 유무에 따라 완전타동사와 불완전타동사로 나뉜다.

① 완전타동사

君子**勞**心, 小人**勞**力. <左傳>

군자는 마음을 수고롭게 하고, 소인은 힘을 수고롭게 한다.

神策**究**天文, 妙算**窮**地理. <乙支文德詩>

신기한 계책은 천문을 통달하고, 묘한 꾀는 지리를 다하였네. *策(책)
꾀. 算(산)세다.

朝**飮**木蘭之墜露兮, 夕**餐**秋菊之落英. <離騷經>

아침에는 목란에서 떨어지는 이슬을 마시고, 저녁에는 가을 국화에서
떨어지는 꽃잎을 먹다. *墜(추)떨어지다. 兮(혜)어조사. 餐(찬)먹다. 英
(영)꽃부리.

② 불완전타동사

季康子**問**政於孔子. <論語>

계강자季康子가 공자에게 정치를 물었다. *季(계)끝. 康(강)편안하다.

作舍道傍, 三年不成. <後漢書>

집을 길가에 지으면, 삼 년에도 완성하지 못한다. *주관 없이 남의 말만 들으면 일이 되지 않음을 뜻함. *舍(사)집. 傍(방)곁.

學者, **仰**之如泰山北斗. <明宗實錄>

학자들이 그(이황李滉)를 태산북두처럼 우러러보았다. *泰山北斗(태산북두)태두泰斗. 태산과 북두칠성. 사람들이 우러러 존경할 만한 뛰어난 인물. *仰(앙)우러르다.

(2) 수여동사와 고시동사

수여동사와 고시동사는 대상을 가리키는 보어<간접목적어>와 사물을 가리키는 직접목적어를 취한다.

1) 수여동사

'與・子・給・敎・遺・授・貽・獻・賜・錫・賚' 등

▷與(여)

與人善言, 煖於布帛. <荀子>

남에게 좋은 말을 줌은 베나 비단보다 따뜻하다. *與(여)주다. 煖(난)따뜻하다. 於(어)~보다. 帛(백)비단.

與若芧, 朝四而暮三足乎. <列子>

너에게 도토리를 줌에, 아침에 넷, 저녁에 셋이면 만족하느냐. *朝三暮四(조삼모사)간사한 잔꾀로 남을 속여 희롱함. *若(약)너. 芧(서)도토리.

弟得黃金二錠, 以其一**與**兄. <新增東國輿地勝覽>

아우가 황금 두 덩어리를 주워 하나를 형에게 주었다. *得(득)줍다. 錠(정)덩이.

▷予(여)

趙亦終不**予**秦璧. <史記>

조趙나라 또한 끝내 진秦나라에 구슬을 주지 않았다. *終(종)끝. 予(여)주다. 秦(진)나라 이름. 璧(벽)구슬.

取吾璧, 不**予**我城, 奈何. <史記>

우리의 구슬을 취하고, 우리에게 성을 주지 않으면 어찌하겠는가. *奈(내)어찌.

▷敎(교)

后稷**敎**民稼穡. <孟子>

후직后稷은 백성들에게 농사를 가르쳐 주었다. *稷(직)기장. 稼(가)심다. 穡(색)거두다.

項梁乃**敎**籍兵法. <史記>

항량項梁은 곧 항적項籍에게 병법을 가르쳐 주었다. *項(항)목. 梁(량)들보. 籍(적)문서.

賜子千金, 不如**敎**子一藝. <明心寶鑑>

자식에게 천금을 물려주는 것이 자식에게 한 가지 기예를 가르쳐 주는 것만 못하다. *賜(사)주다. 藝(예)재주.

▷遺(유)

遺子黃金滿籯, 不如一經. <漢書>

자식에게 황금을 많이 남겨 주는 것은 경서 한 권을 가르치는 것만 못하다. *遺(유)남기다, 전하다. 籯(영)바구니.

父母**遺**我以身, 而擧天下之物, 無以易此身矣. <擊蒙要訣>

부모가 나에게 몸을 주셨으니, 천하의 물건을 들어서 이 몸을 바꿀 수 없다. *擧(거)들다. 易(역)바꾸다.

▷授(수)

我欲中國而**授**孟子室. <孟子>

나는 나라 가운데(서울)에 맹자에게 집을 지어 주고자 합니다. *授(수)주다.

夜夢, 有人以靑玉硯滴小甁**授**余. <白雲小說>
밤 꿈에 어떤 사람이 작은 청옥靑玉 연적을 나에게 주었다. *硯(연)벼루. 滴(적)물방울. 甁(병)병.

▷獻(헌)

有**獻**不死之藥於荊王者. <韓非子>
불사약을 형왕荊王에게 바치는 사람이 있었다. *獻(헌)드리다. 荊(형)가시나무.

或得玉, **獻**諸子罕, 子罕弗受. <左傳>
어떤 사람이 옥을 얻어, 자한子罕에게 그것을 드렸으나, 자한은 받지 않았다. *諸(저)~에게 그것을.<지어之於> 罕(한)드물다. 受(수)받다.

▷賜(사)

楚莊王**賜**群臣酒. <蒙求>
초나라 장왕莊王이 여러 신하에게 술을 내렸다. *莊(장)씩씩하다. 賜(사)주다. 群(군)무리.

至京, **賜**庾信田五百結. <三國史記>
서울에 도착하여, 유신庾信에게 밭 오백 결結을 하사하였다. *庾(유)곳집. 結(결)논밭의 면적 단위.

楚有祠者, **賜**其舍人巵酒. <戰國策>
초나라에 제사 지내는 사람이 있어, 그 사인들에게 한잔 술을 내렸다. *祠(사)제사. 巵(치)잔, 술잔.

▷贈(증)

君子**贈**人以言, 庶人**贈**人以財. <荀子>
군자는 말을 사람에게 주고, 서인庶人은 재물을 사람에게 준다. *贈(증)주다.

▷ 錫(석)

民墜塗炭, 天乃**錫**王勇智. <書經>

백성들이 도탄塗炭에 떨어지니, 하늘이 곧 왕에게 용기와 지혜를 주어야 한다. *錫(석)주다. 墜(추)떨어지다. 塗(도)진흙. 炭(탄)숯. 乃(내)이에, 곧.

▷ 給(급)

王以肥者自乘, 瘦者**給**朱夢. <三國史記>

왕이 살찐 것을 스스로 타고, 여윈 것을 주몽에게 주었다. *給(급)주다. 肥(비)살찌다. 乘(승)타다. 瘦(수)여위다.

▷ 貽(이)

毋**貽**盲者鏡. 毋予躄者履. <淮南子>

소경에게 거울을 주지 말고, 앉은뱅이에게 신발을 주지 마라. *貽(이)주다. 躄(벽)앉은뱅이. 履(리)신발.

2) 고시동사

'謂·告·曰·道' 등

▷ 謂(위)

人皆**謂**我毀明堂, 毀諸, 已乎. <孟子>

사람들은 모두 나에게 명당明堂을 허물라고 하니, 그것을 허물어야 합니까, 그만두어야 합니까. *毀(훼)헐다. 諸(저)그것을~입니까.<지호之乎> 已(이)그치다.

詩家作詩多使事, **謂**之點鬼簿. <破閑集>

시인들이 시를 지으며 고사를 사용함이 많은데, 이를 점귀부點鬼簿라 이른다. *使(사)쓰다, 운용하다. 簿(부)장부.

▷ 告(고)

予**告**汝于難. <尙書>

나는 너에게 어려움을 말하겠다. *子(여)나. 汝(여)너.

農人**告**余以春及, 將有事于西疇. <歸去來辭>
농부가 나에게 봄이 왔음을 알리니, 장차 서쪽 밭에 일이 있을 것이다. *余(여)나. 疇(주)밭, 밭두둑.

庸知我國人, 不有以我情**告**鄭者乎. <史記>
어찌 우리나라 사람이 정鄭나라에 우리 실정을 알려 준 사람이 없음을 알겠는가. *庸(용)어찌. 鄭(정)나라 이름.

(3) 존재동사

존재동사 '有·無'는 사물이 있고 없음을 나타낸다.

▷ 有(유)

人皆**有**不忍人之心. <孟子>
사람들은 모두 남에게 차마 하지 못하는 마음이 있다. *忍(인)차마하다.

夫**有**陰德者, 必**有**陽報. <淮南子>
무릇 음덕陰德이 있는 사람은 반드시 양보陽報가 있다. *陰德(음덕)남에게 알려지지 않은 덕행. 陽報(양보)드러나는 보답.

我州但**有**斷頭將軍, 無**有**降將軍也. <三國志>
우리 땅에 목이 잘릴 장군은 있을 뿐, 항복할 장군은 없을 것이다. *但(단)다만. 降(항)항복하다.

▷ 無(무)

人**無**百歲人, 枉作千年計. <明心寶鑑>
사람은 백 살을 사는 사람 없지만, 부질없이 천 년 계획을 세운다. *枉(왕)헛되이, 부질없이.

務正學以言, **無**曲學以阿世. <史記>
올바른 학문에 힘써 말을 하고, 학문을 굽혀 세상에 아부함이 없어야

한다. *曲學阿世(곡학아세)정도가 아닌 학문으로 세상에 아부함. *務
(무)힘쓰다. 阿(아)아첨하다.

志士仁人, **無** 求生以害仁, 有殺身以成仁. <論語>
뜻있는 선비와 어진 사람은 삶을 구하여 인을 해침이 없고, 몸을 죽
여 인을 이룸이 있다.

(4) 연계동사

반드시 보어를 취하는 연계동사 '是·非·爲·曰·乃·卽' 등은 주어와
보어 사이에 놓여 이를 연결하는 역할을 한다. 일반 동사와 달리 동작動作성
은 없고, 주어와 보어를 연계하여 판단判斷 작용을 한다.

▷是(시)

我**是**天帝子, 河伯孫. <三國遺事>
나는 천제天帝의 아들이요, 하백河伯의 손자이다.

口**是**禍之門, 舌**是**斬身刀. <馮道詩>
입은 재앙의 문이요, 혀는 몸을 자르는 칼이다. *禍(화)재앙. 斬(참)베다.

來說是非者, 便**是**是非人. <明心寶鑑>
와서 시비를 말하는 자가, 곧 시비하는 사람이다. *是非(시비)옳고 그
름. 便(변)곧.

▷非(비)

명사나 명사구를 부정하는 형태이다.

臣是鷄林之臣, **非**倭國之臣. <三國遺事>
신은 신라의 신하이지, 왜국의 신하가 아니다. *倭(왜)왜국.

今者李道令, **非**前日之李道令也. <春香傳>
지금의 이 도령은 전날의 이 도령이 아니다.

▷爲(위)

天所賦**爲**命, 物所受**爲**性. <近思錄>

하늘이 부여한 것이 명命이요, 물건이 받은 것이 성性이다. *賦(부)주
다. 受(수)받다.

敎我者**爲**師, 非師無以學問. <學語集>

나를 가르치는 사람은 스승이니, 스승이 아니면 배우고 물을 수 없다.

勤**爲**無價之寶, 愼是護身之符. <明心寶鑑>

부지런함은 값을 매길 수 없는 보배요, 신중함은 몸을 보호하는 부적
이다. *勤(근)부지런하다. 愼(신)삼가다. 護(호)보호하다. 符(부)부신.

▷曰(왈)

多聞**曰**博, 少聞**曰**淺. <荀子>

들음이 많음이 넓음이요, 들음이 적음이 얕음이다. *博(박)넓다. 淺
(천)얕다.

爲政之要, **曰**公與淸, 成家之道, **曰**儉與勤. <明心寶鑑>

정치를 하는 요점은 공평과 청렴이요, 집안을 이루는 길은 검소함과
부지런함이다. *與(여)~와. 儉(검)검소하다.

當世之務, 所尤先者有三, 一**曰**立志, 二**曰**責任, 三**曰**求賢. <近思錄>

지금 세상의 일에서, 특히 먼저 할 것이 셋이 있는데, 첫째는 뜻을 세
움이요, 둘째는 책임이요, 셋째는 어진 사람을 구함이다. *務(무)일,
힘쓰다. 尤(우)더욱, 특히.

▷乃(내)

'乃' 뒤에 보어<명사・명사구>가 오면 연계동사이다.

口**乃**心之門. <菜根譚>

입은 마음의 문이다.

詩爲有聲畫, 畫**乃**無聲詩. <成侃詩>

시는 소리 있는 그림이요, 그림은 소리 없는 시이다.

松江關東別曲前後美人歌, **乃**我東方之離騷. <西浦漫筆>

송강松江의 관동별곡關東別曲과 전후미인가前後美人歌는 우리 동방의 이소離騷이다. *離(리)만나다. 騷(소)근심.

▷ 卽(즉)

'卽' 뒤에 보어<명사·명사구>가 오면 연계동사이다.

吾翁**卽**若翁. <史記>
나의 아버지가 너의 아버지이다. *若(약)너. 翁(옹)아버지.

梁父**卽**楚將項燕. <史記>
항량項梁의 부친은 초楚의 장수 항연項燕이다. *項(항)목, 梁(량)들보.

醉來臥空山, 天地**卽**衾枕 <李白詩>
취하여 인적 없는 산에 누우니, 하늘과 땅이 이불과 베개이네. *衾(금)이불. 枕(침)베개.

(5) 전성동사

원래는 동사가 아닌데 술어 위치에 놓여 동사로 전성된 경우이다.

1) 명사에서 전성

君**君**, 臣**臣**, 父**父**, 子**子**. <論語>
임금은 임금답고, 신하는 신하답고, 아버지는 아버지답고, 자식은 자식다워야 한다.

君子有三樂, 而**王**天下, 不與存焉. <孟子>
군자가 세 가지 즐거움이 있는데, 천하에 왕 노릇 함은 여기에 들어 있지 않다.

生乎吾後, 其聞道也, 亦先乎吾, 吾從而**師**之. <師說>
나의 뒤에 났으나, 도를 들음이 또한 나보다 먼저이면, 나는 좇아서 그를 스승으로 삼겠다.

2) 수사에서 전성

只整齊嚴肅, 則心便一. <小學>

다만 몸을 가지런히 하고 엄숙嚴肅하게 하면 마음이 곧 한결같아진
다. *整(정)가지런하다. 肅(숙)엄숙하다. 便(변)곧.

3) 형용사에서 전성

君子**貴**人而**賤**己, 先人而後己. <禮記>

군자는 남을 귀하게 여기고 자신을 천하게 여기며, 남을 앞세우고 자
신을 뒤로한다.

親賢臣**遠**小人, 此先漢所以興隆也. <出師表>

어진 신하를 가까이하고 소인을 멀리함, 이것이 선한先漢(전한前漢)
이 융성한 까닭이다. *隆(융)성하다.

孔子登東山而**小**魯, 登太山而**小**天下. <孟子>

공자께서 동산에 올라 노魯나라를 작게 여기셨고, 태산에 올라 천하
를 작게 여기셨다.

5. 形容詞

사물의 성질性質이나 상태狀態를 나타내는 품사로 주로 수식修飾과 서술
敍述의 용법으로 쓰이고, 연계동사 '爲'의 보어의 기능이 있다. 그리고 특수
용법으로 형용사 '難·易·多·少·寡·鮮·罕' 등이 서술어로 쓰이는 경
우 보어를 취한다.

(1) 형용사의 용법

1) 수식

山在**白**雲中. <李達詩>
산이 흰 구름 속에 있다.

小知不及**大**知. <莊子>
작은 지혜는 큰 지혜에 미치지 못한다. *知(지)슬기.<지智>

强將下無**弱**兵. <題連公壁/蘇軾>
강한 장군 아래에 약한 병졸이 없다.

何日平胡虜, 良人罷遠征. <李白詩>
어느 날 오랑캐를 평정하고, 남편(양인良人)이 원정을 그만둘 것인가.
*何(하)어느. 胡(호)오랑캐. 虜(로)오랑캐. 罷(파)마치다, 그만두다. 征
(정)치다.

2) 서술

德不**孤**, 必有隣. <論語>
덕이 있는 사람은 외롭지 않으며 반드시 이웃이 있다. *孤(고)외롭다.
隣(린)이웃.

霜葉**紅**於二月花. <杜牧詩>
서리 맞은 단풍잎이 봄꽃보다 붉다. *二月(이월)음력 2월, 중춘仲春.
*於(어)~보다.

食**淡**精神**爽**, 心**清**夢寐**安**. <明心寶鑑>
음식이 담박하면 정신이 상쾌하고, 마음이 맑으면 꿈과 잠자리가 편
안하다. *爽(상)시원하다. 寐(매)잠자다.

3) 보어

연계동사 '爲'의 보어가 된다.

正色黃爲**貴**, 天姿白亦奇. <高敬命詩>

본래 색 황국黃菊이 귀하고, 타고난 바탕 백국白菊 또한 기이하네.
*姿(자)바탕.

民爲**貴**, 社稷次之, 君爲**輕**. <孟子>

백성이 귀하고, 사직社稷(국가)이 다음이며, 임금은 가벼운 것이다.
*社(사)지신地神. 稷(직)곡신穀神.

師直爲**壯**, 曲爲**老**. <左傳>

군사는 충직하면 사기가 왕성하게 되고, 불충하면 쇠잔해진다. *師
(사)군사. 壯(장)장하다, 굳세다. 曲(곡)정직하지 않다.

(2) 특수형용사

형용사 '難·易·多·少·寡·鮮·罕' 등이 술어로 쓰이는 경우 보어를
취하며, 보어는 주어처럼 풀이한다.

▷難(난)

孤掌**難**鳴. <傳燈錄>

외로운 손바닥은 울기가 어렵다. *孤掌難鳴(고장난명)혼자서는 일을
이루지 못함을 이름. *掌(장)손바닥. 鳴(명)울다.

讐怨莫結, 路逢狹處, **難**回避. <明心寶鑑>

원수와 원한을 맺지 마라, 길이 좁은 곳에서 만나면, 회피하기 어렵
다. *讐(수)원수. 狹(협)좁다. 避(피)피하다.

畵虎畵皮**難**畵骨, 知人知面不知心. <明心寶鑑>

범을 그리되 겉모양은 그릴 수 있으나 뼈는 그리기 어렵고, 사람을
알되 얼굴은 알지만 그 마음을 알 수는 없다.

▷易(이)

身過**易**去, 心過難去. <象村集>

몸의 허물은 없애기 쉬우나, 마음의 허물은 없애기 어렵다. *過(과)허물.

少年易老學難成, 一寸光陰不可輕. <朱憙詩>

소년은 늙기 쉽고 학문은 이루기 어려우니, 짧은 시간이라도 가벼이 여길 수 없다. *光陰(광음)시간, 세월. 광光은 일日, 음陰은 월月.

▷ 多(다)

紅顔勝人, 多薄命. <明妃曲/歐陽修>

홍안이 남보다 뛰어난 사람은 명 짧음이 많다. *勝(승)낫다. 薄(박)엷다.

山林多不畜之禽獸, 川澤多無益之蟲魚. <啓蒙篇>

산과 숲에는 기를 수 없는 새와 짐승이 많고, 내와 못에는 무익한 벌레와 물고기가 많다. *畜(휵)기르다. 禽(금)날짐승. 獸(수)들짐승. 澤(택)못. 蟲(충)벌레.

▷ 少(소)

秋風唯苦吟, 擧世少知音. <崔致遠詩>

가을바람에 오직 괴롭게 읊나니, 온 세상에 알아주는 사람 적구나. *知音(지음)자기와 마음이 통하는 벗. *擧(거)모두, 다.

遙知兄弟登高處, 遍揷茱萸少一人. <王維詩>

멀리 형제들은 높은 곳에 올라서, 두루 수유茱萸를 꽂고는 한 사람이 적음을 알았다. *遙(요)멀다. 遍(편)두루. 揷(삽)꽂다. 茱(수)수유. 萸(유)수유.

▷ 寡(과)

輕諾必寡信. <老子>

가벼운 승낙은 반드시 믿음이 적다. *諾(락)허락하다. 寡(과)적다.

獨學無友, 則孤陋寡聞. <禮記>

홀로 배우고 벗이 없으면, 외롭고 누추하고 견문이 적다. *孤陋寡聞(고루과문)학문이 얕고 견문이 좁음, 보고 들은 것이 적음. *陋(루)더럽다, 좁다.

保生者**寡**慾, 保身者避名. <明心寶鑑>

생생을 보전하려는 자는 욕심이 적고, 몸을 보전하려는 자는 명예를
피한다. *慾(욕)욕심. 避(피)피하다.

▷鮮(선)

士以勢力進, **鮮**克有終. <補閑集>

선비가 세력으로 나아가면, 능히 마침이 있음이 드물다. *鮮(선)드물
다. 克(극)능히.

小人而有異才, **鮮**不爲害. <三國史記>

소인이면서 특이한 재주가 있으면, 해가 되지 않음이 드물다.

凡爲君者, **鮮**不親近邪佞, 疏遠正直. <三國史記>

무릇 임금 된 자는 간사한 자를 가까이하고, 정직한 자를 멀리하지
않음이 드물다. *凡(범)무릇. 邪(사)간사하다. 佞(녕)아첨하다. 疏(소)
멀다, 트이다.

▷罕(한)

大抵用事之聯, **罕**有新意. <補閑集>

대저大抵 고사를 인용한 연구聯句는 새로운 뜻이 있음이 드물다. *抵
(저)대저. 罕(한)드물다.

野外**罕**人事, 深巷寡輪鞅. <陶潛詩>

들 밖에는 사람의 일 드물고, 깊은 골목에는 수레와 말고삐 적구나.
*巷(항)거리. 輪(륜)바퀴. 鞅(앙)가슴걸이.

6. 副詞

부사는 주로 술어<동사・형용사>를 수식하며, 의미와 기능에 따라 의문疑
間・반어反語・시간時間・한정限定・정도程度・범위範圍・강조強調・발

어發語 부사 등 다양하게 분류된다.

(1) 부사의 용법

1) 동사 수식

賊**反**荷杖. <旬五志>
도둑이 도리어 매를 들다. *賊(적)도적. 荷(하)매다. 杖(장)지팡이.

清風**徐**來, 水波不興. <赤壁賦>
맑은 바람은 천천히 불어오고, 물결은 일어나지 않는다.

寺僧以丹靑補之, 鳥雀不**復**至. <三國史記>
절의 중이 단청丹靑으로 이를 보수하니, 새들이 다시 오지 않았다.
*雀(작)참새. 復(부)다시.

2) 형용사 수식

海波**尙**變, 爲桑田. <李賀詩>
바다가 오히려 변하여 뽕나무 밭이 되었다. *尙(상)오히려. 變(변)변
하다. 桑(상)뽕나무.

戰勝功**旣**高, 知足願云止. <乙支文德詩>
싸움에 이기어 공이 이미 높으니, 족함을 알아 멈춰 주기를 바라네.
*旣(기)이미. 願(원)바라다.

水陸草木之花, 可愛者**甚**蕃. <愛蓮說>
물과 육지에 있는 풀과 나무의 꽃에는, 사랑할 만한 것이 매우 많다.
*甚(심)매우. 蕃(번)많다.

(2) 부사의 분류

1) 의문

'何・安・奚・曷・寧・幾・惡・焉・庸・豈・奈・胡・詎・渠・爭・那' 등

▷ 何(하)

身旣不孝, 子**何**孝焉. <明心寶鑑>

자신이 이미 효도하지 않았다면, 자식이 어찌 효도하겠는가.

汝漢家婢妾, **何**無禮之甚乎. <三國史記>

너는 한나라의 비첩婢妾으로, 어찌 무례함이 심한가. *婢(비)계집종. 甚(심)심하다, 지나치다.

汝**何**不致力於工夫, 思所以立身揚名. <婦人言行錄>

너는 어찌 공부에 힘을 다하여, 몸을 세우고 이름을 드날릴 것을 생각하지 않느냐. *立身揚名(입신양명)출세하여 이름을 세상에 드날림. *致(치)다하다. 揚(양)드날리다.

▷ 豈(기)

功之塔, **豈**毁乎. <東言考略>

공든 탑이 무너지겠는가. *塔(탑)탑. 毁(훼)헐다.

況賢於隗者, **豈**遠千里哉. <通鑑節要>

하물며 곽외郭隗보다 현명한 자가 어찌 천 리를 멀다 하겠습니까. *於(어)~보다. 隗(외)높다.

▷ 奚(해)

爾**奚**泣. <燕巖集>

너는 어찌 우는가. *爾(이)너. 奚(해)어찌. 泣(읍)울다.

旣自以心爲形役, **奚**惆悵而獨悲. <歸去來辭>

이미 스스로 마음을 육신의 노예로 삼았으니, 어찌 한탄하고 탄식하

여 홀로 슬퍼하겠는가. *形(형)몸. 役(역)부리다. 愀(추)한탄하다. 悵(창)슬퍼하다.

▷ 安(안)

本不結交, **安**有絕交. <耳談續纂>
본래 사귐을 맺지 않았다면, 어찌 사귐을 끊음이 있겠는가. *本(본)본래. 安(안)어찌.

三國鼎峙, 干戈日尋, **安**事詩書. <東文選序>
삼국이 솥발처럼 버텼을 적에는 전쟁이 날로 계속하였으니, 어떻게 시서를 일삼았겠는가. *鼎峙(정치)정립鼎立. 솥발처럼 셋이 벌려 섬. 干戈(간과)방패와 창, 곧 전쟁. *鼎(정)솥. 峙(치)우뚝 솟다. 尋(심)찾다.

安能以身之察察, 受物之汶汶者乎. <漁父辭>
어찌 깨끗한 몸으로 남의 더러운 것을 받을 수 있겠는가. *察(찰)깨끗하다, 결백하다. 汶(문)더럽다.

▷ 焉(언)

割鷄, **焉**用牛刀. <論語>
닭을 잡는 데 어찌 소를 잡는 칼을 쓰겠는가. *焉(언)어찌. 割(할)베다.

焉有仁人在位, 罔民而可爲也. <孟子>
어찌 어진 사람이 자리에 있으면서, 백성을 그물질하는 일을 할 수 있겠습니까. *罔民(망민)무지한 백성을 속여 법망에 걸려들게 하는 일. *罔(망)그물.

後生可畏, **焉**知來者之不如今也. <論語>
후생은 두려울 만하니, 어찌 오는 자들이 지금 사람보다 못할 줄을 알겠는가. *後生可畏(후생가외)젊은 후배들은 학문과 덕을 닦으면 어떠한 역량을 나타낼지 모르기 때문에 두렵다는 말. *畏(외)두렵다.

▷ 胡(호)

胡不言於有司. <三國史記>

어찌 유사有司(관리)에게 말하지 않는가. *胡(호)어찌.

旣殀之子, **胡**算其齒. <耳談續纂>

이미 죽은 자식, 어찌 그 나이를 헤아리는가. *殀(요)일찍 죽다. 算
(산)세다. 齒(치)나이.

吾女香娘, 若非李郞之故, **胡**爲乎獄中. <春香傳>

나의 딸 향랑香娘이 만약 이 도령과의 연고가 아니었다면, 어찌 옥중
에 있겠는가. *娘(낭)아가씨. 郞(랑)사내. 故(고)연고. 獄(옥)옥.

▷惡(오)

公則自傷, 鬼**惡**能傷公. <莊子>

공은 스스로 상한 것이지, 귀신이 어찌 공을 해할 수 있겠습니까. *惡
(오)어찌.

今身且不能利, 將**惡**能治天下哉. <史記>

지금 자신 또한 이롭게 할 수 없는데, 장차 어찌 천하를 다스릴 수
있겠는가.

聖人以治天下爲事者, **惡**得不禁惡而勸愛. <墨子>

성인이 천하 다스리는 것을 일삼는 자가, 어찌 미움을 금하고 사랑을
권하지 않을 수 있겠는가.

▷庸(용)

庸知我國人, 不有以我情告鄭者乎. <史記>

어찌 우리나라 사람이 정鄭나라에 우리 실정을 알려 준 사람이 없음
을 알겠는가. *庸(용)어찌.

庸詎知吾所謂知之非不知邪. <莊子>

어찌 이른바 안다는 것이 알지 못하는 것이 아님을 알겠는가. *詎(거)
어찌. 邪(야)어조사.<반어>

▷詎(거)

春華**詎**能久. <王維詩>

봄꽃이 어찌 오래갈 수 있겠는가. *華(화)꽃.

忘形更忘機, 詎復論榮落. <申欽詩>
형체를 잊고 다시 물욕도 잊었거늘, 어찌 다시 영고성쇠榮枯盛衰를 논하겠는가. *忘機(망기)속세의 일이나 욕심을 잊음. *更(갱)다시. 復(부)다시.

▷爭(쟁)

爭如我解語花. <開元天寶遺事>
어찌 나의 해어화解語花(말을 이해하는 꽃, 양귀비楊貴妃)만 하겠는가. *爭(쟁)어찌.

不是一番寒徹骨, **爭**得梅花撲鼻香. <偈頌/黃檗希運>
추위가 한 번 뼈에 사무치지 않는다면, 어떻게 코를 찌르는 매화 향기를 얻을 수 있겠는가. *徹(철)통하다. 爭(쟁)어찌. 어떻게. 撲(박)치다. 찌르다.

▷那(나)

流年**那**可駐, 白髮不禁長. <鄭澈詩>
흐르는 세월을 어찌 멈출 수 있으리오, 백발을 막을 수가 없구나. *那(나)어찌. 駐(주)머무르다. 髮(발)머리털, 터럭.

謂是囊中一物耳, **那**知玄花落白羽. <李穡詩>
(고구려를) 주머니 속의 물건쯤으로 여겼으니, 눈알이 백우전白羽箭에 빠질 줄을 어찌 알았으랴. *玄花(현화)눈알. *囊(낭)주머니.

2) 반어

'反·却·顧·況·矧·還·敢' 등

▷反(반)

當斷不斷, **反**受其亂. <史記>
마땅히 처단해야 할 때 처단하지 않으면, 도리어 난을 받는다. *反

(반)도리어. 受(수)받다.

畫虎不成, **反**類狗也. <十八史略>

호랑이를 그리다 완성하지 못하고, 도리어 개를 닮게 되는 것이다.
*畫虎類狗(화호유구)서툰 솜씨로 어려운 일을 하려다 도리어 잘못
됨. *類(류)닮다.

異鷄无敢應, 見者**反**走矣. <莊子>

다른 닭은 감히 응하지 못하고, 본 닭이 도리어 달아났다. *无(무)없
다. 應(응)응하다.

▷還(환)

傷人之語, **還**是自傷. <明心寶鑑>

남을 해치는 말은 도리어 자신을 해치는 것이다. *傷(상)해치다, 다치
다. 還(환)도리어.

十飯一匙, **還**成一飯. <耳談續纂>

열 그릇의 밥에서 한 숟가락씩이면, 도리어 한 그릇의 밥이 된다. *十
匙一飯(십시일반)여러 사람이 힘을 합하면 큰 힘이 됨. *匙(시)숟가락.
飯(반)밥.

▷却(각)

智慧聰明, **却**受貧. <列子>

지혜 있고 총명한 사람도 도리어 가난하게 된다. *却(각)도리어. 慧
(혜)슬기롭다. 聰(총)귀 밝다.

人攀明月不可得, 月行**却**與人相隨. <李白詩>

사람은 밝은 달을 잡으려 해도 잡을 수 없는데, 달의 운행은 도리어
사람과 서로 따르네. *攀(반)더위잡다.

▷顧(고)

近幸子, 乃爲所欲**顧**不易邪. <史記>

그대(예양豫讓)를 가까이하여 사랑하면, 이에 하고자 하는 바가 도리

어 쉽지 않겠는가. *幸(행)은총, 임금이 사랑하다. 顧(고)도리어. 邪(야)어조사.<반어>

爾輩諫於王, 而廢我女, 胡顧見我乎. <三國遺事>
너희들이 왕에게 간해서, 내 딸을 폐하고, 어찌 도리어 나를 보려 하느냐. *輩(배)무리. 諫(간)간하다. 廢(폐)폐하다. 胡(호)어찌.

▷況(황)

天地尚不能久, 而況於人乎. <老子>
천지도 오히려 오래할 수 없거늘, 하물며 사람에서랴. *況(황)하물며.

布衣之交, 尚不相欺, 況大國乎. <史記>
평민들의 사귐에도 오히려 서로 속이지 않는데, 하물며 대국에서랴. *布衣(포의)벼슬이 없는 선비, 평민. *欺(기)속이다.

萬物之成形, 有圓而無方, 況於地乎. <湛軒書>
만물이 이루어진 형체는 둥근 것은 있고, 네모진 것은 없으니, 하물며 지구地球에서랴.

3) 시간

'旣·已·曾·方·暫·適·卽·正·嘗·向·嚮·昔·古·蚤·今·始·終' 등으로, 과거·현재·미래 등을 표시하며, '速·急·疾·卒·遽·暴' 등은 시간의 급속急速을 나타낸다.

▷旣(기)

及其老也, 血氣旣衰, 戒之在得. <論語>
늙어서는 혈기가 이미 쇠하였으므로, 경계함이 얻음에 있다. *旣(기)이미. 衰(쇠)쇠하다. 戒(계)경계하다.

君子有三患. 未之聞, 患弗得聞也, 旣聞之, 患弗得學也, 旣學之, 患弗能行也. <禮記>
군자에게 세 가지 근심이 있다. 아직 듣지 못했으면 들을 수 없음을 걱정하고, 이미 들었으면 배울 수 없음을 걱정하고, 이미 배웠으면 행할 수 없음을 걱정해야 한다.

▷已(이)

悟已往之不諫, 知來者之可追. <歸去來辭>
이미 지나간 일을 탓할 수 없음을 깨닫고, 올 것을 따를 수 있음을
알았다. *悟(오)깨닫다. 諫(간)간하다. 之(지)~을.

桓侯體痛, 使人索扁鵲, 已逃秦矣. <韓非子>
환후桓侯가 몸이 아파, 사람들로 하여금 편작扁鵲(전국시대 명의)을
찾게 하였으나, 이미 진秦을 달아났다. *桓(환)굳세다. 侯(후)제후. 索
(색)찾다. 扁(편)넓적하다. 鵲(작)까치. 逃(도)달아나다.

▷嘗(상)

吾嘗聞大勇於夫子矣. <孟子>
내 일찍이 큰 용기를 부자夫子에게 들었다. *嘗(상)일찍이.

吾嘗終日而思矣, 不如須臾之所學也. <荀子>
내가 일찍이 종일토록 생각하였으나, 잠깐 배우는 것만 못하였다. *須
(수)잠깐. 臾(유)잠깐.

吾嘗終日不食, 終夜不寢以思無益, 不如學也. <論語>
내 일찍이 종일토록 밥을 먹지 않으며, 밤새도록 자지 않고서 생각하
니 이로움이 없었다. 배우는 것만 같지 못하였다. *寢(침)잠자다.

▷曾(증)

十年磨一劍, 霜刃未曾試. <賈島詩>
십 년 동안 한 칼 갈아, 서릿발 같은 칼날 아직 일찍이 시험하지 못
하였다. *十年磨劍(십년마검)어떤 목적을 위해 때를 기다리며 준비를
게을리하지 않음. *曾(증)일찍. 磨(마)갈다. 試(시)시험하다.

梁王以此怨盎, 曾使人刺盎. <史記>
양효왕梁孝王은 이 일로 원앙袁盎을 원망하고, 일찍이 사람을 보내
그를 찔러 죽이게 했다. *盎(앙)동이. 刺(자)찌르다.

▷蚤(조)

王祥性孝. **蚤**喪親 <晉書>

왕상王祥이 천성이 효성스러웠는데, 일찍이 어머니를 여의었다. *祥
(상)상서롭다. 喪(상)죽다. 蚤(조)일찍.<조무>

共伯**蚤**死, 共姜守義. <小學>

공백共伯이 일찍 죽으니, 공강共姜은 의를 지켰다.

使遂**蚤**得處囊中, 乃穎脫而出. <史記>

만약 제(모수毛遂)가 일찍이 주머니 속에 처할 수 있었다면, 이내 뾰
족한 끝이 빠져나왔을 것입니다. *使(사)가령. 囊(낭)주머니. 穎(영)뾰
족한 끝, 이삭. 脫(탈)나오다, 벗다.

▷向(향) · 嚮(향)

向吾入賊中, 不能斬將搴旗深所恨也. <三國史記>

지난번 내가(관창官昌) 적진에 들어가, 장수를 베고 깃발을 빼앗지 못
한 것이 매우 한스러운 바이다. *向(향)접때, 이전. 斬(참)베다. 搴(건)
빼내다. 旗(기)깃발.

嚮吾不爲斯役, 則久已病矣. <捕蛇者說>

지난번에 내가 이 일(뱀 잡는 일)을 하지 않았다면, 오래전에 이미 병
들었을 것이다. *嚮(향)접때, 지난번. 斯(사)이. 役(역)일, 노동.

▷昔(석)

昔瞽瞍, 有子曰舜. <孔子家語>

옛날에 고수瞽瞍에게 순舜이라는 아들이 있었다. *瞽(고)소경. 瞍(수)
소경.

昔達摩尊者, 乘蘆葉涉大海. <九雲夢/金春澤譯>

옛적에 달마존자達摩尊者는 갈대 잎을 타고 큰 바다를 건넜다. *摩
(마)갈다. 乘(승)타다. 蘆(로)갈대. 涉(섭)건너다.

昔黃相國喜, 微時行役, 憩于路上. <芝峯類說>

옛날 황희黃喜 정승이 벼슬하지 않았을 때, 길을 가다가 피곤하여 길가에서 쉬었다. *行役(행역)여행의 괴로움. *微(미)천하다, 작다. 憩(게)쉬다.

▷方(방)

戰**方**急, 愼勿言我死. <懲毖錄>
싸움이 바야흐로 위급하니, 삼가 나의 죽음을 말하지 마라. *方(방)바야흐로. 愼(신)삼가다.

蚌**方**出曝, 而鷸啄其肉. <戰國策>
조개가 때마침 나와 볕을 쬐는데, 황새가 그 고기를 쪼았다. *蚌(방)방합. 鷸(휼)도요새. 曝(폭)쬐다. 啄(탁)쪼다.

天下**方**有急, 王孫寧可以讓邪. <史記>
천하가 바야흐로 급함이 있는데, 왕손이 어찌 양보할 수 있겠는가. *寧(녕)어찌. 讓(양)양보하다. 邪(야)어조사.

▷今(금)

今天下溺矣, 夫子之不援何也. <孟子>
지금 천하가 물에 빠졌는데, 부자께서 구원하지 않으심은 어째서입니까. *溺(닉)빠지다. 援(원)돕다.

今夫適千里者, 必先辨其徑路之所在. <阮堂全集>
이제 천 리 길을 가려는 자는 반드시 먼저 지름길이 있는 바를 분별하여야 한다. *適(적)가다. 辨(변)분별하다. 徑(경)지름길.

今龍女被病, 須兎肝爲藥, 故不憚勞, 負爾來耳. <三國史記>
지금 용왕의 딸이 병에 걸려 모름지기 토끼의 간이 약이 된다고 하여, 그러므로 수고로움을 아끼지 않고 너를 업고 올 뿐이다. *被(피)입다. 肝(간)간. 憚(탄)꺼리다. 負(부)지다. 爾(이)너. 耳(이)뿐.

▷適(적)

今**適**有知而欺之, 是敎之不信. <小學>

이제 때마침 지각知覺이 있으려는데 그를 속였으니, 이는 그에게 불신不信을 가르쳐 주는 것이다. *適(적)마침. 欺(기)속이다.

適大雨無所入, 及暮有鷄卵一包來. <松南雜識>
마침 큰비가 내려 들어오는 물품이 없더니, 저물녘에 계란 한 꾸러미를 가지고 들어옴이 있었다. *包(포)꾸러미, 싸다.

夫身中大創十餘, **適**有萬金良藥, 故得無死. <史記>
관부灌夫의 몸에 십여 군데 크게 상처를 입었지만, 마침 만금의 좋은 약이 있었기 때문에 죽음을 면할 수 있었다. *創(창)상처를 입히다.

▷卽(즉)

項王聞之, **卽**令諸將擊齊. <史記>
항왕項王이 이를 듣고, 곧 여러 장수에게 제齊나라를 치게 하였다.
*卽(즉)곧, 바로. 項(항)목. 令(령)하여금. 諸(제)여러. 擊(격)치다.

與善人居, 如入芝蘭之室, 久而不聞其香, **卽**與之化矣. <孔子家語>
착한 사람과 더불어 지내는 것은 지란芝蘭의 방에 들어가는 것과 같아서, 오래되면 그 향기를 느끼지 못하더라도 곧 그것과 같이 동화된다. *芝(지)지초. 聞(문)냄새 맡다.

▷速(속)

速亡, 愈於久生. <列子>
빨리 죽는 것이 오래 사는 것보다 낫다. *速(속)빨리. 愈(유)낫다. 於(어)~보다.

如知其非義, 斯**速**已矣, 何待來年. <孟子>
만일 그것이 의가 아님을 알았다면, 속히 그만두어야지, 어찌 내년을 기다리겠는가. *已(이)그치다.

▷卒(졸)

時夏月, 暴雨**卒**至. <世說新語>
여름에 폭우가 갑자기 내렸다. *暴(폭)사납다. 卒(졸)갑자기.

賈姬如廁, 野彘**卒**入廁. <史記>

가희賈姬가 변소에 갔는데, 멧돼지가 갑자기 변소에 들어왔다. *賈
(가)성. 如(여)가다. 廁(측)뒷간. 彘(체)돼지.

4) 가정

‘若·如·雖·縱·微·藉’ 등

▷若(약)

若使天下兼相愛, 國與國不相攻. <墨子>

천하로 하여금 아울러 서로 사랑하게 한다면, 나라와 나라가 서로 공
격하지 아니할 것이다. *攻(공)치다.

若異國兵來, 陸路不使過炭峴, 水軍不使入伎伐浦. <三國遺事>

만일 다른 나라 군사가 오거든, 육로는 탄현炭峴을 지나지 못하게 하
고, 수군은 기벌포伎伐浦에 들어오지 못하게 하여야 한다. *炭(탄)숯.
峴(현)고개. 伎(기)재주. 伐(벌)치다.

▷如(여)

讐夷如盡滅, 雖死不爲辭. <李舜臣詩>

만약 원수를 다 멸할 수 있다면, 비록 죽을지라도 사양하지 않으리라.
*讐(수)원수. 滅(멸)멸망하다. 辭(사)사양하다.

如詩不成, 罰依金谷酒數. <春夜宴桃李園序>

만약 시를 짓지 못한다면, 금곡金谷의 술잔 수에 의해서 벌하리라.
*金谷酒數(금곡주수)미처 시를 짓지 못한 사람에게 주는 벌주. *罰
(벌)벌하다. 依(의)의지하다.

▷雖(수)

以佚道使民, **雖**勞不怨. <孟子>

편안하게 해 주는 방법으로 백성을 부리면, 비록 고생하더라도 원망
하지 않을 것이다. *佚(일)편안하다. 使(사)부리다. 勞(로)힘쓰다.

謂學不暇者, 雖暇亦不能學矣. <淮南子>

배우려고 해도 겨를이 없다고 말하는 사람은 비록 겨를이 있어도 역시 배울 수 없다. *暇(가)겨를.

▷縱(종)

縱彼不言, 籍獨無不愧於心乎. <史記>

비록 저들이 말하지 않더라도, 내(항적項籍)가 유독 마음에 부끄럽지 않음이 없겠는가. *縱(종)비록. 籍(적)문서. 愧(괴)부끄럽다.

縱不能用, 使無去其疆域, 則國終身無故. <荀子>

비록 등용하지 않더라도, 나라를 떠남이 없게 한다면, 나라는 종신토록 사고가 없을 것이다. *疆(강)지경. 域(역)지경. 故(고)사고.

▷藉(자)

藉我以人之名, 而加之焉, 孰知之乎. <田論>

가령 내가 남의 이름으로 땅을 더하면, 누가 이를 알겠는가. *藉(자)가령, 설사. 孰(숙)누구.

藉爲人之國, 若爲其國, 夫誰獨擧其國, 以攻人之國者. <墨子>

가령 남의 나라를 위하기를 자기 나라 위하는 것과 같이 한다면, 누가 홀로 자기 나라를 들어 남의 나라를 공격할 것인가. *誰(수)누구. 擧(거)들다. 功(공)치다.

▷微(미)

微子之言, 吾亦疑之. <史記>

그대의 말이 없었더라도, 나 또한 그를 의심하고 있다. *微(미)~아니라면, 만약 ~이 없으면. 子(자)그대. 疑(의)의심하다.

微管仲, 吾其被髮左衽矣. <論語>

관중管仲이 아니었다면, 나는 머리를 풀고 옷깃을 왼편으로 하는 오랑캐가 되었을 것이다. *被髮左衽(피발좌임)머리를 풀고 옷깃을 왼쪽으로 여민다는 뜻으로, 오랑캐의 풍속. *被(피)풀어헤치다. 髮(발)머리털, 터럭. 衽(임)옷깃.

5) 한정

'但·只·惟·唯·直·祗·獨·徒·第·顧' 등

▷但(단)

空山不見人, **但**聞人語響. <王維詩>

빈산에 사람은 보이지 않고, 다만 사람 말소리가 들릴 뿐이다. *但
(단)다만. 響(향)울리다.

我州**但**有斷頭將軍, 無有降將軍也. <三國志>

우리의 고을에는 단지 목숨을 건 장군만 있고, 항복할 장군은 없다. *州
(주)고을. 降(항)항복하다.

今人不識前賢志, **但**問潮頭幾尺高. <朴寅亮詩>

지금 사람은 전현前賢(오자서伍子胥)의 뜻을 알지 못하고, 다만 밀물
높이가 몇 자인가 물을 뿐이네. *潮(조)조수. 幾(기)몇.

▷只(지)

只見讀書榮, 不見讀書墜. <王荊公勸學文>

단지 책을 읽어 영화롭게 됨을 보았고, 책을 읽어 실추함을 보지 못
하였다. *只(지)다만. 墜(추)떨어지다.

不恨自家汲繩短, **只**恨他家苦井深. <明心寶鑑>

자기 집 두레박 끈이 짧은 것은 탓하지 않고, 단지 남의 집 애써 판
우물이 깊은 것만 탓한다. *汲(급)물 긷다. 繩(승)끈.

▷惟(유)·唯(유)·維(유)

惟仁者, 宜在高位. <孟子>

오직 어진 사람만이 마땅히 높은 지위에 있어야 한다. *惟(유)오직.
宜(의)마땅히~해야 한다.

惟其明, 故照物無僞, **惟**其公, 故妍媸無異議. <修堂集>

오로지 거울이 밝기 때문에 사물을 비춤이 거짓이 없고, 오직 거울이 공변되기 때문에 곱거나 밉거나 다른 말이 없다. *僞(위)거짓. 姸(연)곱다. 媸(치)추하다.

唯上知與下愚, 不移. <論語>
오직 지극히 지혜로운 자와 어리석은 자는 변화시킬 수 없다. *知(지)지혜.<지智> 與(여)~와. 移(이)옮기다.

禍福無門, **唯**人所召. <左傳>
화와 복은 문이 없고, 오직 사람이 부르는 것이다. *召(소)부르다.

終鮮兄弟, **維**予與女. <詩經>
끝내 형제가 적어, 오직 나와 너뿐이다. *鮮(선)적다, 드물다. 維(유)오직. 予(여)나. 與(여)~와. 女(여)너.

▷直(직)

非**直**讀也, 誦亦可能. <梅泉野錄>
다만 읽을 수 있을 뿐만 아니라, 또한 외울 수 있습니다. *直(직)다만. 誦(송)외다.

直不百步耳, 是亦走也. <孟子>
다만 백 보가 아닐 뿐이지, 이 또한 달아난 것이다.

▷祗(지)・秖(지)・祇(지)

雖殺之無益. **祗**益禍耳. <史記>
비록 그를 죽인다 하여도 이로움은 없고, 단지 재앙을 더할 뿐이다. *祗(지)다만. 益(익)더하다. 禍(화)재앙.

訖無可觀, **祗**自愧耳. <進三國史記表>
마침에 볼만한 것이 없어, 다만 스스로 부끄러울 뿐입니다. *訖(흘)마치다. 愧(괴)부끄럽다. 耳(이)뿐.

行路難, 不在水, 不在山, **祗**在人情反覆間. <白居易詩>
길을 가기 어려움은 물과 산에 있지 않고, 다만 인정이 반복反覆하는 사이에 있다. *秪(지)다만. 覆(복)뒤집히다.

▷獨(독)

今獨臣有船. <史記>

지금 오직 신만이 배가 있습니다. *獨(독)다만, 오직. 船(선)배.

相如雖駑, 獨畏廉將軍哉. <史記>

상여相如가 비록 노둔하지만, 유독 염파廉頗 장군을 두려워하겠는가.
*駑(노)둔하다. 畏(외)두려워하다. 廉(렴)성, 청렴하다.

非獨蜀之人士及二州牧伯所見明知, 皇天后土實所共鑑. <陳情表>

다만 촉지방의 인사와 두 고을의 주목州牧과 방백方伯이 보고 밝게
알 뿐만 아니라, 황천皇天과 후토后土가 실로 함께 보는 바입니다.
*及(급) 및. 鑑(감)보다.

▷徒(도)

汝徒知其一, 不知其二. <說苑>

너는 단지 그 하나만 알 뿐, 그 둘을 알지 못한다. *汝(여)너. 徒(도)
다만.

少壯不努力, 老大徒傷悲. <沈約詩>

젊고 건강할 때 노력하지 않으면, 늙어 한갓 슬퍼할 뿐이다. *壯(장)
성하다, 씩씩하다. 努(노)힘쓰다. 傷(상)상하다.

濫想徒傷神, 妄動反致禍. <明心寶鑑>

지나친 생각은 한갓 정신을 상하게 할 뿐이요, 망령된 행동은 도리어
재앙을 부른다. *濫(람)넘치다. 反(반)도리어. 致(치)부르다, 이르다.

▷特(특)

特與嬰兒戲耳. <韓非子>

단지 어린아이와 농담을 했을 따름이다. *特(특)다만. 嬰(영)아이. 戲
(희)놀다.

遼河未嘗不鳴, 特未夜渡爾. <一夜九渡河記>

요하遼河가 울지 않아서가 아니라, 다만 밤중에 건너지 않았을 뿐이다. *遼(요)멀다. 渡(도)건너다. 爾(이)뿐.

古人稱杜甫, 非**特**聖於詩, 詩皆出於憂國憂民. <東人詩話>
옛사람들이 두보를 칭송한 것은 다만 시를 잘 지을 뿐만 아니라, 시가 모두 나라와 백성을 걱정함에서 나왔기 때문이다. *稱(칭)칭찬하다. 杜(두)막다. 甫(보)크다, 남자의 미칭.

6) 정도

'甚·至·極·尤·益·太·最·畢' 등

▷甚(심)

自李唐來, 世人**甚**愛牡丹. <愛蓮說>
이당李唐 이래로부터, 세상 사람들이 매우 모란牡丹을 좋아하였다. *自(자)~로부터. 甚(심)매우.

甚愛必大費, 多藏必厚亡. <老子>
매우 아끼면 반드시 크게 낭비하고, 많이 간직하면 반드시 크게 잃는다. *費(비)쓰다. 愛(애)아끼다. 藏(장)감추다. 厚(후)두텁다. 亡(망)잃다.

國家設學而養士, 其意**甚**隆. <退溪集>
국가가 학교를 세워 선비를 기름은, 그 뜻이 매우 높다. *設(설)세우다. 隆(융)높다.

▷至(지)

今臣亡國之賤俘, **至**微**至**陋. <陳情表>
지금 신은 망국의 비천한 포로로, 매우 미약하고 매우 고루합니다. *賤(천)천하다. 俘(부)포로, 사로잡다. 至(지)매우, 지극히. 微(미)미천하다. 陋(루)고루하다.

水**至**淸則無魚, 人**至**察則無徒. <孔子家語>
물이 너무 맑으면 고기가 없고, 사람이 너무 살피면 따르는 무리가 없다. *察(찰)살피다. 徒(도)무리.

人雖**至**愚, 責人則明, 雖有聰明, 恕己則昏. <明心寶鑑>

사람이 비록 지극히 어리석을지라도, 남을 꾸짖음에는 밝고, 비록 총명함이 있을지라도, 자기를 용서함에는 어둡다. *責(책)꾸짖다. 聰(총)총명하다. 恕(서)용서하다. 昏(혼)어둡다.

▷極(극)

家**極**貧, 衣百結若懸鶉. <三國史記>

집이 매우 가난하여, 옷을 백여 군데나 기운 것이 메추리를 매단 것 같았다. *極(극)매우, 심히. 懸(현)매달다. 鶉(순)메추라기.

是懷二心, 以事其君也, 且吾所爲者**極**難耳. <史記>

이는 두 마음을 품고 임금을 섬김이니, 또한 내가 할 것이 매우 어려울 뿐이다. *懷(회)품다.

▷尤(우)

作詩非難, 而知詩爲**尤**難. <東人詩話>

시를 짓는 것이 어렵지 아니하고, 시를 아는 것이 더욱 어려운 일이다. *尤(우)더욱.

至於三國鼎峙, 則傳世**尤**多. <三國史記>

삼국이 정립하여 대치함에 이르러서는, 세상에 전해진 기록이 더욱 많았다. *鼎峙(정치)정립鼎立, 솥발처럼 셋이 벌려 섬. *鼎(정)솥. 峙(치)우뚝 솟다.

視死如歸, 此又君子之**尤**難者也. <縱囚論>

죽음 보기를 집에 돌아가는 것처럼 여김은 이 또한 군자도 더욱 어려운 것이다.

▷益(익)

臣多多而**益**善耳. <史記>

신은 많으면 더욱 좋을 따름입니다. *益(익)더욱. 善(선)좋다. 耳(이)뿐.

使强壯者**益**獲, 而弱者受擠批. <田論>

강한 자로 하여금 더욱 얻게 하고, 약한 자로 하여금 물리침을 받게 한다. *獲(획)얻다. 擠(제)밀치다. 批(비)치다.

君之病在肌膚, 不治, 將益深. <韓非子>
임금의 병은 살갗에 있어, 고치지 않으면 장차 더욱 깊어질 것이다.
*肌(기)살. 膚(부)살갗.

▷太(태)

愛臣太親, 必危其身. <韓非子>
총애하는 신하를 너무 가까이하면, 반드시 임금의 몸을 위태롭게 한
다. *太(태)매우, 심히.

太剛則折, 太柔則卷. <淮南子>
너무 강하면 꺾이고, 너무 부드러우면 휘어진다. *剛(강)굳세다. 折
(절)꺾다. 卷(권)말리다.<捲捲>

攻人之惡, 毋太嚴, 要思其堪受. <菜根譚>
남의 잘못을 꾸짖음에 너무 엄하지 말아야 하며, 요컨대 그가 받아
낼 만한가를 생각해야 한다. *攻(공)치다. 嚴(엄)엄하다. 堪(감)견디다.
受(수)받다.

▷最(최)

百濟於三國最强, 而其亡最先. <百濟論>
백제는 삼국에서 가장 강하였으나, 그 망함은 가장 먼저였다. *最(최)
가장.

馬氏五常, 白眉最良. <三國志>
마씨馬氏 오 형제에서, 흰 눈썹이 난 사람이 가장 뛰어났다. *五常
(오상)촉한蜀漢의 마량馬良의 자는 계상季常이며, 형제 다섯이 상常
자를 사용하여 자를 만들었음. 白眉(백미)우수한 여럿 중에서 가장
뛰어남.

思之勿深, 深則多疑. 商酌折衷, 三思最宜. <東國李相國全集>
생각을 깊게 하지는 마라, 깊게 하면 의심이 많게 된다. 참작하고 절

충折衷하여, 세 번쯤 생각하는 것이 가장 마땅하다. *商(상)헤아리다. 酌(작)참작하다. 折(절)꺾다. 衷(충)가운데. 宜(의)마땅하다.

7) 범위

'皆·悉·共·各·盡·擧·咸·畢·都' 등

▷ 皆(개)

愚濁生嗔怒, **皆**因理不通. <明心寶鑑>
어리석고 흐린 자가 성을 내는 것은 다 이치를 알지 못하기 때문이다. *皆(개)다. 濁(탁)흐리다. 嗔(진)성내다. 怒(노)성내다.

凡喜怒悲歡不平之事, **皆**以琴宣之. <三國史記>
무릇 기쁘고 성나고 슬프고 즐거운 일과 불평스러운 일을, 다 거문고로 폈다. *歡(환)기뻐하다. 琴(금)거문고. 宣(선)펴다.

▷ 各(각)

物**各**有主. <前赤壁賦>
물건은 각각 주인이 있다. *各(각)각각.

兄弟不忍, **各**分居. <明心寶鑑>
형제가 참지 않으면, 각각 헤어져서 살게 된다.

上常從容與信, 言諸將能不, **各**有差. <史記>
한고조漢高祖가 일찍이 조용히 한신韓信과 더불어, 여러 장수의 능하고 능하지 못함에 대해 말했는데, 각각 차이가 있었다. *常(상)일찍이.<상嘗> 諸(제)여러, 모든.

▷ 盡(진)

張芝臨池學書, 池水**盡**黑. <晋書>
장지張芝(후한後漢 서가書家)가 연못에 가서 붓글씨를 연습하니, 연못의 물이 온통 까맣게 되었다. *臨池(임지)글씨 쓰기를 익힘. *芝(지)지초. 池(지)연못.

積金以遺子孫, 未必子孫能**盡**守. <明心寶鑑>

돈을 모아서 자손에게 남겨 주어도, 자손이 반드시 다 지킬 수 있는 것은 아니다. *積(적)쌓다. 遺(유)남기다.

▷ 擧(거)

凡同類者, **擧**相似也. <孟子>

무릇 같은 종류인 것은 대부분 서로 같다. *擧(거)온통, 모두. 類(류)종류. 似(사)같다.

王如用予, 則豈徒齊民安. 天下之民**擧**安. <孟子>

왕이 만일 나를 등용하신다면, 어찌 다만 제나라 백성만이 편안하겠는가. 천하의 백성이 모두 편안할 것이다. *予(여)나. 徒(도)다만.

▷ 悉(실)

其餘大小萬狀, 不可**悉**名. <鳴蟬賦>

그 나머지 크고 작은 만 가지 형상을 다 이름할 수 없다. *悉(실)다, 모두. 狀(상)형상.

郡守歸府, **悉**召郡中之士族及農工商賈. <兩班傳>

군수가 관부로 돌아와, 고을 안의 양반 및 농민·장인·장사치를 모두 불렀다. *府(부)관청. 悉(실)다. 召(소)부르다. 及(급)및. 賈(고)장사.

所貴乎廉吏者, 其所過山林泉石, **悉**被淸光. <牧民心書>

청렴한 관리를 귀히 여기는 것은, 그가 지나가는 곳의 산림이나 천석도 다 맑은 빛을 입기 때문이다. *廉(렴)청렴하다. 被(피)입다.

▷ 咸(함)

鷄初鳴, **咸**盥漱. <小學>

새벽에 닭이 처음 울거든 모두 세수하고 양치질한다. *咸(함)다. 盥(관)씻다. 漱(수)양치질하다.

村中聞有此人, **咸**來問訊. <桃花源記>

마을 안 사람들은 이러한 사람이 있다는 것을 듣고, 다 와서 물었다.

*訊(신)묻다.

▷ 畢(필)

群賢畢至, 少長咸集. <蘭亭記>
여러 현인들이 다 이르고, 젊은이와 어른이 다 모였다. *畢(필)다, 모두.

諸將效首虜, 畢賀. <史記>
여러 장수들은 적의 수급首級과 포로의 수효를 보고하고, 다 축하하
였다. *效(효)아뢰다. 虜(로)포로. 賀(하)경축하다.

▷ 都(도)

積年之疾, 一朝都除. <列子>
해묵은 병이 하루아침에 다 없어졌다. *積(적)쌓다. 都(도)모두. 除(제)
덜다.

老來疾病, 都是壯時招的. <菜根譚>
늙어서 일어나는 병은, 다 젊었을 때 불러들인 것이다. *壯(장)장하다,
젊다. 招(초)부르다. 的(적)명사구를 만드는 조사.

都無所愛惜, 都無所畏忌. <列子>
모두 사랑하고 아끼는 것이 없고, 모두 두려워하고 꺼리는 것이 없었
다. *惜(석)아끼다. 畏(외)두려워하다. 忌(기)꺼리다.

8) 강조

'亦・必・且・又・猶・尙' 등

▷ 亦(역)

生亦我所欲也, 義亦我所欲也. <孟子>
삶 또한 내가 원하는 바요, 의義 또한 내가 원하는 바이다. *亦(역)또,
또한.

水所以載舟, 亦所以覆舟. <孔子家語>
물은 배를 띄우는 것이지만, 또한 배를 뒤엎는 것이다. *載(재)싣다.

覆(복)뒤집히다.

陽氣所發, 金石**亦**透, 精神一到, 何事不成. <朱子家語>
양의 기운이 일어나는 곳에 쇠와 돌도 또한 뚫을 수 있고, 정신이 한 곳에 이르면 무슨 일을 이루지 못하겠는가. *透(투)통하다.

▷ 必(필)

天下雖平, 忘戰**必**危. <史記>
천하가 비록 편안하더라도, 전쟁을 잊으면 반드시 위태롭다.

夫爲人子者, 出**必**告, 反**必**面. <禮記>
사람의 자식 된 자는 나갈 때에는 반드시 부모님께 아뢰고, 돌아와서도 반드시 얼굴을 보인다. *面(면)보이다.

新沐者**必**彈冠, 新浴者**必**振衣. <漁父辭>
새로 머리를 감은 사람은 반드시 갓을 털고, 새로 몸을 씻은 사람은 반드시 옷을 턴다. *沐(목)머리 감다. 彈(탄)튀기다. 振(진)떨치다.

▷ 且(차)

夢中許人, 覺**且**不背其信. <新書>
꿈속에서 사람에게 허락한 일은 깨어서도 또한 그 믿음을 어기지 아니한다. *許(허)허락하다. 且(차)또한. 覺(교)깨다. 背(배)등지다.

吾**且**未知人吾之人何人也. <愛惡箴并序>
나는 또한 나를 사람다운 사람이라고 하는 사람이 어떠한 사람인지 아직 알지 못하겠다.

奕棊淸戲也, **且**動戰爭之心. <菜根譚>
바둑은 맑은 놀이나, 또한 싸움의 마음이 움직인다. *奕(혁)바둑. 棊(기)바둑. 戲(희)놀다.

▷ 猶(유)

終身行善, 善**猶**不足. <明心寶鑑>
종신토록 선을 행하더라도, 선은 오히려 부족하다. *猶(유)오히려.

學如不及, **猶**恐失之. <論語>

배움은 미치지 못하는 듯하고, 오히려 잃을까 염려하여야 한다. *如
(여)같게 하다. 恐(공)염려하다.

禹鼎重時生亦大, 鴻毛輕處死**猶**榮. <李塏詩>

우임금의 솥처럼 무거울 때는 삶 또한 크지만, 홍모처럼 가벼운 곳엔
죽음이 오히려 영화롭다. *禹鼎(우정)우禹왕이 구주九州의 금속을 모
아 만든 아홉 개의 솥으로, 왕위 전승傳承의 보기寶器로 삼음. *鼎
(정)솥. 鴻(홍)기러기.

▷又(우)

花笑柳眠, 閑**又**閑. <金時習詩>

꽃이 웃고 버들도 잠자, 한가롭고 또 한가롭네. *柳(류)버들. 眠(면)잠
자다. 又(우)또.

苟日新, 日日新, **又**日新. <大學>

진실로 어느 날에 새로워졌거든, 나날이 새롭게 하고, 또 나날이 새롭
게 하여야 한다. *苟(구)진실로.

不善學者, 師勤而功半, **又**從而怨之. <禮記>

배우기를 잘하지 못하는 사람은 스승이 부지런히 하여도, 공은 반이
고, 또 따라서 스승을 원망한다. *勤(근)부지런하다. 功(공)공.

▷尙(상)

庸人**尙**羞之, 況於將相乎. <史記>

평범한 사람도 오히려 부끄럽게 여기는데, 하물며 장군과 재상에서랴.
*庸(용)범상凡常하다. 尙(상)오히려. 羞(수)부끄럽다. 相(상)재상.

德者人所歸也, **尙**恐不德, 何患無人. <許生傳>

덕이란 사람이 돌아가는 바이니, 오히려 덕이 없음을 염려해야지, 어
찌 사람이 없음을 근심하는가. *恐(공)염려하다. 患(환)근심.

9) 발어

'夫・凡・蓋・概・大抵・大凡' 등

▷夫(부)

夫財譬如井也, 汲則滿, 廢則竭. <北學議>

무릇 재물은 비유하면 우물과 같아, 물을 길면 차고, 폐하면 마른다.
*譬(비)비유하다. 汲(급)물 긷다. 廢(폐)폐하다. 竭(갈)마르다, 다하다.

夫天地者, 萬物之逆旅, 光陰者, 百代之過客. <春夜宴桃李園序>

무릇 천지는 만물의 여관(역려逆旅)이요, 세월은 영원한 지나가는 나
그네(과객過客)이다. *光陰(광음)해와 달이라는 뜻으로, 시간, 세월. *
逆(역)맞이하다.<영迎> 旅(려)나그네.

夫有其物, 而不費之謂儉, 非無諸己而自絶之謂也. <北學議>

무릇 그 물건이 있는데도, 쓰지 않는 것을 검소하다고 말하는 것이
지, 자신에게 물건이 없어 스스로 단념하는 것을 말하는 것은 아니
다. *費(비)쓰다. 儉(검)검소하다.

▷凡(범)

凡詩妙, 在一字. <東人詩話>

무릇 시의 묘미는 한 글자에 달려 있다. *凡(범)무릇. 妙(묘)묘하다.

凡接人, 當務和敬. <擊蒙要訣>

무릇 사람을 대함에는 마땅히 온화하고 공경함에 힘써야 한다. *接
(접)사귀다, 대접하다. 務(무)힘쓰다.

凡治國用人, 其道無他, 公私而已. <梧里先生文集>

무릇 나라를 다스리고 사람을 씀은 그 방법이 다름이 없고, 공公과
사私일 따름이다.

▷蓋(개)

蓋文章經國之大業, 不朽之盛事. <典論>

대개 문장은 나라를 다스리는 큰일이요, 썩지 않는 성한 일이다. *蓋

(개)대개. 經(경)다스리다. 朽(후)썩다. 盛(성)성하다.

蓋貨殖, 而不背於理, 則何鄙之有乎. <增補山林經濟>
대개 재산을 불리되, 도리에 어긋나지 않는다면, 어찌 비루함이 있겠
는가. *貨(화)재화. 殖(식)불다. 背(배)등지다. 鄙(비)더럽다.

蓋明者, 遠見於未萌, 而智者, 避危於無形. <史記>
대개 총명한 사람은 미맹未萌(아직 일이 일어나기 전)에서도 멀리 보
고, 지혜로운 사람은 무형無形에서도 위험을 피한다. *萌(맹)싹트다.
避(피)피하다.

▷大抵(대저)

大抵卜居之地, 地理爲上. <擇里志>
대저 살 만한 땅을 정할 때에는 지리地理가 제일이다. *抵(저)대저.
卜(복)가리다.

大抵苟且要生者必死, 期死者還生, 諸公何不諒此. <告訣同胞>
대저 구차하게 살려고 하는 자는 반드시 죽고, 죽음을 각오하는 사람
은 도리어 살거늘, 여러분은 어찌 이를 헤아리지 못하는가. *還(환)도
리어. 諸(제)여러. 期(기)기약하다, 바라다. 諒(량)헤아리다.

▷大凡(대범)

大凡物不得其平, 則鳴. <送孟東野序>
대체로 사물은 그 화평함을 얻지 못하면 운다. *鳴(명)울다.

大凡君子與君子, 以同道爲朋. <朋黨論>
대체로 군자와 군자는 도를 함께하여 벗이 된다. *與(여)~와.

(3) 전성부사

1) 형용사에서 전성

嗚呼. 勿**小**失望. <遺書/閔泳煥>

아, 조금도 희망을 잃지 마라. *嗚(오)탄식하다. 呼(호)탄식의 소리.

適有群鷄, **亂**啄庭除. <太平閑話滑稽傳>
마침 여러 마리 닭이 있어, 뜰에서 어지럽게 먹이를 쪼았다. *適(적) 마침. 啄(탁)쪼다. 除(제)뜰.

毛羽不豊滿者, 不**高**飛. <戰國策>
털과 날개가 풍만하지 못한 것은 높이 날지 못한다. *豊(풍)넉넉하다.

我是朝鮮人, **甘**作朝鮮詩. <丁若鏞詩>
나는 조선朝鮮 사람이기에, 달게 조선의 시를 짓는다. *甘(감)달다.

2) 명사에서 전성

豕**人**立而啼. <左傳>
돼지가 사람처럼 서서 울었다. *豕(시)돼지. 啼(제)울다.

蒙恬爲秦將, **北**逐戎人. <史記>
몽염蒙恬이 진나라 장군이 되어, 북으로 오랑캐를 축출하였다. *蒙 (몽)입다. 恬(념)편안하다. 逐(축)쫓아내다. 戎(융)오랑캐.

各國領事團及觀光者, **林**立. <韓國獨立運動之血史>
각국의 영사단 및 관광자가 빽빽이 들어서 있었다. *領(령)거느리다, 다스리다. 及(급)및.

及至秦王, **蠶**食天下, 幷呑戰國, 稱號曰皇帝. <史記>
진왕에 이르러, 천하를 잠식蠶食하여, 전국戰國을 아울러 삼키고, 황 제라고 불렀다. *蠶(잠)누에. 呑(탄)삼키다.

3) 동사에서 전성

卞氏曰諾, **立**與萬金. <許生傳>
변 씨는 "좋습니다" 하고, 곧 만금을 주었다. *諾(낙)대답하다, 허락하 다. 立(립)곧, 즉시. 與(여)주다.

汝何**竊**遣汝國王子耶. <三國遺事>

너는 어찌 몰래 너의 나라 왕자를 보냈는가. *竊(절)몰래. 遣(견)보내다. 耶(야)어조사.<의문>

賢士之處世也, 譬若錐之處囊中, 其末**立**見. <史記>
어진 선비가 세상에 처함은 비유하면 송곳이 주머니 속에 처하는 것과 같아, 그 끝이 곧 보인다. *囊中之錐(낭중지추)주머니 속의 송곳이란 뜻으로, 재주가 뛰어난 사람은 저절로 드러남. *譬(비)비유하다. 囊(낭)주머니. 錐(추)송곳.

7. 補助詞

술어<동사·형용사> 앞에 위치하여 술어의 뜻을 완전하게 해 주는 보조 작용을 하며, 가능可能·당위當爲·부정不定·금지禁止·사역使役·피동被動·원망願望·미래未來 등의 기능이 있다. 한문은 형용사도 서술어가 되므로 조동사助動詞라고 하지 않고 보조사補助詞로 하였다.

1) 가능
'可·能·得·足·可以·足以·得以' 등

▷可(가)

有錢, **可**買活虎眉. <古今釋林>
돈이 있으면, 산 호랑이의 눈썹도 살 수 있다. *錢(전)돈. 買(매)사다. 眉(미)눈썹.

身病**可**醫, 心病難醫. <象村集>
몸에 든 병은 고칠 수 있으나, 마음에 든 병은 고치기 어렵다. *醫(의)병 고치다.

貧賤之交不**可**忘, 糟糠之妻不下堂. <十八史略>
빈천할 때의 사귐은 잊을 수 없고, 조강지처는 집을 나가게 해서는

안 된다. *糟糠之妻(조강지처)가난할 때 고생을 같이한 아내. *糟(조)
지게미. 糠(강)겨.

▷能(능)

人**能**弘道, 非道弘人. <論語>
사람이 도를 넓힐 수 있고, 도가 사람을 넓히는 것은 아니다. *弘(홍)
넓히다.

能忍恥者安, **能**忍辱者存. <說苑>
부끄러움을 참을 수 있는 자는 편안하고, 욕됨을 참을 수 있는 자는
생존한다. *恥(치)부끄럽다. 辱(욕)욕되다.

民欲與之偕亡, 雖有臺池鳥獸, 豈**能**獨樂哉. <孟子>
백성들이 그와 함께 망하고자 한다면, 비록 대지臺池와 조수鳥獸가
있다 한들, 어찌 홀로 즐거워할 수 있겠는가. *偕(해)함께. 臺(대)돈대.

▷得(득)

'得' 뒤에 술어가 오면 보조사<～할 수 있다>, 목적어가 오면 동사<얻
다>이다.

騎虎者, 勢不**得**下. <五代史>
호랑이를 탄 사람은 형세가 (중도에서)내릴 수 없다. *騎虎之勢(기호
지세)중도에서 그만둘 수 없는 형세. *騎(기)말 타다.

得忍且忍, **得**戒且戒. <明心寶鑑>
참을 수 있으면 또한 참고, 경계할 수 있으면 또한 경계하라. *戒(계)
경계하다.

舜雖賢, 不遇堯也, 不**得**爲天子. <戰國策>
순임금이 비록 어질어도 요임금을 만나지 못했다면, 천자가 될 수 없
었을 것이다. *遇(우)만나다.

▷足(족)

臣死且不避, 卮酒安**足**辭. <史記>

신은 죽음도 또한 피하지 않았는데, 한 잔의 술을 어찌 사양할 수 있겠는가. *避(피)피하다. 巵(치)잔. 辭(사)사양하다.

士志於道, 而恥惡衣惡食者, 未**足**與議也. <論語>
선비가 도에 뜻을 두고, 나쁜 옷과 나쁜 음식을 부끄러워하는 자와는 더불어 (도를)논할 수 없다. *恥(치)부끄럽다. 議(의)의논하다.

▷ 可以(가이)

他山之石, **可以**攻玉. <詩經>
다른 산의 돌이 옥을 갈 수 있다. *他山之石(타산지석)본이 되지 않는 남의 말이나 행동이 자신의 인격을 수양하는 데 도움을 줌. *攻(공)갈다.

胸中有五千字, 始**可以**下筆. <阮堂集>
가슴속에 오천 권의 문자가 있어야, 비로소 붓을 들 수 있다. *胸(흉)가슴. 始(시)비로소.

松柏**可以**耐雪霜, 明智**可以**涉危難. <明心寶鑑>
송백은 서리와 눈을 견딜 수 있고, 현명하고 지혜로운 사람은 위험과 어려움을 건널 수 있다. *柏(백)잣나무. 耐(내)견디다. 涉(섭)건너다.

▷ 足以(족이)

書**足以**記姓名而耳. <史記>
글은 성과 이름을 쓸 수 있을 뿐이다. *記(기)기록하다.

善不積, 不**足以**成名. <易經>
선을 쌓지 않으면, 이름을 이룰 수 없다. *積(적)쌓다. 滅(멸)멸하다.

言之者無罪, 聞之者**足以**戒. <詩經>
이것을 말한 자는 죄가 없고, 이것을 듣는 자가 경계할 수 있다. *戒(계)경계하다.

2) 당위

'當·宜·應·須·要' 등

▷當(당)

孝**當**竭力. <千字文>
효도는 마땅히 힘을 다해야 한다. *當(당)마땅히~하여야 한다. 竭(갈)
다하다.

耕**當**問奴, 織**當**問婢. <魏書>
밭갈이하는 일은 마땅히 남자 종에게 묻고, 길쌈하는 일은 마땅히 여
자 종에게 물어야 한다. *耕(경)밭 갈다. 奴(노)사내종. 織(직)짜다. 婢
(비)계집종.

及時**當**勉勵, 歲月不待人. <陶潛詩>
때에 이르러 마땅히 학문에 힘써야 한다. 세월은 사람을 기다려 주지
않는다. *待(대)기다리다. 勉(면)힘쓰다. 勵(려)힘쓰다.

▷宜(의)

兒孩之言, **宜**納耳門. <耳談續纂>
아이의 말이라도 마땅히 귀에 받아들여야 한다. *孩(해)어린아이. 宜
(의)마땅히~하여야 한다. 納(납)드리다.

人之過誤**宜**恕, 而在己則不可恕. <菜根譚>
남의 과오는 마땅히 용서하되, 나에게 있어서는 용서할 수 없다. *過
(과)허물. 誤(오)그릇되다. 恕(서)용서하다.

詩者小技, 然或有關於世敎, 君子**宜**有所取之. <東人詩話>
시는 작은 기예이나, 혹 세상의 교화에 관계가 있으므로, 군자가 마땅
히 취할 것이 있다. *技(기)재주. 關(관)관계하다.

▷應(응)

君自故鄕來, **應**知故鄕事. <王維詩>
그대는 고향에서 왔으니, 응당 고향 일을 알 것이다. *君(군)그대. 自
(자)~로부터. 應(응)응당~하여야 한다.

歸去來山中, 山中酒**應**熟. <陶潛詩>

산속으로 돌아가면, 산중에는 술이 응당 익었을 것이다. *熟(숙)익다.

莫向秋深怨零落, 東君**應**又綴殘叢, <金時習詩>

깊어가는 가을 향해 조락을 원망하지 말라, 봄바람은 응당 또 시든 풀숲에서 풀을 엮고 있을 것이다. *零(령)떨어지다. 綴(철)엮다. 殘(잔)남다. 叢(총)떨기, 숲.

▷須(수)

男兒**須**讀五車書. <杜甫詩>

남아는 모름지기 다섯 수레의 책을 읽어야 한다. *須(수)모름지기~하여야 한다. 車(거)수레.

吾生未可卜, **須**護腹中兒. <吳達濟詩>

나의 생은 점칠 수 없으니, 모름지기 배 속의 아이 보호하오. *護(호)보호하다. 腹(복)배.

旣取非常樂, **須**防不測憂. <明心寶鑑>

이미 평범치 않은 즐거움을 얻었거든, 모름지기 헤아릴 수 없는 근심을 막아야 한다. *防(방)막다. 測(측)헤아리다.

▷要(요)

學者**要**自得. <近思錄>

배우는 자는 요컨대 스스로 터득하여야 한다. *要(요)요컨대~하여야 한다.

書不必多看, **要**知其約. <近思錄>

글은 반드시 보는 것이 많아야 하는 것은 아니요, 요컨대 그 요점을 알아야 한다. *約(약)요점.

念念**要**如臨戰日, 心心常似過橋時. <明心寶鑑>

생각마다 요컨대 싸움에 임한 날과 같이 해야 하고, 마음과 마음은 항상 외나무다리를 건널 때와 같이 해야 한다. *過(과)지나다. 橋(교)다리.

3) 부정

'不・弗・未・非・莫' 등

▷ 不(불)

知足**不**辱, 知止**不**殆. <老子>

만족을 알면 욕되지 않고, 그칠 줄을 알면 위태롭지 않다. *辱(욕)욕
되다. 殆(태)위태롭다.

學而**不**厭, 誨人**不**倦 <論語>

배우기를 싫어하지 않으며, 사람 가르치기를 게을리하지 않는다. *厭
(염)싫다. 誨(회)가르치다. 倦(권)게으르다.

仁者**不**憂, 知者**不**惑, 勇者**不**懼. <論語>

어진 자는 근심하지 않고, 지혜로운 자는 의혹되지 않고, 용기 있는
자는 두려워하지 않는 것이다. *知(지)지혜.<지智> 懼(구)두려워하다.

▷ 弗(불)

有**弗**學, 學之, **弗**能**弗**措也. <中庸>

배우지 않음이 있을지언정, 배운다면 능하지 못함을 그대로 두지 않
는다. *弗(불)아니다. 措(조)두다.

雖有至道, **弗**學, 不知其善也. <禮記>

비록 지극한 도가 있어도, 배우지 아니하면 그 좋음을 알지 못한다.

嘑爾而與之, 行道之人**弗**受. <孟子>

혀를 차고 꾸짖으며 주면, 길 가는 사람도 받지 않는다. *嘑爾(호이)
남을 얕보고 호통치는 모양. *嘑(호)거칠게 말하다. 與(여)주다. 受(수)
받다.

▷ 未(미)

幽賞**未**已, 高談轉淸. <春夜宴桃李園序>

그윽한 완상이 그치지 않았는데, 고상한 이야기는 더욱 맑아진다. *幽
(유)그윽하다. 賞(상)완상하다. 已(이)그치다. 轉(전)더욱.

男兒二十未平國, 後世誰稱大丈夫. <南怡詩>
남아가 이십에 나라를 편안히 하지 못한다면, 후세에 누가 대장부라
고 일컫겠는가. *誰(수)누구. 稱(칭)일컫다.

喜怒哀樂之未發, 謂之中, 發而皆中節, 謂之和. <中庸>
희로애락喜怒哀樂이 아직 드러나지 않는 것을 중中이라 하고, 발發해
서 절節에 맞는 것을 화和라 한다.

▷莫(막)

小子, 何莫學夫詩. <論語>
너희들은 어찌 저 시를 배우지 아니하느냐.

人皆知以食愈饑, 莫知以學愈愚. <說苑>
사람은 다 음식으로써 배고픔을 낮게 할 줄은 알지만, 배움으로 어리
석음을 낮게 할 줄은 알지 못한다. *愈(유)낫다. 饑(기)주리다. 愚(우)
어리석다.

▷非(비)

'非' 뒤에 술어<동사・형용사>가 오면 보조사<부정>이다.

吾非至於子之門, 則殆矣. <莊子>
내가 그대의 문하에 이르지 않았다면, 위태로웠을 것이다. *殆(태)위
태롭다.

善用兵者, 屈人之兵, 而非戰也. <孫子>
병법을 잘 쓰는 자는 적의 군대를 굴복시키지만 전쟁을 하지 않는다.
*屈(굴)굽히다. 戰(전)싸우다, 전쟁하다.

男女非有行媒, 不相知名, 非受幣, 不交不親. <禮記>
남녀 간에 중매仲媒를 둚이 있지 않으면, 서로 이름을 알고 지내지
않으며, 폐백幣帛을 받은 경우가 아니면, 서로 사귀거나 가까이 지내
지 않는다. *媒(매)중매. 受(수)받다. 幣(폐)폐백.

4) 금지

'勿·毋·莫·無·不·休' 등

▷勿(물)

勿謂今日不學而有來日. <朱文公勸學文>
오늘 배우지 아니하고 내일이 있다고 말하지 마라. *勿(물)말다.

言**勿**異於行, 行**勿**異於言. <芝峯集>
말은 행동과 달리하지 말고, 행동은 말과 다르게 하지 마라.

施恩**勿**求報, 與人**勿**追悔. <明心寶鑑>
은혜를 베풀었거든 보답을 구하지 말고, 남에게 주었거든 뒤에 뉘우
치지 마라. *報(보)갚다. 與(여)주다. 悔(회)뉘우치다.

▷毋(무)

毋敎猱升木, 如塗塗附. <詩經>
원숭이에게 나무 타기를 가르쳐 주지 마라, 진흙에 진흙을 붙이는 것
과 같으니라. *塗附(도부)못된 짓을 하는 사람이 다시 못된 짓을 함을
비유. *猱(노)원숭이. 塗(도)진흙, 칠하다. 附(부)붙다.

臨財**毋**苟得, 臨難**毋**苟免. <禮記>
재물에 임해서 구차하게 얻으려 말고, 어려움에 임하여 구차하게 면
하려 마라. *苟(구)구차하다. 免(면)면하다.

毋自欺也, 如惡惡臭, 如好好色. <大學>
자신을 속이지 말기를 나쁜 냄새 싫어하듯, 호색을 좋아하듯 하여야
한다. *欺(기)속이다. 惡(오)미워하다, (악)악하다. 臭(취)냄새.

▷莫(막)

莫交三公, 愼吾身. <松南雜誌>
삼정승을 사귀지 말고, 내 몸을 삼가라. *莫(막)말다. 愼(신)삼가다.

疑人**莫**用, 用人勿疑. <明心寶鑑>
남을 의심하거든 쓰지 말고, 남을 쓰거든 의심하지 마라. *用(용)부리다.

娶妻**莫**恨無良媒, 書中有女顔如玉. <眞宗皇帝勸學>

장가가려는데 좋은 중매 없음을 한하지 마라, 책 속에 옥 같은 여자의 얼굴이 있으니라. *娶(취)장가들다. 媒(매)중매.

▷ 無(무)

無道人之短, **無**說己之長. <文選>

남의 단점 말하지 말고, 자기의 장점 말하지 마라. *道(도)말하다.

無友不如己者, 過則勿憚改. <論語>

자기만 못한 사람을 사귀지 말고, 잘못이 있으면 고치기를 꺼리지를 마라. *憚(탄)꺼리다.

無以巧勝人, **無**以謀勝人, **無**以戰勝人. <莊子>

교묘함으로 남을 이기려 말고, 꾀로 남을 이기려 말고, 싸움으로 남을 이기려 마라. *巧(교)공교하다. 謀(모)꾀하다.

▷ 不(불)

瓜田**不**納履, 李下**不**整冠. <文選>

오이 밭에서는 신을 고쳐 신지 말고, 자두나무 아래에서는 갓을 바로하지 마라. *瓜(과)오이. 納(납)들이다. 履(리)신발. 整(정)가지런하다.

不患人之不己知, 患不知人也. <論語>

남이 자기를 알아주지 않음을 걱정하지 말고, 남을 알아주지 못할까 근심하라.

▷ 休(휴)

休添心上火, 只作耳邊風. <明心寶鑑>

마음 위에 화를 더하지 말고, 다만 귓가에 스치는 바람결로 여겨라. *休(휴)마라. 添(첨)더하다. 邊(변)가.

南浦春波綠, 君**休**負後期. <鄭知常詩>

남포에 봄 물결 푸르러질 때, 그대는 뒷기약 저버리지 마오. *浦(포)물가. 君(군)그대. 負(부)저버리다.

5) 사역

'使·令·命·敎·俾' 등

▷ 使(사)

使民養生喪死無憾也, 王道之始也. <孟子>

백성으로 하여금 산 사람을 봉양하고 죽은 이를 초상初喪 치름에 유
감이 없게 하는 것이, 왕도王道의 시작이다. *王道(왕도)인과 덕을 바
탕으로 하는 정치. *憾(감)섭섭하다, 한하다.

欲與第一流友, 當先**使**己爲第一人. <象村集>

제일가는 사람과 벗하고자 한다면, 마땅히 먼저 자신이 제일가는 사
람이 되게 하여야 한다.

長沮桀溺耦而耕, 孔子過之, **使**子路問津焉. <論語>

장저長沮와 걸닉桀溺이 함께 밭을 가는데, 공자께서 지나시다가 자로
를 시켜 나루를 묻게 하였다. *問津(문진)나루가 있는 곳을 묻는다는
뜻으로 학문에 들어가는 길을 물음에 비유. *沮(저)막다. 耦(우)짝. 津
(진)나루.

▷ 令(령)

賢婦**令**夫貴, 佞婦**令**夫賤. <明心寶鑑>

어진 아내는 남편을 귀하게 하고, 간악한 아내는 남편을 천하게 한다.
*佞(녕)부정하다, 아첨하다. 賤(천)천하다.

遂**令**天下父母心, 不重生男重生女. <長恨歌>

드디어 천하 부모의 마음으로 하여금, 아들 낳는 것을 중히 여기지
않고, 딸 낳는 것을 중히 여기게 하였다. *遂(수)드디어.

朱蒙知其駿者, 減食**令**瘦, 駑者善養**令**肥. <三國遺事>

주몽朱蒙은 좋은 말을 알아보고, 먹을 것을 줄여 여위게 하고, 둔한
말을 잘 먹여 살찌게 하였다. *駿(준)준마. 減(감)덜다. 瘦(수)파리하
다. 駑(노)둔하다. 肥(비)살찌다.

▷教(교)

天**教**好雨留佳客. <成石璘詩>

하늘은 좋은 비에게 아름다운 손님을 머물게 하였다. *教(교)하여
금~하게 하다. 留(류)머무르다.

但使龍城飛將在, 不**教**胡馬渡陰山. <王昌齡詩>

만약 용성龍城에 비장飛將(이광李廣)이 있었다면, 오랑캐 말로 하여
금 음산陰山을 넘지 못하게 하였을 것이다. *飛將(비장)행동이 빠르
고 무용이 뛰어난 장수. *渡(도)건너다, 지나가다.

▷俾(비)

五家作隣, **俾**各耕耘相助. <燃藜室記述>

다섯 집이 이웃이 되어, 각각으로 하여금 밭 갈고 김매는 것을 서로
돕게 하였다. *隣(린)이웃. 俾(비)하여금~하게 하다. 耘(운)김매다.

階伯**俾**脫冑, 愛其少且勇, 不忍加害. <三國史記>

계백階伯이 투구를 벗게 하니, 그가 어리고 용감함을 아깝게 여겨, 차
마 죽이지 못하였다. *脫(탈)벗다. 冑(주)투구. 忍(인)차마하다.

6) 피동

'被·見·爲' 등

▷被(피)

重根**被**拘於旅順獄. <韓國獨立運動之血史>

안중근安重根이 여순옥旅順獄에 갇혔다. *拘(구)잡다, 잡히다. 旅(려)
나그네. 獄(옥)옥, 감옥.

我若**被**人罵, 佯聾不分說. <明心寶鑑>

내가 만약 남의 꾸짖음을 당했더라도, 거짓 귀먹은 체하고, 말을 분간
하지 않아야 한다. *罵(매)꾸짖다. 佯(양)거짓. 聾(농)귀머거리.

信而見疑, 忠而**被**謗, 能無怨乎. <史記>

진실하면서 의심을 받고, 충성스러우면서 비방을 당하면, 원망이 없을 수 있겠는가. *謗(방)헐뜯다. 怨(원)원망하다.

▷ 見(견)

欲與, 恐**見**欺. <史記>

주려고 하니, 속임을 당할까 두려웠다. *見(견)당하다. 與(여)주다. 欺(기)속이다.

年四十而**見**惡焉, 其終也已. <論語>

나이가 40이 되어서도 미움을 받으면, 끝일 따름이다. *惡(오)미워하다.

衆人皆醉, 我獨醒, 是以**見**放. <漁父辭>

뭇사람들이 다 취했는데 나 혼자 깨어 있어, 이 때문에 추방당하였다. *醉(취)취하다. 醒(성)깨다. 放(방)내치다.

▷ 爲(위)

父母宗族, 皆**爲**戮沒. <史記>

부모와 친척이 다 몰살되었다. *爲(위)되다, 당하다. 戮(륙)죽이다. 沒(몰)죽다.

厚者**爲**戮, 薄者見疑. <韓非子>

(관계가) 두터운 사람은 죽임을 당하고, 적은 사람은 의심받는다. *厚(후)두텁다. 戮(륙)죽이다. 薄(박)엷다, 적다.

7) 원망

'欲·願·請' 등

▷ 欲(욕)

騎馬, **欲**率奴. <旬五志>

말을 타면 종을 부리려고 한다. *騎(기)말 타다. 率(솔)거느리다. 奴(노)종.

工**欲**善其事, 必先利其器. <論語>

공인工人이 그 일을 잘하려면, 반드시 먼저 그 기구를 예리하게 만들어야 한다.

樹**欲**靜而風不止, 子**欲**養而親不待. <韓詩外傳>
나무는 고요하고자 하나 바람이 그치지 않고, 자식이 봉양하고자 하나 어버이는 기다리지 않는다.

▷願(원)

烏鳥私情, **願**乞終養. <陳情表>
까마귀의 사사로운 정이 끝까지 봉양하기를 원하옵니다. *烏鳥私情(오조사정)까마귀가 새끼 적에 어미가 길러 준 은혜를 갚는 사사로운 정, 부모를 섬기는 효심. *乞(걸)빌다.

吾家貧, 欲有所小試 **願**從君借萬金. <許生傳>
내 집이 가난하여, 조금 시험해 보려는 것이 있어, 당신에게 만금을 빌리려 합니다. *從(종)부터. 君(군)그대. 借(차)빌리다.

在天**願**作比翼鳥, 在地**願**爲連理枝. <長恨歌>
하늘에 있으면 비익조比翼鳥가 되기를 원하고, 땅에 있으면 연리지連理枝가 되기를 원한다. *比翼鳥(비익조)암수가 눈과 날개가 하나씩이므로 짝을 짓지 않으면 날지 못한다는 새. 連理枝(연리지)한 나무의 가지가 다른 나무의 가지와 붙어서 결이 서로 통한 나무.

▷請(청)

璧有瑕, **請**指示王. <史記>
구슬에 흠이 있으니, 청컨대 왕에게 가르쳐 보이겠습니다. *璧(벽)옥. 瑕(하)티.

曰仁者無敵, 王**請**勿疑. <孟子>
'어진 사람은 대적할 사람이 없다'고 하니, 왕은 청컨대 의심하지 마소서. *敵(적)대적하다, 원수. 疑(의)의심하다.

8) 미래

'將·且' 등

▷將(장)

天**將**以夫子爲木鐸. <論語>

하늘이 장차 선생(공자)을 목탁木鐸(세상을 일깨우는 지도자)으로 삼을 것이다. *鐸(탁)방울.

國**將**興, 必貴師而重傅. <荀子>

나라가 장차 흥하려면, 반드시 스승을 귀하고 중하게 여겨야 한다. *傅(부)스승.

博學而詳說之, **將**以反說約也. <孟子>

널리 배우고 상세히 말함은 장차 그 근본으로 돌아가 요점을 설명하려는 것이다. *博(박)넓다. 詳(상)자세하다. 約(약)요점.

▷且(차)

一人蛇先成, 引酒**且**飮之. <戰國策>

한 사람이 뱀을 먼저 그리고서, 술을 끌어 마시려고 하였다. *蛇(사)뱀. 引(인)끌다.

今吾尙病, 病愈我**且**往見. <孟子>

지금은 내가 아직 병중이니, 병이 나으면 내 장차 가서 볼 것이다. *尙(상)아직. 愈(유)낫다.

子爲寡人謀, **且**奈何. <戰國策>

그대가 과인을 위하여 꾀함에, 장차 어떻게 하려고 하는가. *子(자)그대. 謀(모)꾀하다. 奈(내)어찌.

9) 보조사가 타동사로 쓰인 예

보조사 '能·得·當·要·使' 등 뒤에 목적어가 오면 타동사이다.

能書不擇筆. <唐書>

글씨를 잘 쓰는 사람은 붓을 가리지 않는다. *能(능)능하다. 擇(택)가리다.

談山林之樂者, 未必眞**得**山林之趣. <茶根譚>
산림의 즐거움을 이야기하는 사람이 반드시 참으로 산림의 맛을 얻은 것은 아니다. *趣(취)뜻.

吾**欲**汝曹聞人過失, 如聞父母之名. <後漢書>
나는 너희들이 남의 잘못을 들으면, 부모의 이름을 듣는 것같이 하기를 바란다. *欲(욕)바라다. 汝(여)너. 曹(조)무리. 如(여)같게 하다.

博愛之謂仁, 行而**宜**之之謂義. <原道>
널리 사랑하는 것을 인仁이라 하고, 행하여 그것을 마땅하게 하는 것을 의義라 한다. *宜(의)마땅하다.

以一國之人, **當**唐羅之大兵, 國之存亡, 未可知也. <三國史記>
한 나라의 인력으로 당과 신라의 대군과 맞서니, 나라의 존망을 알 수 없도다. *當(당)당해 내다. 唐(당)당나라. 羅(라)벌이다.

君子之學, 不爲則已, 爲則必**要**其成. <中庸>
군자의 배움은 하지 않으면 그만이거니와, 할진댄 반드시 그 완성을 요한다. *已(이)그치다, 그만이다.

尊貴之**使**卑賤, 卑賤之事尊貴. <童蒙先習>
존귀한 이가 비천한 이를 부리고, 비천한 이가 존귀한 이를 섬긴다. *使(사)시키다. 賤(천)천하다.

8. 接續詞

단어單語와 단어單語, 구句와 구句, 절節과 절節을 연결하며, 그 성질에 따라 병렬竝列·순접順接·역접逆接·가정假定·인과因果 등으로 나눈다.

1) 병렬

'與·及·且·曁·若' 등

▷ 與(여)

子罕言利**與**命**與**仁. <論語>

공자께서는 이利와 명命과 인仁을 드물게 말씀하셨다. *罕(한)드물다.
與(여)~와.

不爲者**與**不能者之形, 何以異. <孟子>

하지 않는 것과 할 수 없는 것의 형상이 어떻게 다른가.

夫臣人**與**見臣於人, 制人**與**見制於人, 豈可同日道哉. <史記>

무릇 남을 신하로 삼는 일과 남에게 신하로 대해지는 일, 남을 제압
하는 일과 남에게 제압당하는 일을 어찌 같은 날 말할 수 있겠습니
까. *制(제)누르다. 道(도)말하다.

▷ 及(급)

時日害喪, 予**及**女偕亡. <孟子>

이 해가 언제나 없어질까. 나와 너 함께 망하겠다. *時(시)이.<時是>
害(할)언제, 어찌. 予(여)나. 及(급)및. 女(여)너. 偕(해)함께.

漢軍**及**諸侯兵, 圍之數重. <史記>

한나라 군과 제후의 병사들이 그를 여러 겹으로 포위하였다. *侯(후)
제후. 圍(위)두르다. 數(수)몇, 두어.

▷ 且(차)

仁**且**智, 夫子旣聖矣. <孟子>

어질고 슬기로우시니, 부자夫子는 이미 성인이십니다.

不義而富**且**貴, 於我如浮雲. <論語>

의롭지 않으면서, 부하고 귀한 것은 나에게 뜬구름과 같다.

況人生涉世, 其險**且**危有甚於河, 而視與聽輒爲之病乎. <一夜九渡河記>

하물며 사람이 나서 세상을 살아가는데, 그 험하고 위태로움이 강보

다 심함이 있고, 보는 것과 듣는 것이 문득 병이 되는 것임에랴. *涉 (섭)건너다. 險(험)험하다. 於(어)~보다. 輒(첩)문득.

▷若(약)

男**若**女出, 而頌萬德之恩. <樊嚴集>

남자와 여자는 나와서, 만덕萬德의 은혜를 칭송하였다. *若(약)및. 頌 (송)기리다.

願取吳王**若**將軍頭, 以報父之仇. <史記>

오왕吳王과 장군의 머리를 취하여 아버지의 원수 갚기를 원합니다. *報(보)갚다. 仇(구)원수.

2) 순접

'而・以・卽' 등

▷而(이)

溫故**而**知新, 可以爲師矣. <論語>

옛것을 익히고 새것을 알면, 스승이 될 만하다. *溫(온)익히다.

文喩之炊**而**爲飯, 詩喩之釀**而**爲酒. <圍爐詩話>

문장은 불을 때 밥을 짓는 것에 비유하고, 시는 발효시켜 술을 빚는 것 에 비유할 수 있다. *喩(유)비유하다. 炊(취)불 때다. 釀(양)술을 빚다.

德微**而**位尊, 智小**而**謀大, 無禍者鮮矣. <易經>

덕은 적으면서 지위가 높으며, 지혜는 작으면서 꾀하는 것이 크면, 화 가 없을 자가 드물다. *微(미)작다. 謀(모)꾀하다. 鮮(선)드물다.

▷以(이)

民出輿馬騶從, **以**送迎其牧. <原牧>

백성은 가마와 말과 하인(추종騶從)을 내어, 그 수령을 보내고 맞이한 다. *輿(여)수레. 騶(추)마부, 추종. 迎(영)맞이하다. 牧(목)다스리다, 목민관.

悅親戚之情話, 樂琴書**以**消憂. <歸去來辭>

친척과의 정다운 이야기를 즐거워하고, 거문고와 책을 즐겨 근심을
없앤다. *悅(열)기쁘다. 戚(척)겨레. 消(소)사라지다.

聖人轉禍而爲福, 智士因敗**以**成勝. <後漢書>

성인은 화를 굴러 복으로 만들고, 지혜로운 선비는 패배로 인하여 승
리를 만든다.

3) 역접

'而‧然‧抑' 등

▷而(이)

良藥苦於口, **而**利於病. <孔子家語>

좋은 약은 입에 쓰나 병에 이롭다.

人不知**而**不慍, 不亦君子乎. <論語>

남이 알아주지 않아도 성내지 아니하면, 또한 군자답지 아니한가. *慍
(온)성내다.

白髮花林所惡, **而**用於詩則新. <芝峯類說>

백발은 미인들이 싫어하는 것이지만, 시에 쓰이면 새롭다. *髮(발)터
럭. 惡(오)싫어하다.

▷然(연)

百里小國也. **然**能行仁政, 則天下之民歸之矣. <孟子>

백 리는 작은 나라이다. 그러나 어진 정치를 행한다면, 천하의 백성이
돌아올 것이다.

詩貴含畜不露. **然**微詞隱語, 不明白痛快, 亦詩之大病. <東人詩話>

시는 의미를 내면에 함축하고 드러나지 않음을 귀히 여긴다. 그러나
사어詞語를 은미하게 하여 명백하고 통쾌하지 않으면 또한 시의 큰
병폐이다. *숨(함)머금다. 畜(축)쌓다. 露(로)드러내다. 詞(사)말씀. 痛
(통)몹시.

文房四寶皆儒者所須, 唯墨成之最艱. **然**京師萬寶所聚, 求之易得. <破閑集>

문방사보는 다 선비가 필요한 것인데, 오직 먹을 만드는 일이 가장 어렵다. 그러나 서울(경사京師)은 많은 보물이 모이는 곳이므로, 이를 구하면 구하기 쉽다. *須(수)필요하다. 艱(간)어렵다. 聚(취)모이다. 師(사)서울. 易(이)쉽다.

▷抑(억)

선택을 나타내는 의문문에 의문종결사와 호응함.

知不足耶, **抑**知而不能行耶. <莊子>

부족함을 아는가, 그렇지 않으면 알고도 행할 수 없는가. *耶(야)어조사.<의문> 抑(억)그렇지 않다면.

求牧與芻而不得, 則反諸其人乎, **抑**亦立而視其死與. <孟子>

목장과 꼴을 구하다가 얻지 못하면, 그 주인에게 되돌려 주어야 하겠는가, 아니면 또한 서서 그 죽어 가는 것을 보아야 하겠는가. *與(여)~와, 어조사.<의문> 芻(추)꼴.

夫子至於是邦也, 必聞其政, 求之與, **抑**與之與. <論語>

부자夫子께서 어떤 나라에 이르면 반드시 그 나라의 정치를 들으시는데, 공자께서 그것을 요구하신 겁니까, 아니면 사람들이 그것을 주는 것입니까.

4) 가정

'則·卽·而' 등

▷則(즉)

欲速**則**不達, 見小利**則**大事不成. <論語>

속히 하려고 하면 도달하지 못하고, 조그만 이익을 보면 큰일을 이루지 못한다.

汝不從我敎, **則**固不得爲吾女也. <三國史記>

네가 내 가르침을 따르지 않는다면, 진실로 내 딸이 될 수 없다. *汝

(여)너. 固(고)진실로.

夫明堂者, 王者之堂也, 王欲行王政, **則**勿毀之矣. <孟子>
무릇 명당明堂이란 왕의 당堂이니, 왕께서 왕정王政을 행하고자 하신
다면 헐지 마소서. *毀(훼)헐다.

▷卽(즉)

點之, **卽**飛去. <水衡記>
눈동자에 점을 찍으면 날아갈 것이다.

十年不第, **卽**非吾子也. <三國史記>
십 년이 되도록 과거에 급제하지 못하면, 내 아들이 아니다. *第(제)
급제하다.

今日不雨, 明日不雨, **卽**有死蚌. <戰國策>
오늘 비가 오지 아니하고, 내일 비가 오지 아니하면, 너에게 죽음이
있을 것이다. *蚌(방)방합.

▷而(이)

夫仁者, 己欲立**而**立人. <論語>
무릇 어진 사람은 자신이 서고자 하면 남도 서게 한다.

倉廩實**而**知禮節, 衣食足**而**知榮辱. <史記>
창고(창름倉廩)가 가득하면 예절을 알고, 의식이 풍족하면 영예와 욕
됨을 안다. *倉(창)곳집. 廩(름)곳집. 辱(욕)욕되다.

5) 인과

'故·因·乃·迺·由·以·便·是以·是用·是故·以故' 등

▷故(고)

達不離道, **故**民不失望焉. <孟子>
영달榮達하여도 도를 떠나지 않기 때문에, 백성들이 희망을 잃지 않
는 것이다.

泰山不辭土壤, **故**能成其大. <逐客書>

태산은 작은 흙덩이를 사양하지 않아 그러므로 그 큼을 이룰 수 있다. *辭(사)사양하다. 壤(양)흙.

▷因(인)

無恒産, **因**無恒心. <孟子>

일정한 생업이 없으면, 인하여 불변하는 선한 마음이 없다. *恒産(항산) 일정하고 안정된 재산, 생업. 恒心(항심)늘 지니고 있는 떳떳한 마음.

楓岳皆骨無土, **因**名爲皆骨. <補閑集>

풍악楓岳은 다 뼈대이고 흙이 없어, 인하여 개골皆骨이라 이름하였다. *楓(풍)단풍.

兎走觸株, 折頸而死, **因**釋其耒, 而守株, 冀復得兎, <韓非子>

토끼가 달리다가 그루터기에 부딪혀 목이 부러져 죽으니, 인하여 쟁기를 풀고 그루터기를 지키며, 다시 토끼 얻기를 바랐다. *觸(촉)부딪치다. 折(절)부러지다. 頸(경)목. 釋(석)풀다. 冀(기)바라다. 復(부)다시. 株(주)그루터기.

▷乃(내)

舟覆, **乃**見善游, 馬奔, **乃**見良御. <淮南子>

배가 엎어져 봐야 이에 헤엄을 잘 치는 것을 볼 수 있고, 말이 달리면 이에 잘 부리는가 볼 수 있다. *覆(복)뒤집히다. 游(유)헤엄치다. 奔(분)달리다. 御(어)부리다.

孟母日, 此非所以居子也, **乃**徙舍學宮之傍. <列女傳>

맹자의 어머니는 "이곳도 자식을 살게 할 곳이 아니다" 하고, 이에 집을 학교 옆으로 옮겼다. *徙(사)옮기다. 傍(방)곁.

無有偏側處, **乃**筆鋒直下不倒側, 故鋒常在畫中. <夢溪筆談>

치우침과 기운 곳이 없으면, 이에 필봉이 곧게 내려가 기울지 않기 때문에, 봉이 항상 획 가운데 있다. *偏(편)치우치다. 側(측)기울다. 倒(도)넘어지다. 鋒(봉)칼날. 畫(획)긋다.

▷ 迺(내)

見周之衰, **迺**遂去. <史記>
주나라가 쇠해지는 것을 보고, 이에 마침내 주나라를 떠났다. *衰(쇠)
쇠하다. 迺(내)이에.

高帝聞之, **迺**大驚, 以田橫之客皆賢. <史記>
유방劉邦은 이 소식을 듣고 이에 크게 놀라며, 전횡田橫을 따르는 자
들을 모두 현자라고 여겼다. *驚(경)놀라다.

▷ 便(변)

斫頭**便**斫頭, 何爲怒邪. <三國志>
머리를 베려면 곧 벨 것이지 어찌 화를 내는가. *斫(작)베다. 怒(노)성
내다. 邪(야)어조사.<의문>

若聽一面說, **便**見相離別. <明心寶鑑>
한편의 말만 들으면, 곧 서로 이별을 본다.

草木纔零落, **便**露萌穎於根柢. <菜根譚>
풀과 나무는 겨우 시들어 떨어지면, 곧 뿌리 밑에서 새싹이 돋아난다.
*纔(재)겨우. 零(령)떨어지다. 露(로)드러내다. 萌(맹)싹트다. 穎(영)이
삭. 柢(저)뿌리.

▷ 是以(시이)

母之力不能使痛, **是以**泣. <說苑>
어머니의 힘이 아프게 할 수 없으니, 이 때문에 웁니다. 痛(통)아프다.
泣(읍)울다.

衆人皆醉, 我獨醒, **是以**見放. <漁父辭>
뭇사람들이 다 취했는데 나 혼자 깨어 있어, 이 때문에 추방당하였다.
*醒(성)깨다. 見(견)당하다. 放(방)내치다.

▷ 是用(시용)

君子屢盟, 亂**是用**長. <詩經>

군자가 자주 맹약盟約을 하는지라, 난이 이 때문에 조장된다. *屢(루)
자주. 盟(맹)맹세하다.

伯夷叔齊, 不念舊惡, 怨**是用**希. <史記>
백이伯夷와 숙제叔齊는 지난 잘못을 생각하지 아니하여, 원한이 이
때문에 적었다. *希(희)드물다.<희稀>

▷ 是故(시고)

惟仁者, 爲能以大事小, **是故**湯事葛, 文王事昆夷. <孟子>
오직 어진 사람만이 대국大國으로 소국小國을 섬길 수 있습니다. 그
러므로 탕왕湯王은 갈葛을 섬겼고, 문왕文王은 곤이昆夷를 섬겼다.
*事(사)섬기다. 湯(탕)끓이다. 葛(갈)칡. 昆(곤)맏.

敎我者爲師, 非師無以學問, **是故**古之學者, 尊師如君父. <學語集>
나를 가르치는 사람은 스승이니, 스승이 아니면 배우고 물을 수 없다.
이런 까닭에 옛날의 배우는 사람은 스승 높이기를 임금과 어버이같이
하였다.

玉不琢不成器, 人不學不知道. **是故**古之王者, 建國君民, 敎學爲先. <禮記>
옥은 다듬지 않으면, 그릇을 이루지 못하고, 사람은 배우지 않으면,
도를 알지 못한다. 이 때문에 옛날의 왕은 나라를 세우고, 백성에 군
림할 때는 교학敎學을 우선으로 삼았다. *琢(탁)쪼다.

▷ 以故(이고)

鄕人皆惡我鳴, **以故**東徙. <說苑>
마을 사람들이 다 나의 울음소리를 싫어하여, 이런 까닭으로 동쪽으
로 이사하려고 한다. *惡(오)싫어하다. 鳴(명)울다. 徙(사)옮기다.

漢敗漢, 楚**以故**不能過滎陽而西. <史記>
한漢나라가 초漢나라를 패퇴시켰으므로, 초나라는 이 때문에 형양滎
陽을 지나 서쪽으로 갈 수 없었다. *滎(형)실개천.

9. 介詞

문장의 체언體言이나 용언用言 전후前後에 붙여 그것들의 시간時間·장소場所·원인原因 등의 관계를 표시해 주는 말로, 앞에 놓이는 전치사前置詞와 뒤에 놓이는 후치사後置詞가 있다.

(1) 전치사

보어나 목적어 앞에 위치하는 전치사와, 체언 앞에 위치하여 이를 부사어로 만드는 전치사로 구분한다.

1) 보어나 목적어 앞에 위치하는 경우

'於·于·乎'가 보어나 목적어 앞에 위치하여 기점起點·처소處所·대상對象·비교比較·목적目的·피동被動 등을 나타낸다.

① 처소

屈原旣放, 游**於**江潭. <漁父辭>
굴원屈原이 이미 추방당하여 강기슭에서 노닐었다. *屈(굴)굽히다. 游(유)놀다. 潭(담)물가, 못.

子思居**於**衛, 縕袍無表, 二旬而九食. <說苑>
자사子思가 위나라에 거함에, 솜 도포에 겉옷이 없고 스무날에 아홉 끼만 먹었다. *縕(온)헌솜. 袍(포)도포. 旬(순)열흘.

君子戒愼**乎**其所不睹. <中庸>
군자는 그 보지 않는 곳에서도 경계하고 삼간다. *愼(신)삼가다. 睹(도)보다.

寧斬**于**市, 有願靡他. <三國遺事>
차라리 저자에서 참수될지언정, 다른 이에게 쓰러짐을 바람이 있으리오. *斬(참)베다. 靡(미)쓰러지다.

② 기점

憂患生**於**所忽. <說苑>
근심은 경솔히 하는 데에서 생긴다. *忽(홀)소홀히 하다.

九層之臺, 起**於**累土. <老子>
구 층의 누각도 흙을 쌓는 데에서 세워진다. *層(층)층. 累(루)쌓다.

月出於東山之上, 徘徊**於**斗牛之間. <赤壁賦>
달이 동쪽 산의 위에서 올라, 북두성北斗星과 견우성牽牛星 사이에서
배회徘徊한다. *徘(배)어정거리다. 徊(회)어정거리다, 노닐다.

行成**于**思, 毀**于**隨. <進學解>
행동은 생각하는 데에서 이루어지고, 마음대로 하는 데에서 무너진다.
*毀(훼)헐다. 隨(수)따르다.

③ 대상

孝**於**親, 子亦孝之. <明心寶鑑>
부모에게 효도하면, 자식이 또한 효도한다.

今人, 不知學問在**於**日用. <擊蒙要訣>
요즘 사람들은 학문이 일상생활 속에 있음을 알지 못한다.

醉翁之意, 不在酒, 在**乎**山水之間也. <醉翁亭記>
취옹의 뜻은 술에 있지 않고, 산수의 사이에 있었다. *醉(취)취하다.
翁(옹)늙은이.<노인의 존칭>

與其厚**于**兵, 不如厚**于**人. <管子>
군에게 후하게 하기보다는 사람에게 후하게 하는 편이 낫다. *厚(후)
두텁다. 與(여)~보다.

好學近**乎**知, 力行近**乎**仁, 知恥近**乎**勇. <中庸>
학문을 좋아함은 지智에 가깝고, 힘써 행함은 仁에 가깝고, 부끄러움
을 앎은 용勇에 가깝다. *知(지)지혜.<지智> 恥(치)부끄럽다.

④ 비교 - 전치사 '於·于·乎'가 술어<형용사> 뒤에 위치하면 비교의
   뜻이다.

靑取之於藍, 而靑**於**藍. <荀子>

청靑은 남藍에서 취했지만, 남藍보다 푸르다. *靑出於藍(청출어람)제
자가 스승보다 더 훌륭한 경우를 이름. *藍(람)쪽.

五刑之屬三千, 罪莫大**於**不孝. <孝經>

다섯 형벌의 죄가 삼천인데, 죄가 불효보다 더 큰 것이 없다. *五刑
(오형)묵墨<피부에 먹물 넣는 것>·의劓<코 베는 것>·비剕<발뒤꿈
치 베는 것>·궁宮<불알 까는 것>·대벽大辟<죽이는 것>

孝子之至, 莫大**乎**尊親. <孟子>

효자의 지극함은 어버이를 높이는 것보다 큰 것이 없다.

國之語音, 異**乎**中國. <訓民正音>

나라 말씀이 중국과 다르다.

今之詩, 異**於**古之詩, 可詠而不可歌也. <陶山十二曲跋>

지금의 시는 옛날의 시와 달라, 읊을 수 있으나 노래할 수 없다. *詠
(영)읊다.

⑤ 목적 - 일반적으로 타동사 뒤에는 전치사가 놓이지 않으나, 놓이는 경
   우가 이에 해당된다.

貧者苦**於**無財, 而恥不若人. <磻溪隧錄>

가난한 사람들은 재물이 없음을 괴로워하면서도, (혼수가)남들만 같지
못함을 부끄러워한다. *恥(치)부끄러워하다.

觀**乎**天文, 以察時變. <易經>

천문天文을 관찰하여, 사시四時의 변화를 살핀다. *天文(천문)천체天
體의 모든 현상. *察(찰)살피다.

蘇秦之楚, 三日乃得見**乎**王. <戰國策>

소진蘇秦(전국시대 책사策士)이 초나라에 가서, 삼 일 만에 왕을 볼

수 있었다. *蘇(소)성. 秦(진)나라 이름. 之(지)가다.

四海之內, 皆兄弟也, 君子何患**乎**無兄弟也. <論語>
사해의 안이 다 형제인데, 군자가 어찌 형제가 없음을 걱정하겠는가.

⑥ 피동 - 전치사가 타동사 뒤에 놓여 타동사를 피동으로 만드는 경우이다.

君子役物, 小人役**於**物. <荀子>
군자는 물건을 부리고, 소인은 물건에 부림당한다. *役(역)부리다.

勞心者治人, 勞力者治**於**人. <孟子>
마음을 애쓰는 자는 남을 다스리고, 힘을 수고롭게 하는 자는 남에게
다스림을 받는다. *勞(노)힘쓰다.

2) 부사어를 만드는 경우

전치사가 체언 앞에 위치하여 부사어를 만들며, 기점起點·원인原因·도
구道具·비교比較·시간時間 등을 나타낸다.

① 기점 - '自·由·從'은 본래 '스스로<自>·말미암다<由>·좇다<從>'
   의 뜻인데, 전치사로 전성되어 기점·출발을 나타낸다.

▷ 自(자)

出**自**幽谷, 遷于喬木. <詩經>
깊은 골짜기에서 나와 큰 나무로 옮겨가네. *出谷遷喬(출곡천교)사람
의 출세에 비유함. *幽(유)그윽하다. 遷(천)옮기다. 喬(교)높다.

余**自**九齡始知讀書至今, 手不釋卷. <白雲小說>
나는 아홉 살에 비로소 책을 읽음을 알면서부터 지금에 이르기까지,
손에서 책을 놓지 않았다. *余(여)나. 始(시)비로소. 齡(령)나이. 釋(석)
풀다. 卷(권)책.

自天子以至於庶人, 壹是皆以修身爲本. <大學>
천자로부터 서인에 이르기까지, 하나같이 모두 수신을 근본으로 삼는
다. *壹是(일시)한결같이, 죄다.

▷ 從(종)

公**從**何處, 得紙本. <石鼓歌>
공은 어느 곳에서 이 탁본을 얻었는가. *從(종)부터.

自天而降乎, **從**地而出乎. <春香傳>
하늘에서 내려왔는가, 땅에서 솟았는가. *降(강)내리다.

▷ 由(유)

由堯舜至於湯, 五百有餘歲. <孟子>
요순堯舜으로부터 탕왕湯王에 이르기까지 5백여 년이다. *由(유)말미
암다. 湯(탕)끓이다.

賢佐忠臣, 從此而秀, 良將勇卒, **由**是而生. <三國史記>
어진 대신과 충성스러운 신하가 이로부터 빼어나고, 빼어난 장수와
용맹스러운 군졸도 이로부터 나왔다. *佐(좌)돕다. 秀(수)빼어나다.

② 원인 - '因・以・爲' 등

▷ 因(인)

家若貧, 不可**因**貧而廢學. <明心寶鑑>
집이 혹시 가난하더라도, 가난 때문에 배움을 그만둘 수 없다. *廢
(폐)그만두다.

貧者**因**書富, 富者**因**書貴. <王荊公勸學文>
가난한 자는 책으로 인해서 부유해지고, 부유한 자는 책으로 인하여
귀해진다.

▷ 以(이)

豈**以**死, 倍吾心哉. <蒙求>
어찌 죽었다고 하여, 내 마음을 배반하겠는가. *倍(배)배반하다. 哉
(재)어조사.

此木**以**不材, 得終其天年. <莊子>

이 나무는 재목이 되지 못하여, 그 천수天壽를 마칠 수 있다.

君子不**以**言擧人, 不**以**人廢言. <論語>

군자는 말 때문에 그 사람을 쓰지 않으며, 그 사람 때문에 말을 버리지 않는다. *擧(거)들다. 廢(폐)폐하다.

▷ 爲(위)

仕非**爲**貧也, 而有時乎**爲**貧. <孟子>

벼슬함은 가난하기 때문은 아니지만, 때로는 가난하기 때문임이 있다. *仕(사)벼슬. 爲(위)원인.

天行有常, 不**爲**堯存, 不**爲**桀亡. <荀子>

하늘의 운행은 일정함이 있어, 요堯임금 때문에 존재한 것도 아니고, 걸桀임금 때문에 없어진 것도 아니다. *常(상)일정하다, 항상.

良鄂然欲**毆**之, **爲**其老彊忍, 下取履. <史記>

장량張良은 놀라 그를 치려고 하였으나, 그가 늙었기 때문에 억지로 참고, 내려가 신발을 주웠다. *鄂(악)놀라다.<악愕> 毆(구)때리다, 치다. 彊(강)억지로. 履(리)신.

③ 도구 - '以·用' 등

▷ 以(이)

道之**以**政, 齊之**以**刑, 民免而無恥. <論語>

인도하기를 법으로 하고, 가지런히 하기를 형벌로 하면, 백성이 형벌을 면할 수 있으나 부끄러워함은 없을 것이다. *道(도)인도하다.<도導> 恥(치)부끄럽다.

以勢交者, 勢傾則絕, **以**利交者, 利窮則散. <顔氏家訓>

세력으로 사귄 자는 세력이 기울면 끊어지고, 이익으로 사귄 자는 이익이 다하면 흩어진다. *傾(경)기울다. 窮(궁)다하다. 散(산)흩어지다.

▷ 用(용)

直**用**管窺天, **用**錐指地也, 不亦小乎. <莊子>

단지 대롱으로 하늘을 보고, 송곳으로 땅 깊이를 가리키는 것이니, 또한 좁지 않겠는가. *用管窺天(용관규천)대롱으로 하늘을 본다는 뜻으로 식견이 매우 좁음을 이름. 用錐指地(용추지지)송곳으로 땅 깊이를 잰다는 뜻으로 조그마한 지식으로 큰 도리를 깨달으려 함을 비유. *管(관)대롱. 窺(규)엿보다, 보다. 直(직)다만. 錐(추)송곳.

④ 동반 - '與'

與亂同事, 罔不亡. <書經>

어지러운 자와 더불어 일을 함께 하면, 망하지 않음이 없다. *與(여)더불다. 亂(난)어지럽다. 罔(망)없다.

與客入者, 每門讓於客. <禮記>

손님과 들어가는 사람은 매번 문에서 손님에게 양보하여야 한다. *讓(양)양보하다.

古之人**與**民偕樂, 故能樂也. <孟子>

옛사람들은 백성과 함께 즐겼기 때문에 즐길 수 있었다. *偕(해)함께.

⑤ 비교 - '與'

'其'와 결합된 형태로 선택형비교를 나타낸다.

與其生辱, 不如死快. <三國史記>

살아서 욕되기보다는 죽어서 유쾌함이 낫다. *與(여)~보다. 辱(욕)욕되다. 快(쾌)쾌하다.

與其害於民, 寧我獨死. <左傳>

백성을 해롭게 하기보다는 차라리 나 혼자 죽는 편이 낫다. *寧(령)차라리.

⑥ 시간 - '以'

▷以(이)

邯鄲之民, **以**正月之旦, 獻鳩於簡子. <列子>

한단의 백성이 정월 아침에 간자簡子에게 비둘기를 바쳤다. *邯(한)

땅 이름. 鄲(단)조나라 서울. 旦(단)아침. 獻(헌)드리다. 鳩(구)비둘기.

高句麗, 常**以**春三月三日, 會獵樂浪之丘. <三國史記>
고구려는 항상 봄 3월 3일에 낙랑樂浪의 언덕에 모여 사냥하였다.
*獵(렵)사냥하다. 丘(구)언덕.

(2) 후치사

관형어·주어·목적어·부사어·독립어 뒤에 위치하여 뒤의 말과의 관계
를 표시하며, 관형격冠形格·주격主格·목적격目的格·부사격副詞格·호
격呼格으로 구분된다.

1) 관형격

'之'는 '수식어+之+피수식어'의 형태로, 수식어가 체언류인 경우는 '~
의'로, 동사나 동사구인 경우는 '~하는, ~한'으로 풀이한다.

① ~의

聖人百世**之**師也. <孟子>
성인은 백세의 스승이다. *百世之師(백세지사)후세까지도 사표가 될
만한 사람.

一年**之**計, 莫如樹穀. <管子>
일 년의 계획은 곡식을 심는 것만 같음이 없다. *樹(수)심다. 穀(곡)곡식.

大學**之**道, 在明明德, 在親民, 在止於至善. <大學>
대학의 도는 밝은 덕을 밝힘에 있으며, 백성을 새롭게 함에 있으며,
지극한 선에 그침에 있다. *親民(친민)백성을 새롭게 함. 친親은 신新
의 의미.

② ~하는, ~한

積功**之**塔, 不墜. <松南雜識>
공들여 쌓은 탑은 무너지지 않는다. *積(적)쌓다. 功(공)공. 塔(탑)탑.

墜(추)떨어지다.

孟母知爲人母**之**道矣. <列女傳>
맹자의 어머니는 사람의 어머니가 되는 도리를 알았다.

附耳**之**言, 勿聽焉, 戒洩**之**談, 勿言焉. <燕巖集>
귀에 대고 하는 말을 듣지 말고, 새는 것을 경계하는 말을 말하지 마라. *附(부)붙다. 戒(계)경계하다. 洩(설)새다.

積善**之**家, 必有餘慶, 積不善**之**家, 必有餘殃. <易經>
선을 쌓은 집안은 반드시 남은 경사가 있고, 불선을 쌓은 집안은 반드시 남은 재앙이 있다. *餘慶(여경)조상의 적덕積德으로 자손이 받는 경사. 餘殃(여앙)조상의 적악積惡으로 자손이 받는 재앙. *殃(앙)재앙.

2) 주격

'之·者·也·也者' 등이 주어 뒤에 위치한다.

▷ 之(지)

人**之**不學, 如登天而無術. <明心寶鑑>
사람이 배우지 않음은 하늘에 오르려는데 방법이 없는 것과 같다. *術(술)꾀, 방법.

歲寒然後, 知松柏**之**後彫也. <論語>
날씨가 추운 연후에 소나무와 잣나무가 뒤에 시듦을 안다. *歲寒松柏(세한송백)어려움이 닥쳐도 굽히지 않는 군자의 지조. *彫(조)시들다.<凋>

吾妻**之**美我者, 私我也, 妾**之**美我者, 畏我也, 客**之**美我者, 欲有求於我也. <戰國策>
내 아내가 나를 아름답다 하는 것은 나를 사랑하기 때문이고, 첩이 나를 아름답다 하는 것은 나를 두려워하기 때문이며, 손님이 나를 아름답다 하는 것은 나에게 구함이 있고자 하기 때문이다. *私(사)사랑하다. 畏(외)두렵다.

▷ 者(자)

夫美女**者**, 醜婦之仇也. <說苑>
무릇 아름다운 여자는 못생긴 여자의 원수이다. *현신賢臣은 간신姦
臣의 원수임을 비유함. *醜(추)추하다. 仇(구)원수.

師**者**, 所以傳道授業解惑也. <師說>
스승이란 도를 전하고 학업을 주고 의문을 풀어 주는 것이다. *授(수)
주다. 惑(혹)미혹하다.

文**者**愛之徵也, 武**者**惡之表也. <呂氏春秋>
문은 사랑의 조짐兆朕이요, 무는 증오憎惡의 표징表徵이다. *徵(징)조
짐. 惡(오)미워하다. 表(표)나타내다.

▷ 也(야)

吾生**也**有涯, 而知**也**無涯. <莊子>
우리의 생은 끝이 있고, 지식은 끝이 없다. *涯(애)끝, 물가.

其爲人**也**孝弟, 而好犯上者鮮矣. <論語>
그 사람됨이 효도하고 공손하면서, 윗사람을 범하기를 좋아하는 자는
드물다. *弟(제)공손하다.<제悌> 犯(범)범하다. 鮮(선)드물다.

鳥之將死, 其鳴**也**哀, 人之將死, 其言**也**善. <論語>
새가 죽으려고 할 때는 울음소리가 애처롭고, 사람이 죽으려 할 때에
는 그 말이 선하다.

▷ 也者(야자)

道**也者**, 不可須臾離也. <中庸>
도는 잠깐이라도 떠날 수 없다. *須(수)잠깐. 臾(유)잠깐.

夫祭**也者**, 必夫婦親之. <禮記>
대저 제사는 반드시 부부가 이것을 몸소 하여야 한다. *親(친)몸소 하다.

孝弟**也者**, 其爲仁之本與. <論語>

효와 공손은 인을 행하는 근본인 것이다. *弟(제)공손하다.<弟悌> 與
(여)어조사.<영탄>

3) 목적격

'之'를 사용하여 목적어를 술어 앞으로 도치한 경우이다.

無恥**之**恥, 無恥矣. <孟子>

부끄러움이 없음을 부끄러워한다면, 부끄러움이 없을 것이다. *恥(치)
부끄럽다.

道聽而塗說, 德**之**棄也. <論語>

길에서 듣고 길에서 말하면, 덕을 버리는 것이다. *道聽塗說(도청도
설)무슨 말을 들으면 깊이 생각지 않고 다시 옮기는 경박한 태도.
*塗(도)길. 棄(기)버리다.

4) 부사격

'也·乎'가 부사어 뒤에 위치하여 부사어를 강조한다.

▷ 也(야)

是日**也**, 放聲大哭. <論說/張志淵>

오늘이여, 목 놓아 크게 우노라. *放(방)놓다. 哭(곡)울다.

聽訟吾猶人也, 必**也**使無訟乎. <論語>

송사를 판결함에 나도 다른 사람과 같으나, 반드시 송사함이 없게 할
것이로다. *聽(청)재판하다. 訟(송)송사하다. 猶(유)같다. 乎(호)어조
사.<영탄>

有顔回者好學, 不幸短命死矣, 今**也**則亡. <論語>

안회顔回라는 자가 배우기를 좋아했었는데, 불행히도 명이 짧아 죽고,
지금은 없다. *亡(무)없다.

▷ 乎(호)

仕非爲貧也, 而有時**乎**爲貧. <孟子>

벼슬함은 가난하기 때문은 아니지만, 때로는 가난하기 때문임이 있다.

*仕(사)벼슬. 爲(위)원인.

信**乎**才之難悉得, 而用之亦難盡也. <惺所覆瓿藁>

정말로 인재를 모두 얻기 어렵고, 또한 쓰는 것을 다하기가 어렵다.

*信(신)참으로. 悉(실)다.

5) 호격

'也・乎'가 사람이나 사물의 이름 뒤에 붙어, 그 말이 부르는 말이 되게
하고, 그 말은 독립어가 된다.

▷也(야)

賜也, 亦有惡乎. <論語>

사賜(자공子貢)야, 또한 미워함이 있느냐. *賜(사)주다. 惡(오)미워하다.

▷乎(호)

參乎, 吾道一以貫之. <論語>

삼參(증자曾子)아, 나의 도는 하나로 관통한다. *貫(관)꿰다.

龜乎, **龜乎**, 出水路. <三國遺事>

거북아, 거북아, 수로부인을 내놓아라. *龜(귀)거북.

硯乎, **硯乎**, 爾麼非爾之恥. <東國李相國集>

벼루야, 벼루야, 네가 작음은 너의 부끄러움이 아니다. *硯(연)벼루.
麼(마)잘다. 恥(치)부끄럽다.

10. 終結詞

문장의 끝에 위치하여 단정斷定·한정限定·의문疑問·감탄感歎 등을 나타낸다.

1) 단정

'也·矣·焉' 등

▷ 也(야)

愛生惡死, 人與物同**也**. <芝峰類說>
삶을 좋아하고 죽음을 싫어함은 사람과 동물이 같다. *惡(오)싫어하다.

大人者, 不失其赤子之心者**也**. <孟子>
대인이란 갓난아이의 마음을 잃지 않는 사람이다. *赤子之心(적자지심)갓난아이처럼 천진하고 거짓이 없는 마음.

山水遊觀, 惟心無私累, 然後可以樂其樂**也**. <陽村集>
산수를 유람함은 오직 마음에 사사로운 근심이 없는 후에, 그 즐거움을 즐길 수 있다. *遊(유)놀다. 累(루)번거로움, 근심, 부담.

▷ 矣(의)

敎亦多術**矣**. <孟子>
가르침에는 또한 방법이 많다. *術(술)방법.

能善小, 斯能善大**矣**. <淮南子>
작은 일을 잘할 수 있는 사람은 이에 큰일도 잘할 수 있다.

博學而篤志, 切問而近思, 仁在其中**矣**. <論語>
널리 배워서 뜻을 두텁게 하고, 간절하게 묻고 가까이에서 생각해 나가면, 인仁이 그 안에 있다. *篤(독)도탑다. 切(절)간절하다.

▷ 焉(언)

國君好仁, 天下無敵**焉**. <孟子>

나라 임금이 인을 좋아하면, 천하에 대적할 자가 없을 것이다. *敵
(적)대적하다.

歌者與聽者, 不能無交有益**焉**. <陶山十二曲跋>

노래하는 자와 듣는 자가 서로 유익함이 없을 수 없다. *交(교)서로
번갈아.

一日克己復禮, 天下歸仁**焉**. <論語>

하루라도 사욕을 이겨 예에 돌아가면, 천하가 인으로 돌아온다. *克
己復禮(극기복례)자기의 욕심을 버리고 예의범절을 따름. *復(복)돌아
오다.

2) 한정

한정종결사 '耳・爾・已'와, 다른 종결사와 연용한 '而已・而已矣' 등이
있으며, 어조사의 연용은 마지막 쓰인 어조사에 중점이 있다.

▷耳(이)

臣乃今日請處囊中**耳**. <史記>

신은 오늘 주머니 속에 처하기를 청할 뿐입니다. *耳(이)뿐. 囊(낭)주
머니.

新制二十八字, 欲使人人易習, 便於日用**耳**. <訓民正音序>

새로 스물여덟 자를 만드니, 사람들로 하여금 쉽게 익혀, 일상 쓰임에
편리하게 하고자 할 뿐이다. *制(제)만들다. 易(이)쉽다. 便(편)편리하다.

▷爾(이)

莊王圍宋, 軍有七日之糧**爾**. <公羊傳>

장왕莊王이 송나라를 포위함에, 군에는 7일의 군량이 있을 뿐이었다.
*爾(이)뿐. 莊(장)성, 엄숙하다. 圍(위)에워싸다. 糧(량)양식.

迫於唐帥定方之威, 逐於人後**爾**. <三國遺事>

당나라 장수 소정방蘇定方의 위엄에 눌려서, 남의 뒤에서 따를 뿐입

니다. *迫(박)다그치다. 帥(수)장수. 逐(축)쫓다, 따르다.

▷已(이)

天下, 皆知美之爲美, 斯惡已, 皆知善之爲善, 斯不善已. <老子>
천하 사람들이 모두 아름다움이 아름답다고 아는데, 이는 추악醜惡일 뿐
이요, 모두 선함이 선하다고 아는데, 이는 불선不善일 뿐이다. *已(이)뿐.

君之所讀者, 故人之糟魄已夫. <莊子>
그대가 읽는 것은 옛사람의 찌꺼기일 뿐이도다. *糟魄(조백)지게미.
조박糟粕. *君(군)그대. 糟(조)지게미. 魄(박)재강.<술을 거르고 남은
찌끼> 夫(부)~도다.<감탄>

▷而已(이이)

爲榮爲辱, 視其所友而已. <淮南子>
영화롭게 되고 욕되게 됨은 그가 친구 사귀는 것을 볼 뿐이다. *辱
(욕)욕되다.

士之特立獨行, 適於義而已. <伯夷頌>
선비는 특립독행特立獨行하여 의에 맞게 할 뿐이다. *特立獨行(특립
독행)세속에 구애받지 않고 신념대로 행동함. 適(적)맞다.

爲善是受福之道, 君子強爲善而已. <與猶堂全書>
선을 행하는 것이 복을 받는 길이니, 군자는 선을 행함에 힘을 쓸 뿐
이다. *受(수)받다. 強(강)힘쓰다.

▷而已矣(이이의)

君子於其言, 無所苟而已矣. <論語>
군자는 그 말에 구차히 하는 바가 없을 뿐이다. *苟(구)구차하다.

學問之道無他, 求其放心而已矣. <孟子>
학문하는 방법은 다른 것이 없고, 잃어버린 마음을 찾을 따름이다.
*放(방)놓다.

3) 의문·반어

'乎·耶·邪·哉·與·歟·諸·也·矣·焉' 등

▷乎(호)

不憂不懼, 斯謂之君子矣**乎**. <論語>

근심하지 않고 두려워하지 않으면, 이에 군자라 이를 수 있습니까.
*懼(구)두렵다. 斯(사)이.

日初出大如車蓋, 及日中則如盤盂, 此不爲遠者小而近者大**乎**. <列子>

해가 처음 뜰 때는 크기가 수레 덮개만 하다가, 정오에 이르러서는
쟁반이나 사발만 하니, 이것은 먼 것이 작고 가까운 것이 큰 것이 아
니겠는가. *蓋(개)덮개. 盤(반)소반. 盂(우)사발.

▷耶(야)

女忘會稽之恥**耶**. <十八史略>

너는 회계會稽의 치욕을 잊었느냐. *會稽之恥(회계지치)패전의 치욕.
*女(여)너. 稽(계)헤아리다.

聖人何故, 獨爲聖人, 我則何故, 獨爲衆人**耶**. <擊蒙要訣>

성인은 무슨 연고로 홀로 성인이 되었으며, 나는 무슨 연고로 홀로
보통 사람이 되었는가. *故(고)이유, 까닭.

▷邪(야)

豈欲卿治經爲博士**邪**. <資治通鑑>

어찌 경卿이 경전經典을 익혀 박사가 되기를 바라겠는가. *欲(욕)바
라다. 邪(야)어조사.<반어>

趙王豈以一璧之故, 欺秦**邪**. <史記>

조趙나라 왕이 어찌 하나의 구슬의 연고로 진秦나라를 속이겠습니까.
*璧(벽)구슬. 欺(기)속이다. 秦(진)나라 이름.

▷哉(재)

先生欺余**哉**. <進學解>

선생께서는 저희들을 속이십니까. *欺(기)속이다. 余(여)나.

設學養士之意, 豈不美**哉**. <退溪集>

학교를 설립하고 선비를 기르는 뜻이 어찌 아름답지 않겠는가. *設
(설)세우다.

邃古之初民而已, 豈有牧**哉**. <原牧>

옛날에야 백성이 있었을 뿐, 어찌 목민관이 있었겠는가. *邃(수)멀다,
깊다. 牧(목)다스리다.

▷與(여)

牛之性, 猶人之性**與**. <孟子>

소의 성性이 사람의 성과 같단 말인가. *猶(유)같다.

民之不正, 是誰之過**與**. <論語>

백성이 바르지 않으면, 이것은 누구의 잘못인가. *誰(수)누구. 過(과)
허물.

▷歟(여)

豈其俗之眞能好儉, 而然**歟**. <北學議>

어찌 그 풍속이 참으로 검소함을 좋아하여 그렇겠는가. *眞(진)진실
로. 儉(검)검소하다. 歟(여)어조사.

酣觴賦詩, 以樂其志, 無懷氏之民**歟**, 葛天氏之民**歟**. <五柳先生傳>

술에 취하여 시를 지어 그 뜻을 즐기니, 무회씨無懷氏(태고의 제왕)의
백성인가. 갈천씨葛天氏(태고의 제왕)의 백성인가. *酣(감)즐기다. 觴
(상)술잔. 賦(부)짓다. 懷(회)품다. 葛(갈)칡.

▷諸(저)

一言而可以興邦, 有**諸**. <論語>

한마디 말로 나라를 흥하게 할 수 있다는데, 그런 것이 있습니까. *邦
(방)나라. 諸(저)그것이~입니까.<지호之乎>

文王之囿方七十里, 有**諸**. <孟子>

문왕의 동산이 70리였다고 하는데, 그러한 일이 있습니까. *囿(유)동산.

▷ 也(야)・矣(의)・焉(언)

'也・矣・焉'이 의문종결사인 경우 반드시 의문사와 호응한다.

君**奚**爲不見孟軻**也**. <孟子>

임금께서는 어찌하여 맹가孟軻(맹자)를 만나 보지 않으셨습니까. *奚(해)어찌. 軻(가)굴대.

何松都之獨多絶**也**. <西浦漫筆>

어찌 송도松都에 유독 뛰어남이 많았을까. *絶(절)뛰어나다.

寧滅其身, 而無悟**也**. <近思錄>

어찌 몸을 망치는데도 깨닫지 못하는가. *寧(녕)어찌. 滅(멸)멸하다. 悟(오)깨닫다.

德**何如**, 則可以王**矣**. <孟子>

덕이 어떠하면, 왕 노릇 할 수 있습니까.

危而不持, 顚而不扶. 則將**焉**用彼相**矣**. <論語>

위태로운데도 붙잡지 못하며, 넘어지는데도 부축하지 못한다면, 장차 저 상相(도와주는 신하)을 어디에다 쓰겠느냐. *顚(전)넘어지다. 焉(언)어디, 어찌.

人無兄弟, **胡**不佽**焉**. <詩經>

사람이 형제가 없거늘, 어찌 도와주지 않는가. *胡(호)어찌. 佽(차)돕다.

4) 감탄

'哉・乎・兮・夫・與・歟' 등

▷ 哉(재)

管仲之器, 小**哉**. <論語>

관중管仲의 그릇이 작구나. *管(관)대롱. 仲(중)버금.

放其心, 而不知求, 哀**哉**. <孟子>

그 마음을 잃어버리고도 찾을 줄을 모르니, 슬프도다. *放(방)놓다.

▷乎(호)

中庸之爲德也, 其至矣**乎**. <論語>

중용의 덕이 지극하구나.

十目所視, 十手所指, 其嚴**乎**. <大學>

열 눈이 보는 바이며, 열 손가락이 가리키는 바이니, 그 엄하구나.
*指(지)가리키다. 嚴(엄)엄하다.

▷兮(혜)

一日不見, 如三秋**兮**. <詩經>

하루 보지 못함이 삼 년과 같도다. *三秋(삼추)삼 년. 兮(혜)어조사.

巧笑倩**兮**, 美目盼**兮**. <論語>

예쁜 웃음이 예쁨이여, 아름다운 눈이 아름다움이구나. *倩(천)예쁘
다. 盼(반)눈 예쁘다.

▷夫(부)

莫我知也**夫**. <論語>

아무도 나를 알아주지 않는구나. *夫(부)~도다, ~구나.<감탄>

苗而不秀者有矣**夫**. 秀而不實者有矣**夫**. <論語>

싹은 났으나 꽃이 피지 못하는 경우도 있고, 꽃은 피었으나 열매를
맺지 못하는 경우도 있도다. *苗(묘)싹. 秀(수)꽃이 피다.

▷與(여)

舜其大孝也**與**. <中庸>

순임금은 그 대효大孝이도다.

語之而不惰者, 其回也**與**. <論語>

말해 주면 게을리하지 않는 자는 그 안회顔回일 것이도다. *惰(타)게
으르다.

▷歟(여)

今其智乃反不能及, 可怪也**歟**. <師說>

지금 그 지혜가 도리어 미치지 못하니, 이상하도다. *反(반)도리어. 怪
(괴)기이하다.

若惟不耕與不敎, 是乃父兄之過**歟**. <白樂天勸學文>

만약 밭 갈지도 않고 가르치지도 않는다면, 이는 곧 부형의 잘못이도
다. *與(여)~와. 乃(내)곧. 過(과)허물.

11. 感歎詞

탄식歎息・감동感動 등의 정서情緖를 표시하며, 다른 품사와 결구結構상
의 관계가 발생되지 않는다.

▷噫(희)

噫, 天喪子, 天喪子. <論語>

아, 하늘이 나를 버렸구나, 하늘이 나를 버렸구나. *噫(희)탄식하다.
予(여)나.

噫, 微斯人, 吾誰與歸. <岳陽樓記>

아, 이 사람이 아니었다면, 내 누구와 더불어 돌아가리오. *微(미)~
아니라면. <가정> 斯(사)이.

噫, 甚矣. 其無愧而不知恥也, 甚矣. <莊子>

아, 심하구나, 그들은 부끄러움 없고 수치를 알지 못함이 심하도다.
*愧(괴)부끄럽다. 恥(치)부끄럽다.

▷於(오)・於乎(어호)・於戲(오희)

감탄사 '於'는 주로 '乎・呼・戲' 등과 연용하여 '於乎・於呼・於戲' 등
으로 쓴다.

王在靈沼, **於**, 牣魚躍. <詩經>

왕이 靈沼에 계시니, 아, 가득히 고기들이 뛰논다. *於(오)탄식하다.
沼(소)늪. 牣(인)가득하다. 躍(약)뛰다.

於乎, 前王不忘. <詩經>

아, 전왕前王(문왕文王과 무왕武王)을 잊을 수 없구나. *乎(호)아.<감탄사>

於戲, 前代帝王有盛德大業者 必見於歌頌. <大唐中興頌>

아, 전대의 제왕으로 성한 덕과 큰일이 있는 자는 반드시 가송歌頌에
나타났도다. *戲(희)탄식하다. 盛(성)성하다. 見(현)나타나다. 頌(송)기
리다.

▷嗚呼(오호)・嗚乎(오호)

嗚乎, 師道之不復可知矣. <師說>

아, 스승의 도가 회복될 수 없음을 알 만하도다. *嗚(오)탄식하다. 復
(복)돌아오다.

嗚呼, 其眞無馬耶, 其眞不識馬耶. <雜說>

아아, 참으로 좋은 말이 없는가, 참으로 말을 알아보지 못하는 것인
가. *眞(진)참으로. 耶(야)어조사.<의문>

▷嗟乎(차호)・嗟呼(차호)・嗟夫(차부)

嗟乎, 草木無情, 有時飄零. <秋聲賦>

아, 초목은 무정하나, 때로 낙엽이 되어 떨어진다. *嗟(차)탄식하다.
飄(표)나부끼다. 零(령)떨어지다.

嗟呼, 燕雀安知鴻鵠之志哉. <史記>

아아, 제비와 참새가 어찌 기러기와 고니의 뜻을 알겠는가. *鴻鵠之
志(홍곡지지)큰 뜻, 원대한 포부. *燕(연)제비. 雀(작)참새. 安(안)어찌.
鴻(홍)기러기. 鵠(곡)고니.

嗟夫, 予嘗求古仁之心, 或異二者之爲, 何哉. <岳陽樓記>

슬프다, 내 일찍이 옛 어진 사람의 마음을 찾아보니, 혹 두 가지 행위

가 다름은 어째서인가. *予(여)나. 嘗(상)일찍이.

▷吁(우)·于嗟(우차)

吁, 惡有滿而不覆者哉. <荀子>

아, 어찌 가득 차고도 엎어지지 않는 것이 있겠는가. *吁(우)탄식하다.
惡(오)어찌. 覆(복)뒤집히다.

于嗟, 徂兮, 命之衰矣. <史記>

아, 가리라, 목숨이 쇠하였도다. *徂(조)가다. 衰(쇠)쇠하다.

Part II

漢文의 成分

Part Ⅱ. 漢文의 成分

문장을 이루는 최소 단위가 품사品詞이며, 한 문장을 구성하는 요소들이 문장의 성분成分이다. 이 성분은 주어主語·서술어敍述語·목적어目的語·보어補語·수식어修飾語·독립어獨立語로 구분한다. 그리고 주어와 술어를 주요主要성분, 목적어와 보어를 보충補充성분, 수식어를 수식修飾성분이라 하며, 독립獨立성분은 다른 성분과 관계없이 그 문장 안에서 따로 떨어진 성분이다.

1. 主要成分

(1) 주어

주어는 문장의 주체가 되는 말로 '~은, ~는, ~이, ~가'로 풀이하며, 명사·대명사·명사구·주어절이 주어가 된다.

1) 명사

脣亡, **齒**寒. <左傳>

입술이 망가지면, 이가 시리다. *脣亡齒寒(순망치한)가까운 사이의 한
쪽이 망하면 다른 한쪽도 온전하기 어려움의 비유. *脣(순)입술.

書傳千古心, 讀書知不易. <李滉詩>
글은 옛사람의 마음을 전하는 것이니, 글 읽기 쉽지 않음을 알겠네.
*傳(전)전하다. 易(이)쉽다.

父不言子之德, **子**不談父之過. <明心寶鑑>
아버지는 아들의 덕을 말하지 않으며, 자식은 아버지의 허물을 말하
지 않아야 한다. *過(과)허물.

2) 대명사

吾師道也. <師說>
나는 도를 스승으로 삼는다. *師(사)스승으로 삼다.

我有濟爾心, 而無濟爾力. <魚無迹詩>
나는 너를 구제하려는 마음은 있지만, 너를 구제할 힘이 없다. *濟
(제)구제하다. 爾(이)너.

3) 명사구

人之患, 在好爲人師. <孟子>
사람들의 근심은 남의 스승 되기를 좋아함에 있다.

逐鹿者, 不顧兎. <淮南子>
사슴을 쫓는 사람은 토끼를 돌아보지 않는다. *逐(축)쫓다. 鹿(록)사
슴. 顧(고)돌아보다.

一日之狗, 不知畏虎. <耳談續纂>
하룻강아지 범 무서움을 모른다. *畏(외)두려워하다.

學業, 在汝篤志與否. <退溪家訓>
학업은 네가 뜻을 돈독敦篤히 하느냐 안 하느냐에 있다. *與否(여부)~
인가~아닌가.<여불여與不與> *汝(여)너. 篤(독)도탑다. 否(부)아니다.

4) 주어절

臣之事君, 如子之事父. <啓蒙篇>
신하가 임금을 섬김은 자식이 어버이를 섬기는 것과 같아야 한다.
*事(사)섬기다.

父母之愛其子, 爲慈, 子之善事親, 爲孝. <退溪集>
부모가 그 자식을 사랑하는 것이 사랑이고, 자식이 부모를 잘 섬기는
것이 효이다. *慈(자)사랑하다.

父母俱存, 兄弟無故, 一樂也. <孟子>
부모가 모두 생존해 계시며, 형제가 사고가 없음이 첫 번째 즐거움
이다. *俱存(구존)어버이가 모두 살아 계심. *俱(구)함께. 故(고)사고.
*주어가 둘인 복주어複主語 문장.

(2) 서술어

서술어는 주어의 동작·성질·상태 등을 서술하는 말로 '어찌하다.<동사>
어떠하다.<형용사> 무엇이다.<명사>'로 풀이하며, '동사·형용사·명사·명
사구·명사+也·명사구+也'가 서술어가 된다.

1) 동사

一日之計, **在**於寅. <明心寶鑑>
하루의 계획은 새벽에 있다. *寅(인)새벽. 오전 3~5시.

知者**樂**水, 仁者**樂**山. <論語>
지혜로운 사람은 물을 좋아하고, 어진 사람은 산을 좋아한다. *樂(요)
좋아하다.

忠臣不**事**二君, 烈女不**更**二夫. <小學>

충신은 두 임금을 섬기지 않고, 열녀烈女는 두 남편을 섬기지 않는다.
*事(사)섬기다. 烈(렬)굳세다. 更(경)고치다.

2) 형용사

天**高**, 馬**肥**. <漢書>
하늘이 높고, 말이 살찌다. *天高馬肥(천고마비)가을을 이름. *肥(비)
살찌다.

來語不**美**, 去語何**美**. <句五志>
오는 말이 아름답지 못하니, 가는 말이 어찌 아름답겠는가.

滄浪之水**淸**兮, 可以濯吾纓, 滄浪之水**濁**兮, 可以濯吾足. <漁父辭>
창랑滄浪의 물이 맑으면 내 갓끈을 씻고, 창랑의 물이 흐리면 내 발
을 씻으리라. *滄(창)강 이름, 차다. 浪(랑)물결. 纓(영)갓끈. 濁(탁)흐
리다. 濯(탁)씻다.

3) 명사

生我者**父母**, 知我者鮑子也. <史記>
나를 낳아 주신 사람은 부모이고, 나를 알아준 이는 포자鮑子(포숙鮑
叔)이다. *鮑(포)절인 어물.

君子之德**風**, 小人之德**草**. <論語>
군자의 덕은 바람이요, 소인의 덕은 풀이다.

4) 명사구

責善, **朋友之道**. <小學>
선善하라고 권하는 것은 친구의 도리이다. *責(책)권장하다.

讀書, **起家之本**. <明心寶鑑>
독서는 집을 일으키는 근본이다.

所不去者, **醫藥卜筮種樹之書**. <史記>

없애지 않은 것은 의약, 점술, 나무 심기에 관한 책이다. *卜(복)점치
다. 醫(의)의원. 筮(서)점대, 점치다. 種(종)심다, 씨.

5) 명사 + 也

政者**正也**. <論語>
정치는 바른 것이다

君者**舟也**, 庶人者**水也**. <荀子>
임금은 배요, 백성은 물이다.

6) 명사구 + 也

農**天下之大本也**. <漢書>
농사는 천하의 큰 근본이다.

溫柔敦厚, **詩敎也**. <禮記>
온화하고 인정이 두터운 것은 시경의 가르침이다. *溫(온)따뜻하다.
柔(유)부드럽다. 敦(돈)도탑다. 厚(후)두텁다.

過而不知悔, **下等人也**. <小學>
허물이 있고도 뉘우침을 알지 못하면, 하등 사람이다. *過(과)허물. 悔
(회)뉘우치다.

仁**人之安宅也**, 義**人之正路也**. <孟子>
인은 사람의 편안한 집이요, 의는 사람의 바른길이다.

7) 서술절

禮與食, **孰重**. <孟子>
예의와 음식 어느 것이 중요한가. *與(여)~와. 孰(숙)어느, 무엇.

有志者, **事竟成**. <後漢書>
뜻이 있는 자는 일이 마침내 이루어진다. *竟(경)마침내, 다하다.

君子之交, **淡若水**, 小人之交, **甘若醴** <莊子>

군자의 사귐은 담박하기가 물 같고, 소인의 사귐은 달기가 단술과 같다. *淡(담)담박하다, 맑다. 醴(례)단술.

2. 補充成分

(1) 목적어

목적어는 서술어<타동사>의 행동서술에 대한 직접대상으로 '무엇을'로 풀이하며, 명사·대명사·명사구·목적절이 목적어가 되며, 주체主體에 대한 객체客體라 하여 객어客語, 또는 빈어賓語라고도 한다.

1) 명사

① 명사

雪上加**霜**. <旬五志>
눈 위에 서리를 더하다.

得衆動**天**, 美意延**年**. <荀子>
무리를 얻으면 하늘을 움직이고, 마음을 즐기면 나이를 늘린다. *延(연)늘이다, 끌다.

一目之羅, 不可以得**鳥**, 無餌之釣, 不可以得**魚**. <淮南子>
한 눈의 그물로 새를 잡을 수 없고, 미끼 없는 낚시로 고기를 잡을 수 없다. *羅(라)새그물. 餌(이)먹이. 釣(조)낚시.

② 전성명사

夫易彰**往**, 而察**來**. <易經>
무릇 역易은 지나간 것을 밝혀 올 것을 살핀다. *彰(창)밝히다. 察(찰)살피다.

君子食無求**飽**, 居無求**安**. <論語>

군자는 먹음에 배부름을 구하지 아니하며, 거처할 때에 편안함을 구하지 않는다. *飽(포)배부르다.

2) 대명사

結者解**之**. <旬五志>

맺은 사람이 이것을 풀다. *結者解之(결자해지)처음 시작한 사람이 그 끝을 마무리하여야 함.

鷄肋食**之**, 則無所得, 棄**之**, 則如可惜. <後漢書>

닭의 갈비는 이것을 먹으면 얻는 바가 없지만, 이것을 버리면 아까운 것 같다. *鷄肋(계륵)쓸모는 별로 없으나 버리기는 아까움. *肋(륵)갈빗대. 棄(기)버리다. 惜(석)아깝다.

爾何曾比**予**於管仲. <孟子>

너는 어찌 곧 나를 관중管仲에 견주는가. *爾(이)너. 曾(증)곧, 이에. 比(비)견주다.

鄕人長於伯兄一歲, 則**誰**敬. <孟子>

마을 사람이 맏형보다 한 살이 더 많다면, 누구를 공경하겠는가. *伯(백)맏. 誰(수)누구.

3) 명사구

一個魚, 渾**全川**. <旬五志>

한 마리 물고기가 온 냇물 흐린다. *個(개)낱, 개. 渾(혼)흐리다.

渴不飮**盜泉之水**. <猛虎行>

목이 말라도 도천의 물을 마시지 않는다. *아무리 곤궁하여도 불의는 행하지 않음에 비유. *渴(갈)목마르다. 盜(도)훔치다.

忍**一時之憤**, 免**百日之憂**. <明心寶鑑>

한때의 분함을 참으면, 백 일의 근심을 면한다. *忍(인)참다. 憤(분)성내다.

天不生**無祿之人**, 地不長**無名之草**. <明心寶鑑>
하늘은 녹이 없는 사람을 내지 않고, 땅은 이름이 없는 풀을 기르지
않는다. *祿(녹)녹, 녹봉. 長(장)기르다.

4) 목적절

朋友憐**吾絕火煙**. <郭再祐詩>
벗들이 내가 익힌 음식을 끊음을 동정하였다. *憐(련)가엽다.

志篤, 則何患**業不進**. <退溪家訓>
뜻이 돈독敦篤하다면, 어찌 학업이 나아가지 못함을 근심하겠는가.
*篤(독)도탑다.

人主進膳, 則思**民之得食如我乎**. <梅月堂集>
임금은 음식을 올리면, 백성이 나처럼 먹을까를 생각해야 한다. *膳
(선)반찬.

(2) 보어

보어는 술어의 의미를 보충하며, 불완전자동사, 불완전타동사, 연계동사, 존
재동사, 비교의 뜻을 지닌 형용사 '猶, 如, 若' 등과 특수 형용사 '難, 易, 多,
少, 寡, 鮮, 罕, 異, 同' 등은 보어를 취한다. 그리고 일반 형용사 뒤에 보어가
오는 경우는 보어 앞에 비교 의미를 지닌 전치사가 위치한다.

1) 불완전자동사

불완전자동사는 보어를 취하며, 보어 앞에 전치사가 놓이기도 한다.
① 보어

法不阿**貴**. <韓非子>
법은 귀한 사람에게 아첨阿諂하지 않는다. *阿(아)아첨하다.

許生居**墨積洞**. <許生傳>

허생許生이 묵적동墨積洞에 살았다. *積(적)쌓다.

登**高山**, 而望四海. <莊子>

높은 산에 올라 사해四海를 바라보다.

② 전치사＋보어

鳶飛戾天, 魚躍**于淵**. <詩經>

솔개는 날아 하늘에 날고, 물고기는 연못에서 뛰논다. *鳶飛魚躍(연비어약)솔개는 날고 물고기는 뜀. 곧 천지조화의 묘용妙用을 이름. *鳶(연)솔개. 戾(려)이르다. 躍(약)뛰다. 淵(연)못.

君子行**於濁地**, 不能染亂其心. <明心寶鑑>

군자는 혼탁한 곳에 갈지라도, 그 마음을 더럽히거나 어지럽힐 수 없다. *濁(탁)흐리다. 染(염)물들이다.

雄率徒三千, 降**於太伯山頂神壇樹下**. <三國遺事>

환웅桓雄이 무리 삼천을 거느리고, 태백산太伯山 꼭대기의 신단수 아래에 내려왔다. *雄(웅)수컷. 率(솔)거느리다. 徒(도)무리. 降(강)내리다. 頂(정)꼭대기. 壇(단)단, 제단.

2) 불완전타동사

불완전타동사는 보어를 취하며, 보어 앞에 전치사가 놓이기도 한다.

① 보어

禹掘地, 而注之**海**. <孟子>

우왕禹王이 땅을 파서, 이를 바다에 물을 댔다. *堀(굴)파다. 注(주)물대다.

相如旣學, 慕藺相如之爲人也, 更名**相如**. <史記>

사마상여司馬相如가 이미 배우고, 인상여藺相如의 사람됨을 사모하여, 이름을 상여로 바꾸었다. *慕藺(모린)인상여를 사모한다는 말로, 훌륭한 사람을 경모敬慕함. *慕(모)사모하다. 藺(린)골풀. 更(경)고치다.

三顧臣於草廬之中, 諮**臣**以當世之事. <出師表>

누추한 초가 안으로 세 번이나 신을 찾아, 신에게 당세의 일을 물으셨다. *三顧草廬(삼고초려)인재를 맞아들이기 위하여 참을성 있게 노력함. *顧(고)돌아보다. 廬(려)오두막집. 諮(자)묻다.

② 전치사＋보어

盍請濟師**於王**. <左傳>

어찌 왕에게 증원군을 청하지 않느냐. *盍(합)어찌 아니하다. 濟(제)건지다. 師(사)군사.

河內凶, 則移其民**於河東**. <孟子>

하내河內에 흉년이 들면, 그 백성을 하동河東으로 옮겼다. *凶(흉)흉년. 移(이)옮기다.

有託其妻子**於其友**, 而之楚遊者. <孟子>

그 처자를 친구에게 부탁하고, 초나라에 여행을 간 사람이 있었다. *託(탁)부탁하다. 之(지)가다. 遊(유)놀다.

3) 존재동사

'有・無'

▷有(유)

三人行, 必有**我師**焉. <論語>

세 사람이 길을 감에, 반드시 나의 스승이 있다.

惟事事, 乃其有**備**, 有**備**無患. <書經>

오직 일에 종사함이 바로 대비가 있는 것이니, 대비가 있어야 근심이 없다. *事(사)일, 일삼다, 종사하다. 乃(내)곧.

有**德**者, 必有**言**, 有**言**者, 不必有**德**. <論語>

덕이 있는 자는 반드시 훌륭한 말이 있지만, 훌륭한 말을 하는 자는 반드시 덕이 있는 것은 아니다.

▷ 無(무)

善行無**轍迹**. <老子>

선행은 바퀴 자국 같은 흔적이 없다. *轍(철)바퀴 자국, 흔적. 迹(적)
자취.

無**草不死**, 無**木不萎**. <詩經>

죽지 않는 풀이 없으며, 시들지 않는 나무가 없다. *萎(위)시들다.

小人閒居, 爲不善, 無**所不至**. <大學>

소인이 한가로이 거함에 불선不善한 짓을 하여, 이르지 못하는 바가
없다.

4) 연계동사

'是, 非, 爲, 乃, 卽' 등

▷ 是(시)

口是**傷人斧**, 言是**割舌刀**. <明心寶鑑>

입은 사람을 상하게 하는 도끼요, 말은 혀를 베는 칼이다. *斧(부)도
끼. 割(할)베다.

同行十二年, 不知木蘭是**女郞**. <木蘭辭>

12년을 동행하였으나, 목란木蘭이 여자인지 몰랐다. *女郞(여랑)사내
같은 기질과 재주가 있는 여자. *蘭(난)난초. 郞(랑)사내.

道吾善者是**吾賊**, 道吾惡者是**吾師**. <明心寶鑑>

나의 선한 점을 말하는 자는 나의 적이요, 나의 나쁜 점을 말하는 사
람은 나의 스승이다. *道(도)말하다. 賊(적)적, 도둑.

▷ 爲(위)

爾爲**爾**, 我爲**我**. <孟子>

너는 너이고, 나는 나이다. *爾(이)너.

飛者爲**禽**, 走者爲**獸**. <啓蒙篇>

나는 것은 날짐승이고, 달리는 것은 들짐승이다. *禽(금)날짐승. 獸(수)들짐승.

▷非(비)

朱蒙非**人所生**. <三國史記>

주몽朱蒙은 사람이 낳은 바가 아니다.

子非**我**, 安知我不知魚之樂. <莊子>

그대는 내가 아닌데, 어찌 내가 고기의 즐거움을 알지 못함을 아는가.
*子(자)그대. 安(안)어찌.

百戰百勝, 非**善之善者**, 不戰而屈人之兵, 善之善者也. <孫子>

백전백승百戰百勝이 좋은 것 중의 좋은 것이 아니고, 싸우지 아니하
고 남의 병사를 굴복시킴이 좋은 것 중의 좋은 것이다. *善(선)좋다.
屈(굴)굽히다.

5) 비교 형용사

비교의 뜻을 지닌 형용사 '如, 若, 猶' 등이 술어로 쓰이는 경우 반드시
보어를 동반한다.

▷如(여)

同心之言, 其臭如**蘭**. <易經>

마음을 함께하는 말은 그 향기로움이 난초와 같다. *臭(취)냄새. 蘭
(란)난초.

富貴不歸故鄕, 如**錦衣夜行**. <漢書>

부귀를 누리면서 고향에 돌아가지 않는 것은, 비단옷을 입고 밤에 가
는 것과 같다. *錦衣夜行(금의야행)아무 보람이 없는 일을 함. *錦(금)
비단.

行善之人, 如**春園之草**, 不見其長, 日有所增. <明心寶鑑>

선을 행하는 사람은 봄 동산의 풀과 같아서, 그 자람이 보이지 않으
나, 날로 더해지는 것이 있다.

▷若(약)

有若**無**, 實若**虛**. <論語>

있어도 없는 것처럼 하고, 가득해도 빈 것처럼 하다.

浮生若**夢**, 爲歡幾何. <春夜宴桃李園序>

덧없는 인생이 꿈과 같으니, 기쁨을 즐기는 것이 얼마나 되겠는가.
*浮(부)뜨다. 歡(환)기쁘다.

子之廢學, 若**吾斷斯織**也. <列女傳>

네가 배움을 그만둠은, 내가 이 베를 자름과 같다. *子(자)너. 廢(폐)
폐하다. 斯(사)이. 織(직)짜다.

▷猶(유)

人性之善也, 猶**水之就下**也. <孟子>

인성人性의 선함은 물이 아래로 내려가는 것과 같다. *猶(유)같다. 就
(취)나아가다.

聖人用人, 猶**匠之用木**. <十八史略>

성인이 사람을 쓰는 것은 훌륭한 목수가 나무를 쓰는 것같이 한다.
*猶(유)같이하다. 匠(장)장인.

苟能法古而知變創新而能典, 今之文猶**古之文**也. <楚亭集序>

진실로 옛것을 본받으면서도 변통할 줄 알고, 새것을 창안해 내면서
도 근거가 있다면, 이 시대의 글이 옛 시대의 글과 마찬가지일 것이
다. *法古(법고)옛것을 본받음. *苟(구)진실로. 創(창)만들다.

6) 형용사 뒤에 전치사<비교>가 오는 경우

형용사< '如・若・猶' 등 비교의 뜻을 지닌 형용사 제외>가 보어를 취할
때 보어 앞에 비교의 뜻을 지닌 전치사 '於・于・乎'가 위치한다.

苛政猛**於虎**也. <禮記>

가혹한 정치는 범보다 무섭다. *苛(가)가혹하다. 猛(맹)사납다.

養心莫善**於寡欲**. <孟子>

마음을 수양함은 욕심을 적게 하는 것보다 더 좋은 것이 없다. *養
(양)기르다. 欲(욕)욕심. 寡(과)적다.

天吏逸德, 烈**于猛火**. <尙書>

임금의 잘못된 행동은 거센 불보다 사납다. *天吏(천리)천도를 잘하
는 덕이 있는 사람으로, 임금을 이름. *逸(일)잘못하다.<일佚> 烈(렬)
세차다. 猛(맹)사납다.

7) 특수 형용사

특수 형용사 '難, 易, 多, 少, 寡, 鮮, 罕, 異, 同' 등이 술어인 경우 보어를
동반하기도 한다.

▷難(난)

衆口難**防**. <松南雜誌>

여러 사람의 입은 막기 어렵다. *防(방)막다.

花笑檻前聲未聽, 鳥啼林下淚難**看**. <破閑集>

꽃은 난간 앞에서 웃되 소리는 들리지 아니하고, 새가 숲속에서 울어
도 눈물은 보기 어렵네. *檻(함)난간. 啼(제)울다. 淚(루)눈물.

▷易(이)

經師易**得**, 人師難得. <耳談續纂>

글 스승은 얻기 쉬우나, 사람 스승은 얻기 어렵다.

猛獸易**伏**, 人心難降, 谿壑易**滿**, 人心難滿 <菜根譚>

사나운 짐승은 굴복시키기 쉬우나, 사람의 마음 꺾기는 어렵고, 골짜
기는 채우기 쉬워도, 사람의 마음은 채우기 어렵다. *伏(복)굴복하다.
降(항)항복받다. 谿(계)시내. 壑(학)골.

▷多(다)

良醫之門, 多**病人**. <荀子>

훌륭한 의사의 집에는 아픈 사람이 많이 모인다. *醫(의)의원.

得道者多**助**, 失道者寡助. <孟子>

도를 얻은 자는 도와주는 이가 많고, 도를 잃은 자는 도와주는 이가 적다. *助(조)돕다. 寡(과)적다.

▷少(소)

不外索, 今少**一人**. <史記>

밖에서 찾지 않으면, 지금 한 사람이 적다. *索(색)찾다.

在家, 不會邀賓客, 出外, 方知少**主人**. <明心寶鑑>

집에 있을 때 손님을 맞이할 줄 모르면, 밖에 나가 바야흐로 (묵게 하는) 주인이 적음을 깨닫는다. *會(회)깨닫다, 이해하다. 邀(요)맞다. 賓(빈)손님.

▷鮮(선)

噫, 菊之愛, 陶後鮮**有聞**. <愛蓮說>

아, 국화를 사랑함은 도연명陶淵明 후로 들림이 있음이 드물구나. *噫(희)탄식하다. 陶(도)질그릇. 鮮(선)드물다.

人莫不飮食也, 鮮**能知味**也. <中庸>

사람이 마시고 먹지 않는 이는 없으나, 맛을 아는 사람은 드물다.

靡不有初, 鮮**克有終**. <詩經>

처음은 있지 않는 이가 없으나, 능히 마침이 있는 이가 드물다. *靡(미)아니다. 克(극)능히.

▷罕(한)

大抵用事之聯, 罕**有新意**. <補閑集>

대저大抵 고사를 인용한 연구聯句는 새로운 뜻이 있음이 드물다. *罕(한)드물다. 抵(저)대저. 聯(연)잇다.

今之群臣, 罕**能貞白卓異者**, 蓋求之不切, 勵之未精故也. <貞觀政要>

오늘날 신하들 중에 능히 곧고 결백함이 뛰어난 자가 드문 것은, 대개 인재를 구함이 간절하지 못하고, 이들을 격려함이 아직 정성되지 못하기 때문이다. *卓(탁)높다, 뛰어나다. 切(절)간절하다. 勵(려)힘쓰다, 권장하다.

▷寡(과)

輕諾, 必寡信. <老子>

가벼운 승낙은 반드시 믿음이 적다. *寡(과)적다. 諾(낙)대답하다.

言寡尤, 行寡悔, 祿在其中矣. <論語>

말에 허물이 적으며, 행실에 후회할 일이 적으면, 녹祿이 그 안에 있는 것이다. *尤(우)허물. 悔(회)뉘우치다. 祿(녹)녹, 녹봉.

▷異(이)

穀則異室, 死則同穴. <詩經>

살아서는 집이 다르나, 죽어서는 무덤이 같다. *穀(곡)살다. 穴(혈)무덤, 구멍.

百川異源, 而皆歸於海. <淮南子>

온 내는 근원이 다르나, 모두 바다로 돌아간다. *源(원)근원. 皆(개)다, 모두.

▷同(동)

今天下車同軌, 書同文, 行同倫. <中庸>

지금 천하에는 수레는 수레바퀴의 치수가 같으며, 글은 문자가 같으며, 행동은 차례가 같다. *천하가 하나로 통일되었음을 말함. *軌(궤)바퀴 사이. 倫(륜)순서.

干越夷貊之子, 生而同聲, 長而異俗, 教使之然也. <荀子>

간월이맥干越夷貊의 자식이 나면서는 소리가 같으나, 자라면서 풍속이 다름은 교육이 그것을 그렇게 하였다. *사람의 본성은 같으나 교육에 의하여 선악의 차가 생김을 비유. *干越(간월)오뭇나라와 월越나라. *夷(이)오랑캐. 貊(맥)오랑캐.

3. 修飾成分

수식어修飾語는 수식하는 말이며, 피수식어被修飾語는 수식받는 말이다. 수식어는 원칙적으로 피수식어의 앞에 위치하며, 형용사적 수식어인 관형어와 부사적 수식어인 부사어가 있다.

(1) 관형어

관형어는 문장의 주체가 되는 말<주어·객어·보어> 앞에서 '형용사·형용사+之·명사·명사+之·명사구·동사·동사구+之'의 형태로 피수식어를 수식한다.

1) 형용사·형용사+之

大器晚成. <老子>
큰 그릇은 늦게 이루어진다.

痴人畏婦, **賢**女敬夫. <明心寶鑑>
어리석은 사람은 아내를 두려워하고, 어진 여자는 남편을 공경한다.
*癡(치)어리석다. 畏(외)두려워하다.

少之時, 血氣未定, 戒之在色. <論語>
연소할 때는 혈기가 아직 정하여지지 않았으니, 경계할 것이 여색에 있다. *戒(계)경계하다.

2) 명사·명사+之

群盲撫象. <涅槃經>
여러 소경이 코끼리를 어루만졌다. *群盲撫象(군맹무상)사물을 총체적으로 파악하지 못함의 비유. *盲(맹)소경, 눈멀다. 撫(무)어루만지다.

夏蟲不可以語於氷. <莊子>

여름벌레는 겨울을 말할 수 없다.

君之病在腸胃, 不治將益深. <韓非子>

임금의 병은 장과 위에 있으니, 치료하지 않으면 장차 더욱 깊어질
것이다. *腸(장)창자. 胃(위)밥통, 위. 益(익)더욱.

婚娶而論財, **夷虜之**道也. <小學>

혼인하고 장가드는 데 재물을 논하는 것은 오랑캐의 도이다. *婚(혼)
혼인하다. 娶(취)장가들다. 虜(로)오랑캐.

3) 명사구＋之

老馬之智, 可用也. <韓非子>

늙은 말의 지혜를 이용할 만하다. *老馬之智(노마지지)연륜이 깊으면
그 나름의 장점과 특기가 있음.

田中之潦流入於海. <淮南子>

밭 안의 괸 물이 흘러 바다에 들어간다. *潦(료)길바닥에 괸 물, 큰비.

善戰人之勢, 如轉圓石于千仞之山者. <孫子>

싸움을 잘하는 사람의 형세는 천 길의 산에서 둥근 돌을 굴리는 것과
같다. *善(선)잘하다. 轉(전)구르다. 仞(인)길이.

4) 동사

知者不言, **言**者不知. <老子>

아는 사람은 말을 아니 하고, 말하는 사람은 알지 못한다.

交絶無惡聲, **去**臣無怨辭. <三國志演義>

사귐을 끊을 때는 나쁜 말이 없게 하고, 떠나가는 신하는 원망하는
말이 없게 하여야 한다. *怨(원)원망하다. 辭(사)말씀.

5) 동사구·동사구＋之

逐鹿者, 不顧兎. <淮南子>

사슴을 쫓는 사람은 토끼를 돌아보지 않는다. *顧(고)돌아보다.

好船者溺, **好騎**者墮. <越絶書>

배 타기를 좋아하는 사람은 물에 빠지고, 말 타기를 좋아하는 사람은 떨어진다. *船(선)배. 溺(익)빠지다. 騎(기)말 타다. 墮(타)떨어지다.

行善之人, 如春園之草, 不見其長, 日有所增. <明心寶鑑>

선을 행하는 사람은 봄 동산의 풀과 같아서, 그 자람이 보이지 않으나, 날로 더해지는 것이 있다. *園(원)동산. 增(증)더하다.

節而不散, 親戚畔之. 樂施者, **樹德之**本也. <牧民心書>

절약만 하고 쓰지 않으면 친척이 멀리한다. 베풀기를 즐겨 하는 것은 덕을 심는 근본이다. *散(산)흩다. 畔(반)배반하다. 施(시)베풀다. 樹(수)심다.

(2) 부사어

부사어는 술어<동사·형용사> 앞에 위치하여 술어를 수식한다.

1) 동사 수식

盛年不**重**來. <陶潛詩>

젊은 시절은 거듭 오지 않는다. *盛(성)성하다. 重(중)거듭.

敎學**相**長也. <禮記>

가르치는 것과 배우는 것이 서로 성장시킨다.

久住令人賤, **頻**來親也疎. <增廣賢文>

오래 머물면 사람으로 하여금 천하게 하고, 자주 오면 친한 사이도 멀어진다. *令(령)하여금. 賤(천)천하다. 頻(빈)자주. 疎(소)성기다.

2) 형용사 수식

死生**亦**大矣. <莊子>

죽고 사는 것이 또한 중대하다.

天地之間萬物之衆, 惟人**最**貴. <童蒙先習>
천지 사이 만물의 무리에서, 오직 사람이 가장 귀하다.

國正天心順, 官淸民**自**安. <明心寶鑑>
나라가 바르면 천심도 순하고, 관리가 청렴하면 백성이 저절로 편안
하다. *自(자)저절로.

3) 전성부사

① 명사에서 전성

徒衆**雲**集. <三國史記>
무리가 구름처럼 모였다. *徒(도)무리.

日就**月**將. <詩經>
날로 나아가며 달로 나아가다. *將(장)나아가다.

丁壯**號**哭, 老人**兒**啼. <史記>
장정은 소리 내어 슬피 울고, 노인은 아이처럼 울었다. *號(호)부르다.
哭(곡)울다. 丁(정)장정. 壯(장)장하다, 젊다. 啼(제)울다.

② 형용사에서 전성

以德報怨, **厚**施而**薄**望. <史記>
덕으로 원수를 갚되, 후하게 베풀고 적게 바라야 한다. *厚(후)두텁다.
薄(박)엷다, 적다.

嘉實**直**前, 以破鏡投之, 薛氏得之, 呼泣. <三國史記>
가실嘉實이 즉시 나아가 깨어진 거울을 던지니, 설씨薛氏는 이것을
주워 들고 소리 내어 울었다. *嘉(가)아름답다. 前(전)나아가다. 薛(설)
성. 呼(호)부르다. 泣(읍)울다.

呑舟之魚, 不遊枝流, 鴻鵠**高**飛, 不集汚池. <列子>
배를 삼킬 만한 고기는 지류에서 놀지 않고, 큰 새는 높이 날아서, 더

러운 연못에 모이지 않는다. *呑(탄)삼키다. 鴻(홍)기러기. 鵠(곡)고니.
汚(오)더럽다.

③ 동사에서 전성

朝回日日典春衣, 每日江頭**盡**醉歸. <杜甫詩>
조정에서 돌아오면 날마다 봄옷을 저당 잡혀. 매일 강가에서 흠뻑 취
해 돌아오네. *回(회)돌아오다. 典(전)저당 잡히다. 醉(취)취하다.

我有善, 則**立**譽我, 我有過, 則**立**毀我. <管子>
나에게 좋은 점이 있으면, 곧 나를 칭찬해 주고, 나에게 허물이 있으
면, 곧 나를 비난한다. *立(립)곧. 譽(예)칭찬하다, 기리다. 過(과)허물.

4. 獨立成分

독립어獨立語로 문장 안에서 다른 성분과는 비교적 독립하여 감동感動·
탄식歎息·호칭呼稱·응답應答 등을 나타내며 문장 전체에 작용한다.

大哉, 孔子, 博學而無所成名. <論語>
위대하구나, 공자여, 널리 배웠으나 이름을 날림이 없구나.

惜乎, 吾讀書本期十年, 今七年矣. <許生傳>
애석하구나, 내가 책 읽기를 본래 십 년을 기약하였는데, 지금 칠 년
이로다. *惜(석)아깝다, 아끼다. 本(본)본디, 원래.

5. 成分의 倒置

성분의 도치는 수사적修辭的 기교나 어세語勢 및 어떤 성분을 강조強調하기 위하여 성분의 위치를 바꾸는 경우이다.

(1) 술어 도치

주로 의문문과 감탄문에서 이루어진다.

1) 의문문

誰與, 哭者. <禮記>
누구인가, 곡哭하는 사람이. *哭(곡)울다.

何哉, 爾所謂達者. <論語>
무엇인가, 네가 말하는 달達이란 것이. *爾(이)너. 達(달)통달하다, 이르다.

2) 감탄문

甚矣, 吾衰也. <論語>
심하도다, 나의 쇠함이여. *衰(쇠)쇠하다.

不仁哉, 梁惠王也. <孟子>
어질지 못하도다, 양혜왕梁惠王이여.

君子哉, 蘧伯玉. 邦有道則仕, 邦無道則可卷而懷之. <論語>
군자답구나, 거백옥蘧伯玉이여. 나라에 도가 있으면 벼슬하고, 나라에 도가 없으면 거두어 속에 감추도다. *蘧(거)풀이름. 伯(백)맏. 邦(방)나라. 仕(사)벼슬. 卷(권)말다.<권捲> 懷(회)품다.

(2) 목적어 도치

1) 의문대명사가 목적어인 경우

聖王有百, 吾**孰**法焉. <荀子>

성군이 백 분이나 있는데, 나는 누구를 본받을 것인가. *孰(숙)누구. 法(법)본받다.

鄕人長於伯兄一歲, 則**誰**敬. <孟子>

마을 사람이 맏형보다 한 살이 더 많다면 누구를 공경하겠는가. *伯(백)맏. 誰(수)누구.

何謂善, **何**謂信. <孟子>

무엇을 선善이라 하고, 무엇을 신信이라 이릅니까. *何(하)무엇.

2) 부정문에서 인칭대명사가 목적어인 경우

日月逝矣, 歲不**我**延. <朱文公勸學文>

해와 달은 가고, 세월은 나를 기다려 주지 않는다. *逝(서)가다. 延(연)늘이다.

豈不**爾**思, 室是遠而. <論語>

어찌 그대를 생각하지 않겠는가. 집이 멀 뿐이로다. *而(이)뿐.

君子病無能焉, 不病人之不**己**知也. <論語>

군자는 무능을 병으로 여기고, 남이 자신을 알아주지 못함을 병으로 여기지 않는다.

吾有老父, 身死莫**之**養也. <韓非子>

나에게 늙은 아버지가 있는데, 이 몸이 죽으면, 그를 봉양할 사람이 아무도 없다. *之(지)그.<3인칭> 養(양)봉양하다.

3) 목적어 강조, 또는 목적어가 긴 경우

繩鋸**木**斷, 水滴**石**穿. <菜根譚>

새끼줄 톱도 나무를 자르고, 물방울도 돌을 뚫는다. *繩(승)끈. 鋸(거)
톱. 滴(적)물방울. 穿(천)뚫다.

我學不厭, 而**敎**不倦也. <孟子>
나는 배우기를 싫어하지 않고, 가르치기를 게을리하지 않았다. *厭
(염)싫다. 倦(권)게으르다.

恩義廣施, 人生何處, 不相逢. <明心寶鑑>
은혜와 의리를 널리 베풀어라, 사람이 어느 곳에 살든 서로 만나지
않으랴. *廣(광)넓다. 施(시)베풀다.

己所不欲, 勿施於人. <論語>
자기가 하고 싶지 않은 일을 남에게 시키지 마라. *施(시)베풀다.

父母之年, 不可不知也. 一則以喜, 一則以懼. <論語>
부모의 나이는 알지 않을 수 없다. 한편으로는 기쁘고, 한편으로는 두
렵다. *懼(구)두렵다.

4) 목적어 앞에 '以', 목적어와 술어 사이에 '之, 是'를
　　삽입하여 도치한다.

▷以(이)

堯**以**天下與舜, 有諸. <孟子>
요가 천하를 순에게 주었다 하니, 그런 일이 있습니까. *與(여)주다.
諸(저)그것이~입니까.<지호之乎>

譬若**以**肉投餒虎, 何功之有哉. <史記>
예를 들면 고기를 주린 호랑이에게 던져 준 것과 같은데, 무슨 공이
있는가. *譬(비)비유하다. 餒(뇌)주리다.

▷之(지)

曉月**之**觀 豈自昏候. <耳談續纂>
새벽달을 보려고, 어찌 황혼부터 기다리겠는가. *曉(효)새벽. 自(자)~

로부터. 候(후)기다리다.

天命之謂性, 率性之謂道, 修道之謂敎. <中庸>
하늘이 명한 것을 성性이라 이르고, 성을 따름을 도道라 이르고, 도를
닦음을 교敎라 이른다. *率(솔)따르다. 修(수)닦다.

▷ 是(시)

尺璧非寶, 寸陰是競. <千字文>
한 자 되는 구슬이 보물이 아니요, 촌음을 다투어야 한다. *寸陰(촌
음)짧은 시간. *璧(벽)구슬. 競(경)다투다.

勸農之政, 不唯稼穡是勸, 樹藝畜牧蠶績之事, 靡不勸矣. <牧民心書>
권농의 정책은 오직 곡식을 심고 거두는 것만을 권장하는 것이 아니
라, 나무를 심고 목축을 하며 누에를 치고 길쌈 등도 권장하지 않으
면 안 된다. *勸(권)권하다. 稼(가)심다. 穡(색)거두다. 樹(수)심다. 藝
(예)심다. 蠶(잠)누에. 績(적)길쌈. 靡(미)아니다.

5) 목적어를 앞에 제시하고, 그 자리에 대명사 '之'를 사용한 경우

德勝才者, 謂之君子. <資治通鑑>
덕이 재주보다 나은 사람, 이를 군자라고 이른다. *勝(승)낫다.

凡喜怒悲歡不平之事, 皆以琴宣之. <三國史記>
무릇 기쁘고 성나고 슬프고 즐거운 일과 불평스러운 일을 다 거문고
로 폈다. *歡(환)기뻐하다. 琴(금)거문고. 宣(선)펴다.

惟江上之淸風, 與山間之明月, 耳得之而爲聲, 目寓之而成色. <前赤壁賦>
오직 강가의 맑은 바람과 산 사이의 밝은 달은 귀가 이를 들으면 소
리가 되고, 눈이 이를 붙이면 색이 된다. *寓(우)붙이다. 成(성)되다.

(3) 보어 도치

1) 의문대명사인 경우

子行三軍, 則**誰**與. <論語>

부자夫子께서 삼군三軍을 통솔하신다면, 누구와 함께하시겠습니까.
*與(여)더불다.

親戚旣沒, 雖欲孝, **誰**爲孝. <小學>

친척이 이미 돌아가시고 나면, 비록 효도하고자 하나, 누구에게 효도
하겠는가. *戚(척)친척, 일가. 旣(기)이미. 沒(몰)죽다.<몰歿>

天下之父歸之, 其子**焉**往. <孟子>

천하의 아버지가 그(문왕文王)에게 돌아갔으니, 그 자제들이 어디로
가겠는가. *焉(언)어디.

神農虞夏 忽焉沒兮, 我**安**適歸矣. <史記>

신농씨神農氏, 순舜임금, 우禹임금이 홀연히 죽음이여, 나는 어디로
가 귀의할 것인가. *虞(우)순舜임금의 성. 나라 이름. 夏(하)禹임금 때
의 나라 이름. *安(안)어디. 適(적)가다.

2) 보어 강조

전치사 '於·于·乎'가 보어 앞에 놓여 술어 앞으로 도치되기도 한다.

食夫稻, 衣夫錦 **於女**安乎. <論語>

저 쌀밥을 먹고, 저 비단옷을 입는 것이, 너에게 편안하느냐. *稻(도)
벼. 錦(금)비단.

源遠之水, 旱亦不竭, 流斯爲川, **于海**必達. <龍飛御天歌>

근원이 먼 물은 가물어도 또한 마르지 아니하며, 흘러 이에 내가 되
어 반드시 바다에 이른다. *旱(한)가물다. 竭(갈)마르다. 斯(사)이. 爲
(위)되다.

Part III

漢文의 形式

PartⅢ. 漢文의 形式

　　문장文章의 형식形式은 말하는 사람과 듣는 사람 사이에서 이루어지는 언어사실言語事實이다. 곧 어떤 의향意向을 가지고 어떤 형식으로 말하느냐 하는 화술話術이나 문장의 성질상의 형식이다. 문장의 구조가 어순에 의하여 형성된 것이라면, 문장의 형식은 말하는 형식을 기본으로 이루어진 관습慣習화 된 것으로, 평서형平敍形·부정형不定形·금지형禁止形·의문형疑問形·반어형反語形·비교형比較形·가정형假定形·사역형使役形·피동형被動形·한정형限定形·감탄형感歎形·억양형抑揚形 등으로 분류한다.

1. 平敍形

　　어떤 사실 곧 주어의 동작·성질·상태 등을 평범平凡하게 서술敍述한 문장 형식으로, 서술어의 종류에 따라 '무엇이 어찌하다'의 서사문敍事文, '무엇이 어떠하다'의 묘사문描寫文, '무엇이 무엇이다'의 판단문判斷文으로 분류된다.

(1) 서사문

무엇이 어찌하다.<동사>

富潤屋, 德潤身. <大學>

부는 집을 윤택하게 하고, 덕은 몸을 윤택하게 한다.

明月時至, 淸風自來. <獨樂園記>

밝은 달이 때로 이르고, 맑은 바람이 저절로 불어온다.

知者樂水, 仁者樂山. <論語>

지혜 있는 사람은 물을 좋아하고, 어진 사람은 산을 좋아한다. *知(지)지혜. 樂(요)좋아하다.

(2) 묘사문

무엇이 어떠하다.<형용사>

知人者智, 自知者明. <老子>

남을 아는 자는 지혜롭고, 자기를 아는 자는 밝다.

天下之無道也, 久矣. <論語>

천하에 도가 없음이 오래되었다.

從善如登, 從惡如崩. <唐書>

선을 따르는 것은 산에 오르는 것과 같고, 악을 따르는 것은 무너지는 것과 같다. *從(종)좇다. 崩(붕)무너지다.

(3) 판단문

무엇이 무엇이다.<명사·명사구·명사+也·명사구+也>

率居新羅人. <三國史記>

솔거率居는 신라 사람이다. *率(솔)거느리다.

廉頗者, 趙之良將也. <史記>

염파廉頗는 조趙나라의 어진 장수이다. *廉(렴)청렴하다. 頗(파)자못.

誠者天之道也, 誠之者人之道也. <中庸>

성誠이란 것은 하늘의 도요, 성해지려 하는 것은 사람의 도이다.

2. 不定形

부정보조사 '不・弗・非・匪・未・無・莫・罔' 등이 술어 앞에 위치하여 술어를 부정하는 문장 형식으로, 단순單純부정・이중二重부정・부분部分부정・조건條件부정으로 나눈다.

(1) 단순부정

▷不(불)

朝菌**不**知晦朔, 蟪蛄**不**知春秋. <莊子>

조균朝菌은 그믐과 초하루를 알지 못하고, 혜고蟪蛄는 봄가을을 알지 못한다. *朝菌(조균)버섯의 일종. 해가 뜨면 죽는다 함. *菌(균)버섯. 晦(회)그믐. 朔(삭)초하루. 蟪(혜)쓰르라미. 蛄(고)씽씽매미.

君子和而**不**同, 小人同而**不**和. <論語>

군자는 화和하고 동同하지 않으며, 소인은 동하고 화하지 않는다. *和而不同(화이부동)화합하면서도 부화뇌동附和雷同하지 아니함.

山**不**在高, 有僊則名, 水**不**在深, 有龍則靈. <陋室銘>

산은 높음에 있지 않고, 신선이 있으면 이름이 나고, 물은 깊음에 있지 않고, 용이 있으면 신령스럽다. *僊(선)신선.

▷ 弗(불)

聖人不能爲時, 時至而**弗**失. <戰國策>
성인은 때를 만들지는 못하나, 때가 오면 잃지 않는다.

非禮之禮, 非義之義, 大人**弗**爲. <孟子>
예가 아닌 예와 의가 아닌 의를 대인大人은 하지 않는다.

非其義也, 非其道也, 祿之以天下, **弗**顧也. <孟子>
그 의가 아니고, 그 도가 아니면, 천하를 그에게 녹으로 주어도 돌아
보지 않는다. *祿(록)녹봉. 顧(고)돌아보다.

▷ 未(미)

'아직 ~ 이 아니다'로 미연적 부정이다.

未知生, 焉知死. <論語>
아직 삶도 알지 못하는데, 어떻게 죽음을 알겠는가. *焉(언)어찌, 어
떻게.

未諳姑食性, 先遣小姑嘗. <王健詩>
시어머니 식성을 아직 알지 못하여, 먼저 시누이에게 맛보게 하였다.
*小姑(소고)시누이. *諳(암)알다. 姑(고)시어미. 遣(견)하여금. 嘗(상)맛
보다.

自有生民以來, **未**有孔子也. <孟子>
백성(생민生民)이 있은 이래로, 아직 공자孔子와 같은 분이 있지 않
다. *고유명사 공자가 보통명사<공자와 같은 사람>로 쓰임.

▷ 非(비)

'非' 뒤에 술어<동사·형용사>가 오면 보조사<부정>이고, 연계동사 '非'
는 명사나 명사구를 부정하는 형식이다.

非高, 亦**非**遠, 都只在人心. <明心寶鑑>
높지도 않고 또한 멀지도 않고, 모두 다만 사람의 마음속에 있을 뿐
이다. *都(도)모두, 다. 只(지)다만.

丈夫**非**無涙, 不灑離別間. <陸龜蒙詩>

대장부가 눈물이 없음이 아니지만, 이별할 때에는 흘리지 않는다. *涙(루)눈물. 灑(쇄)뿌리다.

非附青雲之士, 惡能施於後世哉. <史記>

학덕 높은 선비를 가까이하지 않는다면, 어찌 후세에 펼 수 있겠는가. *青雲之士(청운지사)학덕이 높은 사람. *附(부)붙다. 惡(오)어찌. 施(시)베풀다.

▷匪(비)

下民之孽, **匪**降自天. <詩經>

아래 백성들의 재앙은 하늘로부터 내려오지 않는다. *孽(얼)재앙. 匪(비)아니다. 降(강)내리다. 自(자)~로부터.

夙夜**匪**解, 以事一人. <詩經>

밤낮으로 게을리하지 아니하여, 한 사람을 섬기도다. *夙(숙)일찍, 이른 아침. 解(해)나태하다. 事(사)섬기다.

節義廉退, 顚沛**匪**虧. <千字文>

절개와 의리와 청렴과 물러남은 엎어지고 자빠져도 이지러져서는 안 된다. *廉(렴)청렴하다. 顚(전)엎어지다. 沛(패)자빠지다. 虧(휴)이지러지다.

(2) 이중부정

부정사 뒤에 부정사가 놓여 강조 또는 강한 긍정의 뜻을 나타낸다.

▷不可不(불가불)

擇師, **不可不**愼也. <禮記>

스승을 택함에 신중하지 않을 수 없다. *擇(택)가리다. 愼(신)삼가다.

朋友雖不可無, 亦**不可不**愼. <高峯集>

벗은 비록 없을 수 없으나, 또한 신중히 사귀지 않을 수 없다.

聽言**不可不**察, 不察則善不善不分. <呂氏春秋>

말을 듣는 것을 살피지 않을 수 없다, 살피지 않으면 선과 불선을 구분하지 못한다. *察(찰)살피다.

▷不可以不(불가이불)

學者**不可以不**看詩. <近思錄>

배우는 자는 시를 보지 않을 수 없다.

士**不可以不**弘毅. 任重而道遠 <論語>

선비는 도량이 넓고 뜻이 굳세지 않으면 안 된다. 책임이 무겁고, 길이 멀기 때문이다. *弘(홍)넓다. 毅(의)굳세다. 任(임)맡다.

得言**不可以不**察. 數傳而白爲黑, 黑爲白. <呂氏春秋>

말을 들음을 살피지 않을 수 없다. 여러 차례 전해지면서, 백이 흑이 되고, 흑이 백이 되었다. *數(삭)자주. 傳(전)전하다.

▷不得不(부득불)

縛虎, **不得不**急. <魏書>

호랑이를 묶으려면, 빨리하지 않을 수 없다. *縛(박)묶다.

待客**不得不**豊, 治家**不得不**儉. <明心寶鑑>

손님을 접대함에 풍성하게 하지 않을 수 없으며, 가정을 다스림에 검소하지 않을 수 없다. *待(대)대접하다. 豊(풍)풍성하다. 儉(검)검소하다.

▷無不(무불)

吾矛之利, 於物**無不**陷也. <韓非子>

내 창의 예리함은 사물을 뚫지 못함이 없다. *矛(모)창. 利(리)날카롭다. 陷(함)빠뜨리다.

臣疑其君, **無不**危國, 妾疑其夫, **無不**危家. <史記>

신하가 임금을 의심하면, 나라를 위태롭게 하지 않을 수 없고, 첩이 남편을 의심하면, 집안을 위태롭게 하지 않을 수 없다. *疑(의)의심하다. 妾(첩)첩.

世**無不**霧之晨, 而霧不能以晨爲昏. <象村稿>

이 세상에 안개가 끼지 않는 아침이 없지마는, 그 안개가 아침을 어둡게 만들지는 못한다. *霧(무)안개. 晨(신)새벽, 아침. 昏(혼)어둡다.

▷罔不(망불)

與治同道, **罔不**興. <書經>

다스린 자와 더불어 도를 함께하면, 흥하지 않음이 없다. *與(여)더불다. 罔(망)없다.

十斫之木, **罔不**顚覆. <耳談續纂>

열 번 찍은 나무는 넘어지지 않음이 없다. *斫(작)찍다. 顚(전)넘어지다. 覆(복)넘어지다.

二十有六年, 初并天下, **罔不**賓服. <史記>

진시황 26년 처음 천하를 통일하자, 복종하지 않음이 없었다. *并(병)어우르다. 賓(빈)따르다. 服(복)따르다, 항복하다.

▷莫不(막불)

君正, **莫不**正. <孟子>

임금이 바르면, 아무도 바르지 아니함이 없다.

民**莫不**逸, 我獨不敢休. <詩經>

백성들은 편안하지 않은 이가 없거늘, 나 홀로 감히 쉬지 못한다. *逸(일)편안하다. 敢(감)감히.

人**莫不**飮食也, 鮮能知味也. <中庸>

사람이 마시고 먹지 않는 이는 없으나, 맛을 아는 사람은 드물다. *鮮(선)드물다.

▷莫匪(막비)

立我烝民, **莫匪**爾極. <詩經>

우리 백성들을 살게 하는 것은, 그의 지극함이 아님이 없다. *烝(증)
뭇, 여러. 匪(비)아니다. 爾(이)그, 너.

▷靡不(미불)

與衆同好, **靡不**成. <三略>
대중과 즐기기를 함께하면, 이루지 못함이 없다. *靡(미)아니다.

靡不有初, 鮮克有終. <詩經>
처음은 있지 않는 이가 없으나, 능히 마침이 있는 이가 드물다. *鮮
(선)드물다. 克(극)능히.

▷非不(비불)

城**非不**高也. <孟子>
성이 높지 않음이 아니다.

王之不王, 不爲也, **非不**能也. <孟子>
왕께서 왕 노릇 하지 못함은 하지 않는 것이지, 할 수 없음이 아닙니다.

舜之事父, 小杖則受, 大杖則走, **非不**孝也. <後漢書>
순임금이 아버지를 섬김에, 매로 때리면 받고, 몽둥이로 때리면 달아
남은 효도하지 아니함이 아니다. *事(사)섬기다. 杖(장)몽둥이, 지팡이.
受(수)받다.

▷無非(무비)

人日用之物, **無非**五行之物也. <啓蒙篇>
사람들이 날마다 사용하는 물건은 오행五行의 물건이 아님이 없다. *
五行(오행)우주 간에 쉬지 않고 운행하는 다섯 가지 원소元素. 금金,
목木, 수水, 화火, 토土.

自耕稼陶漁, 以至爲帝, **無非**取於人者. <孟子>
밭 갈고 곡식 심으며 질그릇 굽고 고기 잡을 때로부터 황제가 됨에
이르기까지, 남에게 취하지 아니한 것이 없다. *自(자)~로부터. 稼
(가)심다. 陶(도)질그릇. 漁(어)고기 잡다.

始臣之解牛之時, 所見**无非**全牛者. <莊子>

처음에 신이 소를 해부解剖할 때는, 보이는 것이 전부 소가 아닌 것이 없었다. *无(무)없다.

▷莫非(막비)

尺地**莫非**其有也, 一民**莫非**其臣也. <孟子>

한 자 되는 땅도 그의 소유 아님이 없었으며, 한 백성도 그의 신하 아닌 이가 없었다.

溥天之下, **莫非**王土, 率土之濱, **莫非**王臣. <詩經>

너른 하늘 아래가 왕의 땅 아닌 곳이 없으며, 온 천하에 왕의 신하가 아님이 없다. *率土之濱(솔토지빈)온 나라, 온 천하. *溥(보)넓다. 率(솔)거느리다. 濱(빈)물가.

(3) 부분부정

부정사 '不·未' 등 뒤에 부사 '必, 常, 皆, 俱, 盡' 등이 오면 부분부정, 앞에 오면 전체부정이다.

◦부분부정 : <부사>~하는 것은 아니다.(~하지는 않는다)

◦전체부정 : <부사>~하지 아니하다.(~하지 않는다)

▷不常(불상)

千里馬常有, 而伯樂**不常**有. <雜說>

천리마千里馬는 항상 있지만, 백락伯樂은 항상 있는 것은 아니다.

幼恭勤博覽, 家貧**不常**得油. <晉書>

어려서 공손하고 부지런하여 서책을 널리 보았으나, 집이 가난하여 항상 기름을 얻지는 못하였다. *恭(공)공손하다. 博(박)넓다. 覽(람)보다. 油(유)기름.

▷不必(불필)

兵**不必**多, 顧用之何如耳. <三國史記>

병력은 반드시 많아야 하는 것이 아니라, 다만 씀이 어떠한가일 뿐이다. *顧(고)다만.

仁者必有勇, 勇者**不必**有仁. <論語>
어진 자는 반드시 용기가 있지만, 용기 있는 자는 반드시 어짊이 있는 것은 아니다.

弟子**不必**不如師, 師**不必**賢於弟. <師說>
제자가 반드시 스승만 못한 것은 아니고, 스승이 반드시 제자보다 어진 것은 아니다.

▷未必(미필)

能詩者**未必**有歌, 爲歌者**未必**有詩. <靑丘永言序>
시를 지을 수 있는 자가 반드시 노래할 수 있는 것은 아니요, 노래 부르는 자가 반드시 시를 할 수 있는 것도 아니다.

豪家**未必**常富貴, 貧家**未必**長寂寞. <明心寶鑑>
호화로운 집이 반드시 언제나 부귀한 것은 아니요, 가난한 집이 반드시 오래 적막한 것은 아니다. *豪(호)사치, 호걸. 寂(적)고요하다. 寞(막)쓸쓸하다.

詩評者**未必**能詩, 能詩者又**未必**善評. <西浦漫筆>
시를 평하는 자가 반드시 시에 능한 것은 아니고, 시에 능한 자가 또 반드시 평을 잘하지는 않는다. *評(평)평하다.

▷不盡(부진)

夫其有士之游也, 故地利**不盡**闢也. <田論>
대체 선비가 놀고먹음이 있어, 그러므로 땅의 이로움이 다 개척되지는 않았다. *游(유)놀다. 闢(벽)열다.

落花岩畔花猶在, 風雨當年**不盡**吹. <洪春卿詩>
낙화암落花岩가에 꽃이 아직도 있으니, 비 오고 바람이 불던 당년에 다 불지는 않았나 보다. *畔(반)경계, 두둑. 吹(취)불다.

▷未盡(미진)

天下之書**未盡**讀, 天下之地**未盡**踏也. <北學辨>

중국의 서적을 다 읽지는 못했고, 중국의 지역을 다 돌아본 것은 아니다. *踏(답)밟다.

善視者**未盡**善聽矣, 善言者**未盡**善動. <氣測體義>

잘 보는 자가 다 잘 듣는 것은 아니고, 말을 잘하는 사람이 행동을 다 잘하는 것도 아니다.

▷未皆(미개)

經目之事, 恐**未皆**眞, 背後之言, 豈足深信. <明心寶鑑>

눈으로 경험한 일도 다 참되지는 못할까 두렵거늘, 등 뒤의 말을 어찌 깊이 믿을 수 있겠는가.

▷不俱(불구)

今兩虎共鬪, 其勢**不俱**生. <十八史略>

지금 두 호랑이가 함께 싸운다면, 그 형세는 함께 살 수 있는 것은 아니다. *鬪(투)싸우다. 俱(구)함께.

(4) 조건부정

'조건절(부정) + 결과절(부정)'의 형태로 '～하지 아니하면, ～하지 아니하다'로 풀이한다.

不經一事, **不**長一智. <明心寶鑑>

한 가지 일을 겪지 않으면, 한 가지 지혜가 자라지 않는다. *經(경)지나다.

不登高山, **不**知天之高也. <荀子>

높은 산에 오르지 않으면, 하늘의 높음을 알지 못한다.

遇士**無**禮, **不**可以得賢. <淮南子>

선비를 대우함에 예가 없으면, 현인을 얻을 수 없다. *遇(우)대접하다.

獲於上有道, **不**信於友, **弗**獲於上矣. <孟子>

윗사람에게 신임을 얻는 데 길이 있으니, 벗에게 믿음을 받지 못하면, 윗사람에게 신임을 얻지 못할 것이다. *獲(획)얻다. 道(도)길, 방법.

非澹泊, **無**以明志. **非**寧靜, **無**以致遠. <誠子書>

마음이 맑고 깨끗하지 않으면 뜻을 밝게 할 수 없고, 마음이 편안하고 고요하지 않으면 먼 곳에 이를 수 없다. *澹(담)맑다, 담백하다. 泊(박)담백하다.

3. 禁止形

금지보조사 '勿·毋·莫·無·罔·不·休' 등이 술어 앞에 위치하여 금지를 나타내는 문장 형식으로, 일종의 부정명령문이다.

▷勿(물)

難上之木**勿**仰. <旬五志>

오르기가 어려운 나무를 쳐다보지 마라. *仰(앙)우러러보다.

無稽之言**勿**聽, 弗詢之謀**勿**庸. <書經>

상고함이 없는 말을 듣지 말며, 묻지 않은 계책을 쓰지 마라. *稽(계)상고하다. 詢(순)묻다. 庸(용)쓰다.

勿以惡小而爲之, **勿**以善小而不爲. <小學>

악이 작다고 하여 그것을 하지 말고, 선이 작다고 하여 아니 하지 마라.

▷毋(무)

毋先己而後人. <說苑>

자기 일을 먼저 하고, 남의 일을 뒤에 하지 마라. *毋(무)말다.

所惡於上, **毋**以使下. <大學>

윗사람에게서 싫었던 것으로써, 아랫사람을 부리지 마라. *惡(오)미워하다. 使(사)부리다.

毋偏信而爲奸所欺. <菜根譚>

치우쳐 믿어, 간사한 사람에게 속임을 당하지 마라. *偏(편)치우치다. 奸(간)간악하다, 범하다. 欺(기)속이다.

▷ 莫(막)

莫喫空心茶, 少食中夜飯. <明心寶鑑>

빈속에 차를 마시지 말고, 밤중에 밥을 적게 먹어라. *喫(끽)먹다. 茶(다)차. 飯(반)밥.

人生**莫**作婦人身, 百年苦樂由他人. <白居易詩>

사람으로 태어나 남의 아내 되지 마라, 백 년 괴로움과 즐거움이 남편에게 달려 있다. *作(작)되다. 由(유)말미암다.

莫辭更坐彈一曲, 爲君翻作琵琶行. <琵琶行>

고쳐 앉아 한 곡 타 주기 사양 마라, 그대 위해 글을 옮겨 琵琶行비파행을 지으리라. *辭(사)사양하다. 彈(탄)타다, 연주하다. 翻(번)뒤집다. 琵(비)비파. 琶(파)비파.

▷ 無(무)

無欲速, **無**見小利. <論語>

빨리하려고 하지 말고, 작은 이익을 보려고 하지 마라.

公**無**渡河, 公竟渡河. <箜篌引>

임이여, 강을 건너지 말라 했더니, 임은 마침내 강을 건넜네. *公(공)그대. 渡(도)건너다. 竟(경)마침내.

諸生業患不能精, **無**患有司之不公. <進學解>

제생들은 학업이 정밀하지 못함을 걱정하고, 유사有司(관리)가 공정하지 못함을 근심하지 마라. *諸(제)여러. 精(정)정밀하다. 公(공)공평하다.

▷罔(망)

罔談彼短, 靡恃己長. <千字文>

다른 사람의 단점을 말하지 말고, 자기의 장점을 믿지 마라. *罔(망)
말다, 없다. 靡(미)말다, 쓰러지다. 恃(시)믿다.

罔失法度, **罔**游于逸, **罔**淫于樂. <尙書>

법도를 잃지 말고, 편안함 속에 놀지 말며, 안락에 빠지지 말아야 한
다. *游(유)놀다. 逸(일)편안하다. 淫(음)빠지다.

罔違道以干百姓之譽, **罔**咈百姓以從己之欲. <尙書>

도를 어기면서 백성의 칭찬을 구하지 말고, 백성을 어기면서 자기의
욕심을 좇지 말아야 한다. *違(위)어기다. 譽(예)기리다. 干(간)구하다.
咈(불)어기다.

▷不(불)

不患無位, 患所以立. <論語>

지위가 없음을 걱정하지 말고, 지위에 설 것을 걱정하라.

瓜田**不**納履, 李下**不**整冠. <文選>

오이 밭에서는 신을 고쳐 신지 말고, 자두나무 아래에서는 갓을 바로
하지 마라. *瓜(과)오이. 納(납)들이다. 履(리)신발. 整(정)가지런하다.

▷休(휴)

休向君子諂媚, 君子原無私惠. <菜根譚>

군자를 향하여 아첨하지 마라, 군자는 원래 사사로운 은혜를 베풀지
않는다. *休(휴)말다. 諂(첨)아첨하다. 媚(미)아첨하다. 原(원)원래.

不結子花, **休**要種, 無義之朋, 不可交. <明心寶鑑>

열매를 맺지 않는 꽃을 심으려 하지 말고, 의리가 없는 친구를 사귀
지 마라. *要(요)바라다. 種(종)심다.

4. 疑問形

의문대명사 '무엇·어디·누구', 의문부사 '어찌·왜·어떻게·언제', 의문형용사 '어느·무슨·어떤·어떠하다', 의문종결사 '~인가' 등을 사용하여 상대방의 의사를 묻는 형식.

(1) 의문대명사 사용

1) 사물

▷ 何(하)

旣庶矣, 又何加焉. <論語>

이미 백성들이 많으면, 또 무엇을 더해야 합니까. *庶(서)많다. 何(하)무엇.

吾所以有天下者何, 項氏之所以失天下者何. <史記>

내가 천하를 가지게 된 까닭이 무엇이며, 항우項羽가 천하를 잃은 까닭이 무엇인가. *項(항)목.

▷ 安(안)

子將安之. <說苑>

그대는 장차 어디로 가려고 하는가. *子(자)그대. 安(안)어디. 之(지)가다.

子安取禮, 而來待吾君. <戰國策>

그대는 어디에서 예를 취하여, 우리 인군을 대하는가. *待(대)대우하다.

固一世之雄也, 而今安在哉. <赤壁賦>

진실로 한 세대의 영웅인데, 지금 어디에 있는가. *固(고)진실로. 雄(웅)뛰어나다, 수컷.

▷焉(언)

且**焉**置土石. <列子>

장차 어디에 토석을 두려는가. *且(차)장차. 焉(언)어디. 置(치)두다.

仲尼**焉**學. <論語>

중니仲尼(공자의 자)는 무엇을 배웠는가. *焉(언)무엇.

▷惡(오)

學**惡**乎始, **惡**乎終. <荀子>

배움은 어디에서 시작하여, 어디에서 끝나는가. *惡(오)어디.

敢問夫子, **惡**乎長. <孟子>

감히 묻겠습니다, 선생께서는 어디에 장점이 있습니까.

▷奚(해)

水**奚**自至. <呂氏春秋>

물은 어디로부터 오는가. *奚(해)어디, 무엇.

從道而出, 猶以一易兩也, **奚**喪. <荀子>

정도를 좇아 출발하면, 하나를 둘로 바꾸는 것과 같으니, 무엇을 잃겠는가. *從(종)좇다. 猶(유)같다. 易(역)바꾸다. 喪(상)잃다.

▷孰(숙)

獨樂樂與人樂樂, **孰**樂. <孟子>

홀로 음악을 즐김과 다른 사람과 음악을 즐김이 어느 것이 즐겁습니까. *與(여)~와. 孰(숙)어느, 무엇.

八佾舞於庭, 是可忍也 **孰**不可忍也. <論語>

천자의 팔일무八佾舞를 뜰에서 춤추게 하니, 이를 용인할 수 있다면, 무엇을 용인할 수 없겠습니까. *佾(일)춤. 忍(인)용서하다, 참다.

身死, 而陷父於不義, 其不孝**孰**大焉. <孔子家語>

몸이 죽어 아버지를 불의에 빠지게 하였다면, 그 불효가 무엇이 이보

다 크겠는가. *陷(함)빠지다. 焉(언)이보다.<어시於是>

2) 인물

▷孰(숙)

孰爲汝多知乎. <列子>

누가 당신이 아는 것이 많다고 하겠는가. *孰(숙)누구. 汝(여)너.

舜有天下也, **孰**與之. <孟子>

순이 천하를 소유한 것은 누가 그에게 주신 것입니까. *與(여)주다.

孰謂鄹人之子知禮乎. <論語>

누가 추鄹땅 사람의 아들(공자)이 예를 안다고 말하는가. *鄹人之子
(추인지자)공자의 아버지 숙량흘叔梁紇이 추읍鄹邑에서 벼슬한 적이
있어 빗대어 부른 것임.

▷誰(수)

徐君已死, 尙**誰**子乎. <蒙求>

서徐나라 임금이 이미 죽었는데, 오히려 누구에게 주십니까. *尙(상)
오히려. 子(여)주다.

誰斲崑山玉, 裁成織女梳. <黃眞伊詩>

누가 곤륜산崑崙山의 옥을 깎아, 직녀의 빗을 만들었는가. *崑(곤)산
이름. 斲(착)깎다. 裁(재)마름질하다. 織(직)짜다. 梳(소)빗.

京華消息每驚心, **誰**道家書抵萬金. <丁若鏞詩>

서울(경화京華) 소식 올 때마다 마음 놀라니, 누가 집안 서찰 만금이라
고 말하였는가. *驚(경)놀라다. 道(도)말하다. 抵(저)해당하다, 상당하다.

▷何(하)

何事非君, **何**使非民. <孟子>

어느 분을 섬긴들 군주가 아니며, 누구를 부린들 백성이 아니겠는가.
*何(하)누구, 어떤 사람. 事(사)섬기다. 使(사)부리다.

(2) 의문부사 사용

▷ 何(하)

有約, 來**何**晚. <李媛詩>
약속이 있는데, 오는 것이 어찌 늦은가. *約(약)약속하다.

何知花蛙二事之然乎. <三國遺事>
어떻게 모란꽃과 개구리 사건이 그럴 줄 알았습니까. *蛙(와)개구리.

士**何**爲游手游足, 呑人之土, 食人之力哉. <田論>
선비는 어찌하여 손과 발을 놀리면서, 땅에서 생산된 것을 삼키며, 남의 힘으로 먹는가. *游(유)놀다. 呑(탄)삼키다. 哉(재)어조사.

▷ 奚(해)

子**奚**不爲政. <論語>
선생께서는 어찌 정치를 하지 않으십니까. *奚(해)어찌.

君**奚**爲不見孟軻也. <孟子>
임금께서는 어찌 맹가孟軻(맹자)를 만나 보지 않으셨습니까. *軻(가)굴대.

天下之刖者多矣, 子**奚**哭之悲也. <韓非子>
천하에 발꿈치를 베인 자가 많은데, 그대는 어찌 우는 것이 슬픈가. *刖(월)발꿈치 베다.

▷ 胡(호)

弗慮**胡**獲, 弗爲**胡**成. <書經>
생각하지 않으면 어찌 얻으며, 행하지 않으면 어찌 이루겠습니까. *慮(려)생각하다. 獲(획)얻다.

爾輩諫於王, 而廢我女, **胡**顧見我乎. <三國遺事>
너희들이 왕에게 간해서 내 딸을 폐하고, 어찌 도리어 나를 보려 하느냐. *輩(배)무리. 諫(간)간하다. 廢(폐)폐하다. 顧(고)도리어.

▷ 曷(갈)

欲鬪者, **曷**不來耶. <三國史記>
싸우려는 자가 어찌 나오지 않느냐. *鬪(투)싸우다. 曷(갈)어찌. 耶(야)
어조사.<의문>

汝**曷**弗告朕, 而胥動以浮言. <尙書>
너희들은 어찌 짐朕에게 말하지 않고, 유언비어로 선동하는가. *胥動
浮言(서동부언)유언비어로 인심을 선동함. *朕(짐)천자의 자칭. 胥(서)
서로. 浮(부)뜨다.

▷ 盍(합)

盍各言爾志. <論語>
어찌 각자 너희들의 뜻을 말하지 않는가. *盍(합)어찌 아니하다. 爾
(이)너.

王欲行之, 則**盍**反其本矣. <孟子>
왕이 이것을 행하고자 하신다면, 어찌 그 근본을 돌이키지 않습니까.

▷ 何以(하이)

多多益善, **何以**爲我禽. <十八史略>
많으면 많을수록 더욱 좋다 하면서, 어째서 나에게 잡혔느냐. *善(선)
좋다. 禽(금)사로잡다.<금擒>

太宗伐高句麗, **何以**不克. <三國史記>
태종太宗이 고구려高句麗를 쳤을 때, 왜 이기지 못하였는가. *伐(벌)
치다. 克(극)이기다.

若獨享富貴, 而不恤宗族, 異日**何以**見祖宗於地下. <小學>
만약 홀로 부귀를 누리고 친척을 구휼하지 않는다면, 다른 날에 어떻
게 지하에서 조상을 뵙겠는가. *享(향)누리다. 恤(휼)구휼하다. 見(현)
뵙다.

(3) 의문형용사 사용

▷何(하)

汝**何**國臣乎. <三國遺事>
너는 어느 나라 신하인가. *何(하)어느.

麟馬去不返, 天孫**何**處遊. <李穡詩>
기린말은 가서 돌아오지 않고, 천손天孫(동명왕東明王)이 어느 곳에서 노니는가. *麟(린)기린. 返(반)돌아오다.

何時重踏臨瀛路, 彩服斑衣膝下縫. <申師任堂詩>
어느 때 강릉(임영臨瀛)길 다시 밟아, 색동옷 입고 무릎 아래에서 바느질할까. *重(중)다시. 踏(답)밟다. 瀛(영)바다. 彩(채)채색. 斑(반)얼룩무늬. 膝(슬)무릎. 縫(봉)꿰매다.

▷奚(해)

惟救死而恐不贍, **奚**暇治禮義哉. <孟子>
오직 죽음을 구제하기에도 부족할까 두려우니, 어느 겨를에 예의를 다스리겠습니까. *救(구)건지다. 贍(섬)넉넉하다. 暇(가)겨를.

法術之士**奚**道得進, 而人主**奚**時得悟乎. <韓非子>
법술을 지닌 선비가 무슨 방법으로 나아갈 수 있겠으며, 임금은 어느 때나 깨달을 수 있겠는가. *術(술)꾀. 悟(오)깨닫다.

▷曷(갈)

懷哉, 懷哉. **曷**月子還歸哉. <詩經>
그립고 그립구나. 어느 달에나 내가 돌아갈 수 있겠는가. *懷(회)품다. 子(여)나.

▷何如(하여)

以五十步笑百步, 則**何如**. <孟子>
오십 보 달아난 것으로 백 보 달아난 것을 비웃으면, 어떻습니까. *五

十步百步(오십보백보)조금은 차이는 있으나 본질은 같음.

以子之矛, 陷子之盾, **何如**. <韓非子>

그대의 창을 가지고 그대의 방패를 뚫는다면, 어떻겠습니까. *矛盾(모순)말의 앞뒤가 서로 맞지 않음. *子(자)당신. 矛(모)창. 盾(순)방패. 陷(함)뚫다, 무너지다.

如有博施於民而能濟衆, **何如**. <論語>

만일 백성에게 널리 베풀어 많은 사람을 구제할 수 있다면, 어떻겠습니까. *博(박)넓다. 施(시)베풀다. 濟(제)건지다, 구제하다.

▷ 如何(여하)

只在爲學. 立志**如何**耳. <鶴峯集>

학문을 함은 다만 뜻을 세움이 어떠한가에 있을 따름이다. *如何(여하)어떠한가.

假令得田地, 失兄弟心, **如何**. <小學>

가령 농토를 얻었다 하더라도, 형제의 마음을 잃는다면 어떻겠는가. *假(가)가령.

(4) 의문종결사 사용

의문종결사는 서술문을 의문문으로 전환시킨다.

▷ 乎(호)

不動心有道**乎**. <孟子>

부동심不動心이 방법이 있습니까. *不動心(부동심)마음이 흔들리지 않음, 또는 그러한 마음.

孔明食少事煩, 其能久**乎**. <三國志演義>

제갈공명諸葛孔明이 먹는 것은 적고 일은 많으니, 오래 살 수 있겠는가. *食少事煩(식소사번) 먹는 것은 적고 일은 번거롭다는 뜻으로, 몸을 돌보지 않고 바쁘게 일함. *煩(번)번거롭다.

▷ 耶(야)

老賊來此**耶**. <韓國獨立運動之血史>

늙은 도적(이등박문伊藤博文)이 여기에 왔느냐. *賊(적)도적.

女忘會稽之恥**耶**. <十八史略>

너는 회계會稽의 치욕을 잊었느냐. *會稽之恥(회계지치)패전의 치욕. *女(여)너. 稽(계)헤아리다.

▷ 邪(야)

天之蒼蒼, 其正色**邪**. <莊子>

하늘의 푸름이 진정한 색인가. *蒼(창)푸르다.

沛公, 誠欲倍項羽**邪**. <史記>

패공沛公(유방劉邦)께서 진실로 항우項羽를 배반하려고 하였습니까. *沛 (패)늪. 誠(성)진실로. 倍(배)배반하다. 項(항)목. 邪(야)어조사.<의문>

▷ 與(여)

王之所大欲, 可得而聞**與**. <孟子>

왕께서 크게 하고자 하는 바를, 들을 수 있습니까.

不知周之夢爲蝶**與**. 蝶之夢爲周**與**. <莊子>

장주莊周(장자의 이름)가 꿈에 나비가 되었는지, 나비가 꿈에 장주가 되었는지 모르겠다. *蝶(접)나비.

▷ 諸(저)

人皆可以爲堯舜, 有**諸**. <孟子>

사람은 다 요순堯舜이 될 수 있다 하니, 그러한 것이 있습니까. *堯 舜(요순)요순과 같은 사람.<고유명사가 보통명사화 됨>

有美玉於斯, 韞匵而藏**諸**, 求善賈而沽**諸**. <論語>

여기에 아름다운 옥이 있다면, 이것을 궤 속에 넣어 감추어 놓겠습니 까, 좋은 값을 구하여 파시겠습니까. *斯(사)이. 韞(온)감추다. 匵(독)

궤. 賈(가)값. 沽(고)팔다.

5. 反語形

일종의 의문문 형식으로 어떤 사실을 단정斷定, 강조强調하거나 동의同議
를 구하기 위하여 사실과 반대되는 내용을 물으며, 반문反問의 형식을 통하여
강한 긍정의 뜻을 나타낸다. 단순 의문형과 구별되는 점은 수긍首肯이나 대답
을 요구하지 않으며, 형식적으로 의문형과 구별되지 않아 문맥文脈을 통하여
이해할 수 있는 경우가 많다.

(1) 의문부사 사용

▷何(하)

夫子焉不學, 而亦**何**常師之有. <論語>
부자께서 어찌 배우지 않으시며, 또 어찌 일정한 스승이 계시겠는가.
*焉(언)어찌. 常(상)일정하다.

桃李雖艶, **何**如松蒼栢翠之堅貞. <菜根譚>
복숭아와 자두 꽃이 비록 아름답지만, 어찌 푸른 소나무와 잣나무의
굳은 절개만 하겠는가. *艶(염)곱다. 蒼(창)푸르다. 栢(백)잣나무. 翠
(취)푸르다. 堅(견)굳다. 貞(정)정조.

此**何**遽不能爲福乎. <淮南子>
이것이 어찌 복이 될 수 없겠는가. *遽(거)어찌, 갑자기.

▷豈(기)

豈敢自有其身, 以不盡孝於父母乎. <擊蒙要訣>
어찌 감히 스스로 자기 몸이 있다 하여, 부모에게 효도를 다하지 않

겠는가.

況國史直筆之書, **豈**妄傳之哉. <東明王篇序>
하물며 나라의 역사는 곧게 쓰는 책이니, 어찌 망령되이 그것을 전하
겠는가. *況(황)하물며. 妄(망)망령되다. 傳(전)전하다.

天下之義理無窮. **豈**可是己而非人. <退溪集>
천하의 옳은 이치는 무궁한데, 어찌 자기만 옳고 남은 그르다 할 수
있겠는가. *是(시)옳다. 非(비)나쁘다, 그르다.

▷焉(언)

不入虎穴, **焉**得虎子. <後漢書>
호랑이 굴에 들어가지 아니하면, 어찌 호랑이 새끼를 얻겠는가. *穴
(혈)굴, 구멍. 焉(언)어찌.

焉有君子而可以貨取乎. <孟子>
어찌 군자로서 재물을 취할 수 있겠는가. *貨(화)재물.

天下除右軍, **焉**有妙筆如此哉. <三國史記>
천하에 왕우군王右軍(왕희지王羲之)을 제외하고, 어찌 이와 같은 묘
필이 있겠는가. *除(제)덜다. 妙(묘)묘하다.

▷安(안)

一粒一粒**安**可輕. 係人生死與富貧. <李奎報詩>
한 알 한 알을 어찌 가벼이 할 수 있겠는가. 사람의 생사와 빈부가
달렸도다. *粒(립)낟알. 係(계)잇다.

安能以皓皓之白, 而蒙世俗之塵埃乎. <漁父辭>
어찌 깨끗하고 깨끗한 몸으로, 세속의 티끌을 덮어쓰겠는가. *皓(호)
깨끗하다. 蒙(몽)입다. 塵(진)티끌. 埃(애)티끌.

使民衣食有餘, 自不爲盜, **安**用重法耶. <資治通鑑>
백성들로 하여금 의식衣食이 남음이 있게 한다면, 저절로 도둑질을
하지 않을 것인데, 어찌 무거운 법을 쓰겠는가. *盜(도)훔치다. 自(자)

저절로. 耶(야)어조사.<반어>

▷ 胡(호)

田園將蕪, **胡**不歸. <歸去來辭>
전원이 장차 황폐하려 하니, 어찌 돌아가지 않겠는가. *蕪(무)거칠다.
胡(호)어찌.

疑**胡**不質, 質**胡**不精. <九思堂集>
의심나면 어찌 묻지 않으며, 묻는 것을 어찌 정밀히 하지 않겠는가.
*質(질)묻다. 精(정)자세하다.

▷ 奚(해)

奚必伯夷之是, 而盜跖之非乎. <莊子>
어찌 반드시 백이伯夷가 옳고, 도척盜跖이 그르겠는가. *是(시)옳다.
盜(도)훔치다. 跖(척)발바닥.

旣自以心爲形役, **奚**惆悵而獨悲. <歸去來辭>
이미 스스로 마음을 육신의 노예로 삼았으니, 어찌 한탄하고 탄식하
여 홀로 슬퍼하겠는가. *旣(기)이미. 形(형)몸. 役(역)부리다. 惆(추)한
탄하다. 悵(창)슬퍼하다.

▷ 曷(갈)

天**曷**不降威. <尙書>
하늘이 어찌 위엄을 내리지 않을까. *曷(갈)어찌. 降(강)내리다. 威(위)
위엄.

爲人子者, **曷**不爲孝. <四字小學>
사람의 자식 된 자가 어찌 효도를 하지 않겠는가. *爲(위)되다, 하다.

▷ 寧(녕)

王侯將相, **寧**有種乎. <史記>
임금과 제후와 장군과 재상이 어찌 씨가 있겠는가. *侯(후)제후. 相
(상)정승. 寧(녕)어찌. 種(종)씨.

向主一片丹心, **寧**有改理也歟. <漢譯丹心歌>

임을 향한 일편단심이 어찌 이치를 고침이 있겠는가. *歟(여)어조사.

居馬上得之, **寧**可以馬上治之乎. <史記>

말 위에서 천하를 얻으셨지만, 어찌 말 위에서 천하를 다스릴 수 있겠습니까.

▷惡(오)

君子去仁, **惡**乎成名. <論語>

군자가 인을 버리면, 어찌 이름을 이루겠는가. *惡(오)어찌.

旣仁且知, 夫**惡**有不足矣哉. <荀子>

이미 지혜롭고 어질다면, 대저 어찌 부족함이 있겠는가. *且(차)또.

非通幽明之變, **惡**能識乎性命哉. <史記>

음양의 변화에 통달하지 아니하고, 어찌 천성과 천명을 알 수 있겠는가. *幽(유)그윽하다. 變(변)변하다.

▷庸(용)

庸知其年之先後生於吾乎. <師說>

어찌 나이가 나보다 앞에 나고 뒤에 남을 알겠는가. *庸(용)어찌. 於(어)~보다.

縱夫子鷙祿爵, 吾**庸**敢鷙霸王乎. <呂氏春秋>

비록 선생이 녹과 지위를 가볍게 여기더라도, 내가 어찌 감히 패왕霸王을 가볍게 여기겠는가. *縱(종)비록. 鷙(오)깔보다. 祿(녹)녹. 爵(작)벼슬. 霸(패)으뜸.

▷烏(오)

不知言之人, **烏**可與言. <五箴>

말을 알지 못하는 사람과 어떻게 더불어 말할 수 있겠는가. *烏(오)어찌. 與(여)더불다.

烏可以所用之不同, 而諱其所師乎. <西浦漫筆>

196 (개정판) 한문문법

어찌 사용하는 바가 같지 않다고 하여, 그 스승 된 바를 기피하겠는
가. *諱(휘)피하다, 꺼리다.

▷底(저)

花飛有**底**急, 老去願春遲. <杜甫詩>
꽃 떨어져 날림이 어찌 급함이 있겠는가, 늙어 가면 봄이 더디게 가
길 원하네. *底(저)어찌. 遲(지)더디다.

曲江水滿花千樹, 有**底**忙時不肯來. <韓愈詩>
곡강曲江의 물은 가득하고 온 나무에 꽃이 피었는데, 어찌 조급할 때
오지 않는가. *忙(망)조급하다, 바쁘다. 肯(긍)즐기어 하다.

▷況(황)

求己之不暇, **況**爲人憂乎. <春香傳>
자신을 구할 겨를도 없는데, 하물며 남의 근심을 하겠는가. *求(구)구
하다. 暇(가)겨를. 況(황)하물며.

新羅多奇士, 少年尙如此, **況**壯士乎. <三國史記>
신라는 특출한 병사가 많아, 소년도 오히려 이와 같은데, 하물며 건장
한 병사임에랴. *羅(라)벌이다. 奇(기)기특하다. 壯(장)장하다, 씩씩하다.

▷盍(합)

盍聞道於賢者之側乎. <三國史記>
어찌 어진 사람 옆에서 도를 배우지 않겠는가. *盍(합)어찌 아니 하다.

好惡紛然, **盍**求諸己. <愛惡箴幷序>
좋아하고 싫어함이 분연하니, 어찌 자신에게서 찾지 아니하는가. *紛
(분)어지럽다. 諸(저)~에 그것을.<지어之於>

吾子必有異聞, **盍**爲我陳之. <三國史記>
그대는 필시必是 다른 들음이 있을 것인데, 어찌 나에게 그것을 말해
주지 않는가. *吾子(오자)동년배의 친숙한 사람. *陳(진)늘어놓다.

▷奈何(내하)

天積氣耳, **奈何**憂崩墜乎. <列子>

하늘은 기가 쌓인 것일 따름이니, 어찌 무너질 것을 근심하는가. *積(적)쌓다. 耳(이)뿐. 崩(붕)무너지다. 墜(추)떨어지다.

陛下內多欲, 而外施仁義, **奈何**欲效唐虞之治乎. <漢書>

폐하께서는 안에는 욕심이 많고, 겉으로만 인의를 베풀려고 하는데, 어찌 요순시대의 다스림을 나타내고자 하십니까. *唐虞(당우)요순堯舜. 도당씨陶唐氏 요와 유우씨有虞氏 순. *陛(폐)섬돌. 欲(욕)욕심.<욕慾> 施(시)베풀다. 效(효)나타내다.

(2) 의문대명사 사용

▷誰(수)

誰知烏之雌雄. <詩經>

누가 까마귀의 암수를 알겠는가. *誰(수)누구. 雌(자)암컷. 雄(웅)수컷.

猫項**誰**能爲我懸鈴耶. <禦眠楯>

고양이 목에 누가 우리를 위해 방울을 매달 수 있겠는가. *猫(묘)고양이. 項(항)목. 懸(현)매달다. 鈴(령)방울. 耶(야)어조사.<의문>

▷孰(숙)

人非生而知之者. **孰**能無惑. <師說>

사람은 나면서 아는 자가 아닌데, 누가 의혹이 없을 수 있겠는가. *孰(숙)누구. 惑(혹)미혹하다.

孰知賦斂之毒, 有甚是蛇者乎. <捕蛇者說>

누가 구실을 거둬들이는 해독이 이 뱀 잡는 것보다 심함이 있음을 알겠는가. *賦(부)구실. 斂(렴)거두다. 毒(독)독. 甚(심)심하다. 蛇(사)뱀.

(3) 의문형용사 사용

君子居之, **何**陋之有. <論語>
군자가 거주한다면, 무슨 누추함이 있겠는가. *陋(누)누추하다.

此夜曲中聞折柳, **何**人不起故園情. <李白詩>
이 밤에 곡 중에 절류곡折柳曲 들려오니, 어느 사람이 고향을 생각하지 않겠는가. *故園(고원)고향. *折(정)꺾다. 柳(류)버들.

(4) 부정사와 의문종결사 호응

▷不(불)

學而時習之, **不**亦說**乎**. <論語>
배우고 때로 이를 익히면, 또한 즐겁지 아니한가. *說(열)기쁘다.

人而無禮, 雖能言, **不**亦禽獸之心**乎**. <禮記>
사람으로 예의가 없으면, 비록 말을 할 수 있더라도, 또한 새나 짐승의 마음이 아니겠는가. *禽(금)날짐승. 獸(수)들짐승.

身也者, 親之枝也, 敢**不**敬**與**. <禮記>
몸은 어버이의 가지이니, 감히 공경하지 않겠는가. *親(친)어버이. 枝(지)가지. 與(여)어조사.<반어>

▷非(비)

汝**非**豫讓**邪**. <史記>
너는 예양豫讓이 아니냐. *汝(여)너. 豫(예)미리. 讓(양)사양하다. 邪(야)어조사.<의문>

子**非**三閭大夫**與**. <漁父辭>
그대는 삼려대부三閭大夫가 아닌가. *子(자)그대. 閭(려)이문, 마을.

非乃朕德薄而敎不明**歟**. <史記>

짐의 덕이 엷고 교화가 밝지 못함이 아니겠는가. *朕(짐)천자의 자칭.
薄(박)엷다. 歟(여)어조사. *非乃(비내)~이 아니다.

▷ 無(무)

居簡而行簡, **無**乃大簡**乎**. <論語>
간략簡略함에 처하고 간략함을 행한다면, 너무 간략한 것이 아니겠습
니까. *簡(간)간략하다. *無乃(무내)~이 아니다.

水信無分於東西, **無**分於上下**乎**. <孟子>
물은 진실로 동서에 구분이 없지만, 위아래에 구분이 없겠는가. *信
(신)진실로.

(5) 의문종결사 사용

爲仁由己, 而由人**乎**. <論語>
어질게 됨이 자기에게 말미암지, 남에게 말미암겠는가. *由(유)말미암다.

善敗由己, 而由人**乎哉**. <春秋>
성패成敗는 자기에게 말미암지, 남에게 말미암겠는가. *善敗(선패)성
공과 실패.

犁牛之子, 騂且角, 雖欲勿用, 山川其舍**諸**. <論語>
얼룩소 새끼가 붉고 또 뿔이 났다면, 비록 쓰지 않고자 하나, 산천의
신이 그것을 버리겠는가. *犁(리)얼룩소. 騂(성)붉다. 舍(사)버리다.<사
捨> 諸(저)그것을~입니까.<지호之乎>

6. 比較形

어느 하나를 다른 것과 비교하여 그 상태나 성질의 정도程度나 우열優劣을
나타내는 형식으로, 단순單純비교·우열優劣비교·최상급最上級비교·선택

형선택形選擇比교 등으로 분류된다.

(1) 단순비교

비교의 뜻을 지닌 형용사 '如・若・猶・似' 등이 서술어로 쓰인다.

▷ 如(여)

歲月**如**流. <文選>
세월은 흐르는 물과 같다.

月明, 蕎麥花**如**雪. <白居易詩>
달이 밝아, 메밀꽃이 눈과 같네. *蕎麥(교맥)메밀. *蕎(교)메밀. 麥(맥)
보리.

渴時一滴, **如**甘露, 醉後添盃, 不如無. <明心寶鑑>
목마를 때 한 방울의 물은 감로수甘露水와 같고, 취한 후에 잔을 더
하는 것은 없는 것만 못하다. *渴(갈)목마르다. 滴(적)물방울. 添(첨)더
하다. 盃(배)잔.

▷ 若(약)

上善**若**水. <老子>
최상의 선은 물과 같다.

民之望之, **若**大旱之望雨也. <孟子>
백성이 바라는 것이 큰 가뭄에 비를 바라는 것과 같다. *旱(한)가물다.

肌膚**若**氷雪, 綽約**若**處子. <莊子>
피부는 얼음과 눈 같고, 얌전함은 처녀와 같다. *肌(기)살갗. 膚(부)살
갗. 綽(작)너그럽다. 約(약)아름답다.

▷ 猶(유)

過**猶**不及. <論語>
지나침은 미치지 못함과 같다. *過(과)지나치다. 猶(유)같다.

仁之勝不仁也, **猶**水勝火. <孟子>

어진 자가 어질지 못한 자를 이김은 물이 불을 이김과 같다.

夫聖人之官人, **猶**大匠之用木也, 取其所長, 棄其所短. <孔叢子>

무릇 성인이 사람을 부림은 훌륭한 장인이 나무를 쓰는 것과 같아, 그 좋은 것을 취하고, 그 나쁜 것을 버린다. *官(관)부리다. 匠(장)장인. 棄(기)버리다.

▷ 似(사)

太姦**似**忠, 太詐**似**信. <十八史略>

큰 간신은 충신과 같고, 큰 사기꾼은 믿음직스러운 사람과 같다. *姦(간)간사하다. 似(사)같다. 詐(사)속이다.

人生**似**行客, 兩足無停步. <白居易詩>

인생은 길을 가는 나그네와 같아, 두 발은 걸음을 멈춤이 없네. *停(정)머무르다.

學如逆水行舟, 不進則退, 心**似**平原走馬, 易放難收. <左宗棠句>

학문을 하는 것은 배가 물결을 거슬러 올라가는 것과 같아, 나아가지 않으면 물러나며, 마음은 평원을 달리는 말과 같아, 풀어 놓기는 쉽지만 거두어들이기는 어렵다. *逆(역)거스르다. 原(원)들. 易(이)쉽다. 放(방)놓다. 收(수)거두다.

(2) 우열비교

▷ 전치사 '於·乎·于'가 술어<형용사> 뒤에 위치한다.

奢侈之害, 甚**於**天災. <保閑齋集>

사치함의 폐해는 하늘의 재해보다 심하다. *奢(사)사치하다. 侈(치)사치하다. 災(재)재앙.

春月色, 勝**於**秋月色. <東坡志林>

봄 달빛의 색은 가을 달빛의 색보다 낫다. *勝(승)낫다.

天吏逸德, 烈**于**猛火. <尙書>

임금의 잘못된 행동은 거센 불보다 사납다. *天吏(천리)천도를 잘하는 덕이 있는 사람으로, 임금을 이름. *逸(일)잘못하다.<일佚> 烈(렬)세차다. 猛(맹)사납다.

▷ⓐ**不如**ⓑ : ⓐ는 ⓑ만 같지 못하다.

百聞**不如**一見. <漢書>

백 번 듣는 것이 한 번 보는 것만 못하다.

遠親**不如**近隣. <明心寶鑑>

멀리 사는 친척이 가까이 사는 이웃만 못하다. *隣(린)이웃.

▷ⓐ**不若**ⓑ : ⓐ는 ⓑ만 같지 못하다.

言工無施, **不若**無言. <白沙集>

말이 훌륭하여도 실행되지 않음은 말을 하지 않은 것만 못하다. *工(공)교묘하다. 施(시)행하다.

計虎之食人, **不若**人之相食之多也. <虎叱>

범이 사람 먹는 것을 헤아려도, 사람들이 서로 잡아먹는 것처럼 많지 못할 것이다. *計(계)헤아리다.

(3) 최상급비교

▷ⓐ**莫如**ⓑ : ⓐ는 ⓑ만 한 것이 없다.

至樂**莫如**讀書. <漢書>

지극히 즐거운 것은 책을 읽는 것만 같은 것이 없다.

終身之計, **莫如**樹人. <管子>

일생의 계획을 세움은 인재를 키우는 것만 같은 것이 없다.

▷ⓐ**莫若**ⓑ : ⓐ는 ⓑ만 한 것이 없다.

知子, **莫若**父. <管子>

자식을 알기로는 아버지만 한 사람이 없다.

欲人勿聞, **莫若**勿言, 欲人勿知, **莫若**勿爲, <漢書>
남이 듣지 못하게 하려면 말하지 않는 것만 한 것이 없고, 남이 알지 못하게 하려면 하지 않는 것만 한 것이 없다. *勿(물)아니다, 없다, 말다.

戒爾學立身, **莫若**先孝悌. <小學>
너에게 입신 배우기를 경계하노니, 효도하고 공손히 하는 것보다 앞세울 만한 것이 없다. *戒(계)경계하다. 爾(이)너. 悌(제)공손하다, 공경하다.

▷莫ⓐ於(乎·于·焉)ⓑ : ⓑ보다 ⓐ한 것은 없다.

禍**莫大於**不知足. <韓非子>
화는 족함을 알지 못하는 것보다 더 큰 것이 없다.

天下之水, **莫大於**海. <莊子>
천하의 물은 바다보다 더 큰 것이 없다.

學**莫便乎**近其人. <荀子>
배움은 사람을 가까이하는 것보다 편리한 것이 없다. *便(편)편리하다.

天下**莫**柔弱**于**水. <老子>
세상에서 물보다 더 유약柔弱한 것은 없다.

强恕而行, 求仁**莫近焉**. <孟子>
용서를 힘써서 행하면, 인을 구함이 이보다 가까울 수 없다. *恕(서)용서하다. 焉(언)이보다.

(4) 선택형비교

▷寧ⓐ不(勿·莫·毋·無)ⓑ : 차라리 ⓐ할지언정 ⓑ하지 않는다.<마라>

寧爲鷄口, **勿**爲牛後. <史記>
차라리 닭의 부리가 될지언정, 소꼬리는 되지 마라. *寧(녕)차라리.

寧爲鷄林之犬豚, **不**爲倭國之臣子. <三國遺事>

차라리 신라의 개나 돼지가 될지언정, 왜국의 신하가 되지 않겠다.
*豚(돈)돼지. 倭(왜)왜국.

寧無事而家貧, **莫**有事而家富. <明心寶鑑>

차라리 아무 사고 없이 집이 가난할지언정, 사고 있으면서 집이 부유
하지 말 것이다.

寧爲小人所忌毁, **毋**爲小人所媚悅. <菜根譚>

차라리 소인이 꺼리고 헐뜯는 바가 될지언정, 소인이 아첨하고 기뻐
하는 바가 되지 마라. *忌(기)꺼리다. 毁(훼)헐다. 媚(미)아첨하다. 悅
(열)기쁘다.

寧我薄人, **無**人薄我. <左傳>

차라리 우리가 적을 추격할지언정, 적이 우리를 추격하게 하지 마라.
*薄(박)핍박하다.<박迫>

▷寧ⓐ難ⓑ : 차라리 ⓐ는 할 수 있어도 ⓑ하기는 어렵다.

寧塞無底缸, **難**塞鼻下橫. <明心寶鑑>

차라리 밑 빠진 항아리는 막을지언정, 코 아래 가로놓인 것(입)은 막
기가 어렵다. *塞(색)막다. 缸(항)항아리.

寧測十丈水深, **難**測一丈人心. <耳談續纂>

차라리 열 길 물 깊이는 헤아릴 수 있어도, 한 길 사람의 마음은 알
기 어렵다. *測(측)헤아리다, 알다. 丈(장)길이.

▷與其ⓐ寧ⓑ : ⓐ보다 차라리 ⓑ가 더 낫다.

禮**與其**奢也, **寧**儉. <論語>

예는 사치하기보다는 차라리 검소해야 한다. *與(여)~보다. 奢(사)사
치하다. 儉(검)검소하다.

與其有聚斂之臣, **寧**有盜臣. <大學>

취렴聚斂하는 신하를 두기보다는 차라리 도둑질하는 신하를 두는 편

이 낫다. *聚斂(취렴)백성의 전곡錢穀을 함부로 거두어들임. *聚(취)
모으다. 斂(렴)거두다. 盜(도)훔치다.

與其得罪於鄕黨州閭, **寧**孰諫. <禮記>
부모로 하여금 고을에 죄를 짓게 하느니, 차라리 정중히 간하는 것이
낫다. *鄕黨(향당)마을. 2천5백 호를 향鄕, 5백 호를 당黨이라 함. *閭
(려)마을. 孰(숙)정중하다. 諫(간)간하다.

▷與其ⓐ不如ⓑ : ⓐ보다 ⓑ가 더 낫다.

與其生而無義, 固**不如**烹. <史記>
살아 의리가 없기보다는 진실로 삶아져 죽는 것이 낫다. *固(고)진실
로. 烹(팽)삶다.

與其厚于兵, **不如**厚于人. <管子>
군에게 후하게 하기보다는 사람에게 후하게 하는 편이 낫다. *厚(후)
두텁다.

▷與其ⓐ不若ⓑ : ⓐ보다 ⓑ가 더 낫다.

與其富而畏人, **不若**貧而無屈. <孔子家語>
부유하여 남을 두려워하기보다는, 가난하더라도 비굴함이 없는 것이
낫다. *畏(외)두려워하다. 屈(굴)굽히다.

與其病後能服藥, **不若**病前能自防. <明心寶鑑>
병난 후에 약을 먹기보다는, 병나기 전에 스스로 예방하는 것이 낫다.
*服(복)먹다. 防(방)막다.

▷與其ⓐ豈若ⓑ : ⓐ하는 것이 어찌 ⓑ하는 것만 하겠는가.

與其從辟人之士也, **豈若**從辟世之士. <論語>
사람을 피하는 선비를 따르는 것이, 어찌 세상을 피하는 선비를 따르
는 것만 하겠는가. *辟(피)피하다.<避避>

▷與其ⓐ曷若ⓑ : ⓐ하는 것이 어찌 ⓑ하는 것만 하겠는가.

與其叛而滅亡, **曷若**順而榮貴. <檄黃巢書>

모반하여 멸망하는 것이, 어찌 순응하여 영화롭고 귀히 되는 것만 하겠는가. *叛(반)배반하다.

與其死於等閑人之手, **曷若**伏於郎君刃下以報之德乎. <三國遺事>
보통 사람의 손에 죽는 것이, 어찌 낭군의 칼날에 죽어서 그 은덕을 갚는 것만 하겠습니까. *等閑(등한)예사로움. *伏(복)엎드리다. 報(보)갚다.

▷與其ⓐ孰若ⓑ : ⓐ하기보다 ⓑ하는 것이 낫지 않겠는가.

與其殺是童, **孰若**賣之. <童區寄傳>
이 아이를 죽이는 것보다는, 그를 파는 것이 낫지 않겠는가. *賣(매)팔다.

與其有樂於身, **孰若**無憂於心. <送李愿歸盤谷序>
몸에 즐거움이 있기보다는, 마음에 근심이 없음이 낫지 않겠는가.

▷ⓐ孰與ⓑ : ⓐ하기보다 ⓑ하는 것이 낫지 않겠는가.

惟坐而待亡, **孰與**伐之. <後出師表>
오직 앉아서 망하기를 기다리는 것보다는, 그를 치는 것이 낫지 않겠는가. *伐(벌)치다.

望時而待之, **孰與**應時而使之. <荀子>
때를 바라서 기다리는 것보다는, 때에 응하여 부리는 것이 낫지 않겠는가. *使(사)시키다.

▷與其ⓐ無寧ⓑ : ⓐ보다 차라리 ⓑ가 더 낫지 않겠는가.

與其創新而巧也, **無寧**法古而陋也. <楚亭集序>
새것을 창안해 내면서 공교하기보다는, 옛것을 본받으면서 고루함이 낫지 않겠는가. *創(창)만들다, 비롯하다. 巧(교)공교하다. 陋(루)좁다.

與其死於臣之手也, **無寧**死於二三子之手乎. <論語>
가신의 손에 죽기보다는, 차라리 자네들 손에 죽는 것이 낫지 않겠는가. *二三子(이삼자)너희들.

7. 假定形

　‘전절前節<가정假定・조건條件・원인原因・양보讓步>＋후절後節<결과>’
의 형태로 어떤 조건을 전제로 가정해서 그 결과를 예상豫想하는 문장 형식.

(1) 가정부사와 접속사 ‘則’ 호응

　가정부사 ‘若・如・苟・雖・縱・使・令・假・設・藉・微・假令・設
令・借令・借使・向使・鄕使’ 등이 접속사 ‘則’과 호응한다.

▷ 如(여)

　子**如**不言, **則**小子何述焉. <論語>
선생(공자)께서 만약 말씀하지 않으시면, 저희들이 무엇을 전하겠습니
까. *小子(소자)자신의 겸칭. *述(술)말하다.

　王**如**用予, **則**豈徒齊民安. <孟子>
왕께서 만일 저를 등용한다면, 어찌 다만 제齊나라 백성만이 편안할
뿐이겠는가. *予(여)나. 徒(도)다만.

　王**如**知此, **則**無望民之多於隣國也. <孟子>
왕께서 만일 이것을 아신다면, 백성들이 이웃 나라보다 많아지기를
바라지 마십시오. *隣(린)이웃.

▷ 若(약)

　若知識明, **則**力量自進. <近思錄>
만약 지식이 밝아지면, 역량은 저절로 진작되는 것이다.

　若紙不生毛, **則**必責其不讀. <士小節>
만약 종이에 보풀이 일어나지 않으면, 반드시 읽지 않은 것을 꾸짖었
다. *責(책)꾸짖다.

　若爲學者, 畏其毀譽榮辱, **則**無以自立矣. <退溪先生言行箚錄>

만약 학문을 한다는 자가 훼방과 칭찬과 영예와 치욕을 두려워한다면, 스스로 설 수 없다. *畏(외)두려워하다. 毁(훼)헐다. 譽(예)기리다. 辱(욕)욕되다.

▷苟(구)

苟能有譜, **則**可知緩急. <樂學軌範序>
만약 악보가 있다면, 느리고 빠름을 알 수 있다. *苟(구)진실로. 譜(보)악보. 緩(완)느리다.

苟利社稷, **則**不顧其身. <忠經>
진실로 나라를 이롭게 한다면, 그 몸을 돌아보지 않는다. *社(사)토지의 신. 稷(직)오곡의 신. 顧(고)돌아보다.

▷使(사)

使六國各愛其人, **則**足以拒秦. <阿房宮賦>
가령 육국六國이 각각 그 백성을 사랑하였다면, 진秦을 막을 수 있었을 것이다. *使(사)가령. 拒(거)막다. 秦(진)나라 이름.

使人之所惡, 莫甚於死者, **則**凡可以辟患者, 何不爲也. <孟子>
가령 사람들이 싫어하는 바가 죽음보다 심한 것이 없다면, 무릇 환난을 피할 수 있는 방법을 어찌 쓰지 않겠는가. *惡(오)미워하다. 甚(심)심하다. 辟(피)피하다.<피避>

▷微(미)

雖有乙支文德之智略, 張保皐之義勇, **微**中國之書, **則**泯滅而無聞. <三國史記>
비록 을지문덕乙支文德의 지략과 장보고張保皐의 의로운 용기가 있었어도, 중국의 서적이 아니었다면, 사적이 없어져서 알려지지 못하였을 것이다. *皐(고)언덕. 微(미)~아니라면.<가정> 泯(민)망하다.

▷向使(향사)

向使能瞻前顧後, 援鏡自戒, **則**何陷於凶患乎. <後漢書>
만약 앞을 보고 뒤를 돌아보고, 거울을 당겨 자신을 경계할 수 있었다면, 어찌 재앙과 환란에 빠졌겠는가. *向使(향사)만약. 瞻(첨)보다.
顧(고)돌아보다. 援(원)당기다. 陷(함)빠지다.

▷ 鄉使(향사)

鄉使福說得行, **則**國無裂土出爵之費. <漢書>
만약 서복徐福의 말을 행할 수 있었다면, 나라는 땅을 떼어 주고 작
위爵位를 주는 비용이 없었을 것이다. *裂(렬)찢다. 爵(작)벼슬.

(2) 문두에 가정부사 사용

▷ 如(여)

如不可求, 從吾所好. <論語>
만일 구할 수 없는 것이라면, 내가 좋아하는 바를 따르겠다. *從(종)
좇다.

如知其非義, 斯速已矣, 何待來年. <孟子>
만일 의가 아님을 안다면, 속히 그만두어야 할 것이니, 어찌 내년을
기다리겠는가. *已(이)그치다.

▷ 若(약)

若得美味, 歸獻父母. <四字小學>
만약 맛있는 음식을 얻으면, 돌아가 부모님께 드려라. *獻(헌)드리다.

若人作不善得顯名者, 人雖不害, 天必戮之. <明心寶鑑>
만일 사람이 선하지 않은 일을 해서 이름을 얻는 자는 사람들이 비록
해치지 않더라도, 하늘은 반드시 죽일 것이다. *顯(현)나타나다. 戮
(륙)죽이다.

▷ 苟(구)

苟志於鵠, 雖不中, 不遠矣. <芝峰類說>
진실로 과녁 가운데에 뜻을 둔다면, 비록 적중하지 않더라도 멀어지

지 않을 것이다. *鵠(곡)정곡正鵠.<과녁의 한가운데가 되는 점> 中(중)맞다, 적중시키다.

苟非吾之所有, 雖一毫而莫取. <赤壁賦>
진실로 나의 소유가 아니면, 비록 한 터럭이라도 취하지 말아야 한다.
*毫(호)터럭. 莫(막)말다. 取(취)취하다.

苟非其義, 雖千金之利, 不動心焉. <三國史記>
진실로 그 의가 아니면, 비록 천금의 이익이라도 마음을 움직일 수 없다.

▷雖(수)

緣木求魚, **雖**不得魚, 無後災. <孟子>
나무에 올라가 물고기를 구함은, 비록 고기를 얻지 못하더라도, 뒤에 재앙은 없을 것이다. *緣木求魚(연목구어)불가능한 일을 굳이 하려 함. *緣(연)인연. 災(재)재앙.

定心應物, **雖**不讀書, 可以爲有德君子. <明心寶鑑>
마음을 정하여 사물에 응한다면, 비록 글을 읽지 않았다 하더라도, 덕이 있는 군자라 할 수 있다. *應(응)응하다.

雖秉國政威行中外, 而一毫不取於人家. <庸齋叢話>
비록 국정을 잡고, 위엄이 안과 밖에 행해졌으나, 조금도 남에게 취하지 않았다. *秉(병)잡다. 威(위)위엄. 毫(호)터럭.

▷縱(종)

予**縱**不得大葬, 予死於道路乎. <論語>
내가 비록 큰 장례는 얻지 못한다 하더라도, 내 길거리에서 죽겠느냐.
*予(여)나. 縱(종)비록. 葬(장)장사 지내다.

縱不能用, 使無去其疆域, 則國終身無故. <荀子>
비록 등용하지 않더라도, 나라를 떠남이 없게 한다면, 나라는 종신토록 사고가 없을 것이다. *疆(강)지경. 域(역)지경. 故(고)사고.

縱江東父兄憐, 而王我, 我何面目, 復見之乎. <十八史略>

비록 강동 부형들이 가련하게 여겨 나(항우項羽)를 왕으로 삼는다 한들, 내가 무슨 면목으로 다시 그들을 보겠는가. *憐(련)가엾다. 復(부)다시.

▷ 使(사)

使牛聞之, 寧無不平之心乎. <芝峰類說>

만약 소가 이를 들으면, 어찌 불평하는 마음이 없겠는가. *使(사)가령, 만일. 寧(녕)어찌.

使遂蚤得處囊中, 乃穎脫而出. <史記>

만약 제(모수毛遂)가 일찍이 주머니 속에 처할 수 있었다면, 이내 뾰족한 끝이 빠져나왔을 것입니다. *蚤(조)일찍.<조무> 囊(낭)주머니. 穎(영)뾰족한 끝, 이삭. 脫(탈)나오다, 벗다.

▷ 藉(자)

藉人以吾之名, 而減之焉, 孰知之乎. <田論>

가령 남이 나의 이름으로 땅을 줄이면, 누가 이를 알겠는가. *藉(자)가령. 減(감)덜다. 孰(숙)누구.

藉爲人之國, 若爲其國, 夫誰獨擧其國, 以攻人之國者. <墨子>

가령 남의 나라를 위하기를 자기 나라 위하는 것과 같이 한다면, 무릇 누가 홀로 자기 나라를 들어 남의 나라를 공격할 것인가. *擧(거)들다. 攻(공)치다.

▷ 微(미)

微二子, 亂臣賊子接跡於後世矣. <伯夷頌>

두 분(백이伯夷·숙제叔齊)이 아니었다면, 난신亂臣과 적자賊子들이 후세에 발자취를 이었을 것이다. *亂臣賊子(난신적자)나라를 어지럽게 하는 신하와 어버이를 해치는 자식. *微(미)~아니라면. 跡(적)자취.

微樊噲犇入營譙讓項羽, 沛公事幾殆. <史記>

번쾌樊噲가 군영에 들어가 항우를 책망하지 않았다면, 패공沛公의 일

은 거의 위험했을 것이다. *樊(번)울타리. 噲(쾌)목구멍. 犇(분)달아나
다, 달리다. 誚(초)꾸짖다. 讓(양)꾸짖다. 沛(패)늪. 幾(기)거의. 殆(태)
위태롭다.

▷自(자)

부정사 '非'와 연용한 '自非~<만약 ~이 아니면>'의 형태로 쓰인다.

自非孝道, 何以濟之. <後漢書>
효도가 아니라면, 어떻게 그들을 구제하겠는가. *自(자)만약. 濟(제)건
지다.

自非聖人, 外寧必有内憂. <春秋>
성인이 아니라면, 밖이 편안해도 반드시 안으로 근심이 있을 것이다.

▷向使(향사)

向使國不亡, 焉爲巨唐有. <杜甫詩>
만일 수隋나라가 망하지 않았던들, 어찌 커다란 당唐나라가 있게 되
었겠는가. *焉(언)어찌.

向使主人聽客之言, 不費牛酒 終無火患. <說苑>
만약 주인이 객의 말을 들었다면, 소와 술을 허비하지 않고도 끝내
불의 재앙이 없었을 것이다. *費(비)쓰다.

向使高祖之後, 卽有武帝, 天下必不能全. <貞觀政要>
만일 한고조漢高祖 이후 바로 한무제漢武帝가 있었다면, 천하는 반드
시 온전할 수 없었을 것이다.

▷鄕使(향사)

鄕使秦已并天下, 行仁義, 法先聖, 陛下安得而有之. <史記>
만약 진秦나라가 이미 천하를 병합하고서 인의를 행하고 옛 성인을
본받았다면, 폐하께서 어떻게 천하를 차지할 수 있었겠습니까. *鄕使
(향사)만약. 并(병)아우르다, 합하다.

鄕使文王疎呂尚, 而不與深言, 是周無天子之德, 而文武無與成其王業

也. <史記>

만약 문왕이 여상呂尙(태공망太公望)을 멀리하여 깊은 말을 듣지 못했다면, 주나라는 천자의 덕을 베풀 수 없었을 것이고, 문왕과 무왕도 그 왕업을 이룰 수 없었을 것이다. *疎(소)멀리하다.

▷假令(가령)

假令得田地, 失兄弟心, 如何. <小學>

가령 농토를 얻었다 하더라도, 형제의 마음을 잃는다면 어떻겠는가. *假(가)가령. 令(령)가령.

假令僕伏法受誅, 若九牛亡一毛. <報任安書>

가령 제가 법에 굴복하여 주벌誅罰을 받는다 할지라도 아홉 마리의 소에서 하나의 털이 없어지는 것과 같을 것이다. *九牛一毛(구우일모) 많은 것 가운데에서 극히 적은 것. *僕(복)저. 伏(복)엎드리다. 誅(주) 베다, 형벌.

假令得穀爲千斛, 而注役爲二萬日, 則每一日分糧 五升. <田論>

가령 거둔 곡식이 천 곡이고, 일을 기록한 날이 2만 일이면, 매번 하루에 나눈 곡식이 5되이다. *斛(곡)휘.<10말의 용량> 注(주)기록하다.<주註> 役(역)부리다. 糧(량)곡식. 升(승)되.

▷假設(가설)

假設陛下居齊桓之處, 將不合諸侯而匡天下乎. <漢書>

만약 폐하께서 제齊나라 환공桓公의 지위에 계신다면, 제후를 규합糾合하여 천하를 바로잡으려 하지 않으시겠습니까. *設(설)가령. 陛(폐) 대궐 섬돌. 桓(환)군세다. 匡(광)바로잡다.

▷設令(설령)

我國詩文舍其言, 而學他國之言, **設令**十分相似, 只是鸚鵡之人言耳. <西浦漫筆>

우리의 시문이 그 말을 버리고, 다른 나라의 말을 배운다면, 설령 거의 비슷하다 하더라도, 단지 이것은 앵무새가 사람의 말을 흉내 내는 것일 뿐이다. *舍(사)버리다.<사捨> 似(사)비슷하다. 鸚(앵)앵무새. 鵡

(무)앵무새.

▷借令(차령)

借令不幸賤且死, 後日猶爲班與揚. <王安石詩>
가령 불행히 미천하게 죽는다 할지라도, 훗날 오히려 반고班固나 양
웅揚雄이 될 것이다. *猶(유)오히려. 借(차)가령.

借令筆不銳不動, 知其不能與硯久遠矣. <家藏古硯銘>
가령 붓이 예리하지 않고 움직이지 않더라도, 그것이 벼루와 같이 오
래가지 못할 것을 안다. *銳(예)날카롭다. 硯(연)벼루.

▷借使(차사)

借使因婦財以致富, 依婦勢以取貴, 苟有丈夫之志氣者, 能無愧乎. <小學>
가령 아내의 재물로 부를 이루고, 아내의 세력에 의하여 귀함을 취하
더라도, 진실로 장부의 의지와 기개가 있는 자라면 부끄러움이 없을
수 있겠는가. *苟(구)진실로. 愧(괴)부끄럽다.

借使秦王計上世之事, 并殷周之跡, 以制御其政, 後雖有淫驕之主, 而未
有傾危之患也. <史記>
만약 진시황이 지난 세대의 일을 헤아리고, 은나라와 주나라의 자취
를 아울러서 그의 정책을 제어하였다면, 후에 비록 음란하고 교만한
군주가 있을지라도, 나라를 기울이고 위태롭게 하는 환난은 있지 않
았을 것이다. *并(병)아우르다. 跡(적)자취. 淫(음)음란하다. 驕(교)교
만하다.

▷且使(차사)

且使我有雒陽負郭田二頃, 吾豈能佩六國相印乎. <史記>
가령 나(소진蘇秦)에게 낙양성 주변에 성곽을 등진 밭 두 이랑만 있
었던들, 내가 어찌 육국 재상의 인수印綬를 찰 수 있었겠는가. *且
(차)만일. 雒(낙)수리부엉이. 頃(경)이랑. 佩(패)차다.

(3) 문중에 접속사 '則' 사용

王欲行之, **則**盍反其本矣. <孟子>
왕이 이것을 행하고자 하신다면, 어찌 그 근본을 돌이키지 않습니까.
*盍(합)어찌 아니 하다. 反(반)돌이키다.

汝不從我敎, **則**固不得爲吾女也. <三國史記>
네가 내 가르침을 따르지 않는다면, 진실로 내 딸이 될 수 없다. *汝
(여)너. 固(고)진실로.

(4) 가정절에 부사 사용

가정절에 사용된 부사 '苟·誠·信·固' 등이 가정접속사 '則'과 호응하
여 가정적 성격을 강조하며, '則'은 생략되는 경우도 있다.

人**固**非父母, **則**不生. <啓蒙篇>
사람은 진실로 부모가 아니면, 태어나지 못한다. *固(고)진실로.

信能行此五者, **則**隣國之民, 仰之若父母矣. <孟子>
진실로 이 다섯 가지를 행할 수 있다면, 이웃 나라 백성들이 부모처
럼 그를 우러러볼 것이다. *信(신)진실로. 隣(린)이웃. 仰(앙)우러르다.

苟無恒心, 放辟邪侈無不爲已. <孟子>
진실로 떳떳한 마음이 없으면, 방벽放辟함과 사치奢侈함을 하지 않
음이 없을 뿐이다. *恒心(항심)늘 가지고 있는 떳떳한 마음. 放辟(방
벽)거리낌 없이 제멋대로 행동함. *邪(사)간사하다. 侈(치)사치하다.
已(이)뿐. 따름.

誠聽臣之計, 可不攻而降城. <史記>
진실로 신의 계책을 들으신다면, 공격하지 않아도 성을 항복시킬 수
있을 것이다. *誠(성)진실로. 攻(공)치다. 降(항)항복하다.

(5) 부정사 사용

전절에 부정사 '不・無・非' 등을 사용하여 가정문을 이룬다.

夫妻**不**忍. 令子孤. <明心寶鑑>
부부가 참지 않으면, 자식을 외롭게 한다. *令(령)하여금.

不違農時. 穀不可勝食也. <孟子>
농사철을 어기지 않으면, 곡식을 다 먹을 수 없다. *違(위)어기다. 穀(곡)곡식, 勝(승)모두.

無肉令人瘦, **無**竹令人俗. <蘇軾詩>
고기가 없으면, 사람을 여위게 하고, 대나무가 없으면, 사람을 속되게 한다. *瘦(수)파리하다.

必欲爭天下, **非**信, 無所與計事者. <史記>
반드시 천하를 쟁취하려면, 한신韓信이 아니면 더불어 일을 계획할 만한 사람이 없다.

非其地, 樹之不生, **非**其意, 敎之不成. <耳談續纂>
그 땅이 아니면, 심어도 살지 못하고, 그 뜻이 아니면, 가르쳐도 이루지 못한다. *樹(수)심다.

8. 使役形

주체主體가 객체客體로 하여금 어떤 동작을 하게 하는 문장 형식으로 '~로 하여금 ~하게 하다'로 풀이한다.

(1) 사역보조사 사용

'使・令・俾・敎・遣'+ⓐ<대상>+ⓑ<용언> : ⓐ로 하여금 ⓑ하게 하

다. ⓐ가 생략되기도 한다.

▷ 使(사)

欲**使**夫天下, 知我國本聖人之都耳. <東明王篇序>
천하 사람들로 하여금 우리나라가 본래 성인의 나라임을 알게 하고자
할 따름이었다. *本(본)본래. 都(도)나라, 도읍.

私視**使**目盲, 私聽**使**耳聾, 私慮**使**心狂. <呂氏春秋>
사욕으로 보는 것은 눈을 멀게 하고, 사욕으로 듣는 것은 귀를 멀게
하고, 사욕으로 생각하는 것은 마음을 미혹하게 한다. *盲(맹)눈멀다.
聾(롱)귀머거리. 慮(려)생각하다. 狂(광)경솔하다, 미치다.

使虎釋其爪牙, 而**使**狗用之, 虎則反服於狗矣. <韓非子>
호랑이로 하여금 그 손톱과 어금니를 풀게 하고, 개로 하여금 이를
사용하게 한다면, 호랑이는 도리어 개에게 굴복당할 것이다. *釋(석)
풀다. 爪(조)손톱. 牙(아)어금니. 服(복)항복하다.

▷ 令(령)

春月色**令**人喜, 秋月色**令**人悲. <東坡志林>
봄 달빛은 사람으로 하여금 기쁘게 하고, 가을 달빛은 사람으로 하여
금 슬프게 한다.

五色**令**人目盲, 五音**令**人耳聾. <老子>
오색은 사람의 눈을 멀게 하고, 오음은 사람의 귀를 멀게 한다. *五色
(오색)청靑, 황黃, 적赤, 백白, 흑黑. 五音(오음)궁宮, 상商, 각角, 치徵,
우羽. *盲(맹)눈멀다. 聾(롱)귀머거리.

聲與色外物也, 外物常爲累於耳目, **令**人失其視聽之正. <熱河日記>
소리와 빛은 외물로, 외물이 늘 귀와 눈에 누가 되어, 사람으로 하여
금 보고 듣는 바름을 잃게 한다. *累(루)더럽히다.

▷ 俾(비)

命老臣, **俾**之編集. <三國史記>

늙은 신하에게 명하여, 이를 편집하게 하였다. *俾(비)하여금. 編(편)
엮다.

敷求哲人, **俾**輔于爾後嗣. <書經>
철인哲人을 널리 구하여, 당신의 후사後嗣들을 돕게 하여야 한다.
*敷(부)널리, 펴다. 輔(보)돕다. 嗣(사)잇다.

俾爲師者知所以敎, 而弟子知所以學. <小學>
스승 된 자로 하여금 가르치는 까닭을 알게 하고, 제자로 하여금 배
우는 까닭을 알게 한다.

▷敎(교)

常恐是非聲到耳, 故**敎**流水盡籠山. <崔致遠詩>
늘 시비하는 소리 귀에 들릴까 두려워, 짐짓 흐르는 물로 온통 산을
에워싸게 하였다. *故(고)짐짓. 籠(롱)싸다.

伯樂**敎**其所憎者, 相千里之馬, **敎**其所愛者, 相駑馬. <韓非子>
백락伯樂은 그가 미워하는 사람으로 하여금 천리마를 보게 하고, 사
랑하는 사람으로 하여금 둔마를 보게 하였다. *相(상)보다, 관찰하다.
駑(노)둔하다.

▷遣(견)

遣從者懷璧間行先歸. <十八史略>
종자로 하여금 구슬을 품고 샛길로 먼저 가게 하였다. *遣(견)하여금,
懷(회)품다. 璧(벽)구슬.

未諳姑食性, 先**遣**小姑嘗. <王健詩>
시어머니 식성을 아직 알지 못하여, 먼저 시누이(소고小姑)에게 맛보
게 하였다. *諳(암)알다. 姑(고)시어미. 嘗(상)맛보다.

也知造物有深意, 故**遣**佳人在空谷. <蘇軾詩>
또한 조물주가 깊은 뜻이 있어, 일부러 가인으로 하여금 빈 골짝에 있
게 함을 알았다. *也(야)또, 또한. 故(고)일부러, 짐짓.

(2) 사역암시 동사 사용

'遣·命·勸·김·屬'＋ⓐ(대상)＋ⓑ(용언) : ⓐ를 보내어·명하여·
권하여·불러서·부탁해서 ⓑ하게 하다. ⓐ가 생략되기도 한다.

▷遣(견)

文德又遣使詐降. <三國史記>
을지문덕乙支文德이 또 사신을 보내어 거짓으로 항복하게 하였다.
＊使(사)사신. 詐(사)속이다. 降(항)항복하다.

齊王遣使求臣女弟. <戰國策>
제나라 왕은 사신을 보내어 신의 여동생을 구하게 하였다. ＊齊(제)가
지런하다.

▷命(명)

命虞美人起舞. <十八史略>
우미인虞美人에게 명하여 일어나 춤추게 하였다. ＊虞(우)헤아리다. 舞
(무)춤추다.

命我元子尹玆一邦. <三國史記>
맏아들인 나를 명하여 이 한 나라를 다스리게 하셨다. ＊元子(원자)임
금의 적자, 맏아들. ＊尹(윤)다스리다. 玆(자)이. 邦(방)나라.

晋陽公以其書未廣 **命**予續補. <補閑集>
진양공晋陽公(최우崔瑀)은 그 책 내용이 넓지 않다고 생각하여, 나(최
자崔滋)에게 이어서 보충하라고 하였다. ＊續(속)잇다. 補(보)깁다, 더
하다.

▷勸(권)

好童**勸**王襲樂浪. <三國史記>
호동好童이 왕에게 권하여 낙랑을 습격하게 하였다. ＊勸(권)권하다.
襲(습)엄습하다.

誰**勸**君王回馬首, 眞成一擲賭乾坤. <韓愈詩>

누가 군왕에게 권하여 말머리를 돌리게 하여, 진정 천하를 걸고 한
번 던졌는가. *乾坤一擲(건곤일척)운명과 흥망을 걸고 전력을 다하여
마지막 승부나 성패를 겨룸. *擲(척)던지다. 賭(도)걸다.

9. 被動形

주체가 남의 힘에 의해 동작을 당하게 되는 뜻을 나타내는 문장 형식으로
'～에게 ～당하다'로 풀이한다.

(1) 피동보조사와 전치사 호응

피동보조사 '見・被・爲<당하다>'와 전치사 '於・于・乎<～에게>'가
호응한다.

▷ 見(견)

吾嘗三仕, 三**見**逐**於**君. <史記>

나는 일찍이 세 번 벼슬하였으나, 세 번 임금에게 쫓겨났다. *嘗(상)
일찍이. 逐(축)내쫓다.

受屈於季氏. **見**辱**於**陽虎. <列子>

계씨季氏에게 굴욕을 당하고, 양호陽虎에게 모욕당하였다. *屈(굴)굽
히다. 辱(욕)욕되다.

公不**見**信**於**人, 私不**見**助**於**友. <進學解>

공으로 남에게 신임을 받지 못하고, 사적으로도 벗에게 도움을 받지
못하였다.

▷ 被(피)

今人, 多是**被養於**父母. <擊蒙要訣>
요즘 사람들은 대부분 부모에게 양육을 받는다.

萬乘之國, **被圍於**趙. <戰國策>
만승萬乘(천자天子)의 나라가 조趙나라에 포위되었다. *乘(승)수레,
타다. 圍(위)포위하다.

▷ 爲(위)

彼伍子胥父兄, **爲戮於**楚. <史記>
저 오자서伍子胥의 아버지와 형은 초나라에 죽음을 당하였다. *伍(오)
대오. 胥(서)서로. 戮(륙)죽이다.

(2) 피동보조사 사용

행위자 앞에 전치사가 놓이지 않은 경우이며, 행위자가 드러나지 않는 경
우가 많다.

▷ 被(피)

幼**被**慈母三遷之敎. <孟子題詞>
어려서 자애로운 어머니가 세 번 이사하는 가르침을 받았다. *慈(자)
사랑하다. 遷(천)옮기다.

屈原楚賢臣也, **被**讒放逐, 作離騷賦. <漢書>
굴원慈은 초나라의 어진 신하인데, 참소당하여 쫓겨나, 이소부離騷賦
를 지었다. *讒(참)참소하다, 해치다. 放(방)놓다, 내치다. 逐(축)내쫓
다. 離(리)만나다. 騷(소)근심.

國之賢相, **被**他國之拘執, 其可畏不犯難乎. <三國史記>
나라의 어진 재상이 타국에 구금되어 있는데, 두려워 어려움을 무릅
쓰지 않겠는가. *相(상)재상. 拘(구)잡다. 畏(외)두려워하다. 犯(범)만

나다, 범하다.

▷ 見(견)

人皆以見侮爲辱, 故鬪也. <荀子>

사람들은 모두 업신여김을 당하는 것을 치욕으로 여기기 때문에 싸운다. *侮(모)업신여기다. 辱(욕)욕되다. 鬪(투)싸우다.

百姓之不見保, 爲不用恩焉. <孟子>

백성들이 보호를 받지 못함은, 은혜를 쓰지 않기 때문입니다. *爲(위)때문.

匹夫見辱, 拔劍而起, 挺身而鬪. <留侯論>

필부匹夫가 욕됨을 당하면, 칼을 빼어 들고 일어나, 몸을 세워 싸운다. *匹(필)혼자, 천한 사람. 拔(발)빼다. 挺(정)빼다, 뽑다.

▷ 爲(위)

止, 將爲三軍獲. <春秋>

멈추면, 장차 삼군三軍에게 붙잡힐 것이다. *爲(위)되다, 당하다. 獲(획)잡다, 얻다.

父母宗族, 皆爲戮沒. <史記>

부모와 친척이 다 몰살되었다. *戮(륙)죽이다. 沒(몰)죽다.

在上爲烏鳶食, 在下爲螻蟻食. <莊子>

땅 위에 있으면 까마귀와 솔개에게 먹히고, 땅 밑에 있으면 땅강아지와 개미에게 먹힐 것이다. *鳶(연)솔개. 螻(루)땅강아지. 蟻(의)개미.

▷ 所(소)

주로 '爲ⓐ所ⓑ : ⓐ에게 ⓑ당하다'의 형태로 쓰인다. '爲'가 생략되기도 한다.

先則制人, 後則爲人所制. <史記>

앞서면 남을 제압하고, 뒤서면 남에게 제압당한다. *制(제)누르다.

大丈夫當容人, 無爲人所容. <景行錄>

대장부는 마땅히 남을 용서할지언정, 남에게 용서받는 바 되지 마라.
*容(용)용납하다.

千人所指, 無病而死. <漢書>
여러 사람에게 손가락질을 당하면, 병이 없어도 죽는다. *指(지)손가
락질하다, 가리키다. 所(소)당하다.

(3) 전치사 사용

타동사 뒤에 전치사가 놓여 '於・于・乎'가 놓여 타동사가 피동이 된 경
우이다.

不信乎朋友, 不獲於上矣. <中庸>
친구에게 믿음을 받지 못하면, 윗사람에게 인정받지 못한다. *獲(획)
얻다.

帝重信于外國, 故不復更人. <西京雜記>
원제元帝는 다른 사람에게 신뢰받음을 중히 여겼기 때문에, 다시 사
람(왕소군王昭君)을 바꾸지 않았다. *復(부)다시. 更(경)바꾸다.

(4) 문맥상 피동

直木先伐, 甘井先竭. <莊子>
곧은 나무는 먼저 베이고, 좋은 우물은 먼저 마른다. *伐(벌)베다. 竭
(갈)마르다.

木受繩則直, 金就礪則利. <荀子>
나무는 먹줄을 받으면 곧게 되고, 쇠는 숫돌에 갈면 날카로워진다.
*繩(승)먹줄. 礪(려)숫돌.

竊鉤者誅, 竊國者爲諸侯. <莊子>
갈고리를 훔친 자는 벌 받고, 나라를 훔친 자는 제후가 된다. *竊(절)

훔치다. 鉤(구)갈고리. 誅(주)베다.

狡兔盡則良犬**烹**, 敵國滅則謀臣**亡**. <韓非子>

교활한 토끼가 없어지면 좋은 개는 삶아지고, 적국이 멸망하면 계획
을 꾀하던 신하도 없어진다. *兎死狗烹(토사구팽)필요할 때는 쓰고
필요가 없으면 야박하게 버려짐. *狡(교)교활하다. 烹(팽)삶다. 敵(적)
대적하다. 謀(모)꾀하다.

10. 限定形

어떤 사물이나 행위의 범위範圍·정도程度·분량分量 등을 한정하는 뜻을
나타내는 문장 형식.

(1) 한정부사와 종결사 호응

한정부사 '惟·唯·但·只·直·祇·獨·特·徒·第' 등과 한정종결
사 '耳·爾·已·而·而已·而已矣·而已耳·耳矣·也已·已矣·也已
矣' 등이 호응한다.

▷ 但(단)

豈不願如此, **但**無錢**耳**. <許生傳>

어찌 이와 같은 것을 원치 않겠는가, 다만 돈이 없을 따름이다. *錢
(전)돈. 耳(이)뿐.

致遠亦嘗奉使, 如唐, **但**不知其歲月**耳**. <三國史記>

최치원崔致遠은 또한 일찍이 사신使臣의 명命을 받듦을 받들고, 당나
라에 갔으나, 다만 그 시기를 알지 못할 뿐이다. *使(사)사신. 奉
(봉)받들다. 如(여)가다.

▷只(지)

只在爲學, 立志如何**耳**. <鶴峯集>

학문을 함은 다만 뜻을 세움이 어떠한가에 있을 따름이다. *如何(여하)어떠한가.

婚夕宗族來會者, **只**擎一盤, 行三杯, 而止**耳**. <慵齋叢話>

혼례식 날 저녁에는 찾아온 종친들이 모여, 다만 하나의 상을 받들고 술 석 잔을 돌리고서 그칠 뿐이었다. *擎(경)받들다, 들다. 盤(반)소반. 杯(배)잔.

▷祇(지)・秖(지)・祗(지)

訖無可觀, **祇**自愧**耳**. <進三國史記表>

마침에 볼만한 것이 없어, 다만 스스로 부끄러울 뿐입니다. *祇(지)다만. 訖(흘)마치다. 愧(괴)부끄럽다.

雖殺之無益. **祇**益禍**耳**. <史記>

비록 그를 죽인다 하여도 이로움은 없고, 단지 재앙을 더할 뿐이다. *祇(지)다만. 益(익)더하다. 禍(화)재앙.

▷唯(유)・惟(유)

無師無法, 則**唯**利之見**爾**. <荀子>

스승이 없고 법이 없으면, 오직 이익을 볼 뿐이다. *爾(이)뿐.

天下之所可畏者, **唯**民**而已**. <豪民論>

천하가 오직 두려워하는 바는 오직 백성일 뿐이다. *畏(외)두렵다.

每食不過數匙, **唯**飮酒**而已**. <白雲小說>

늘 밥을 먹음에 몇 숟가락에 지나지 않았고, 오직 술만 마실 뿐이었다. *數(수)몇, 두서너. 匙(시)수저.

天下之事, 不以貴賤貧富爲之高下者, **惟**文章**耳**. <破閑集>

천하의 일에서 귀천과 빈부로 높이거나 낮게 할 수 없는 것은, 오직 문장뿐이다.

後生才性過人者, 不足畏, **惟**讀書尋思推究者, 爲可畏**耳**. <小學>

후생이 재주와 천성이 사람들보다 뛰어난 사람은 두렵지 않고, 오직 독서하고 깊이 생각하고 연구하는 사람이 두려울 뿐이다. *尋(심)생각하다, 찾다. 推(추)밀다. 畏(외)두렵다.

▷直(직)

寡人**直**與客論**耳**. <戰國策>

과인이 다만 객과 논했을 뿐이다. *直(직)다만.

寡人非能好先王之樂也, **直**好世俗之樂**耳**. <孟子>

과인은 선왕의 음악을 좋아하는 것이 아니라, 다만 세속의 음악을 좋아할 따름이다.

文順公不用事不取比, **直**穿天心**而已**. <補閑集>

문순공文順公(이규보李奎報)은 고사도 인용하지도 않고 비유를 하지도 않았으며, 다만 천심天心을 뚫었을 뿐이다. *穿(천)뚫다.

▷顧(고)

此在兵法, **顧**諸君不察**耳**. <史記>

이것도 병법에 있는데, 단지 제군이 살피지 못했을 뿐이다. *顧(고)다만. 諸(제)여러. 察(찰)살피다.

兵之勝否, 不在大小, **顧**其人心何如**耳**. <三國史記>

전쟁의 승부는 군사의 많고 적음에 있지 않고, 다만 민심이 어떠한가 일 뿐이다.

吾每念常痛於骨髓, **顧**計不知所出**耳**. <戰國策>

내가 생각할 때마다 늘 뼈에 사무치도록 아프지만, 다만 생각해도 할 바를 모를 뿐입니다. *髓(수)골수. 計(계)헤아리다.

▷特(특)

孟嘗君, **特**鷄鳴狗吠之雄**耳**. <讀孟嘗君傳>

맹상군孟嘗君은 단지 닭 울음소리와 개 짖는 소리를 내는 자들의 영웅일 뿐이다. *特(특)다만. 鳴(명)울다. 狗(구)개. 吠(폐)짖다.

小兒見客, 則羞澀啼哭非性也, **特**見少而多怪**耳**. <北學議>
어린아이가 낯선 손님을 보면, 부끄러워 머뭇머뭇하며 우는 것은 본성이 아니라, 다만 본 것이 적어 괴이한 것이 많기 때문일 뿐이다. *羞澀(수삽)부끄러워 머뭇거리는 일. *羞(수)부끄러워하다. 澀(삽)껄끄럽다. 啼(제)울다. 怪(괴)기이하다.

盖程朱之學, 非因大學之書而入者, **特**以大學之書證之**耳**. <西浦漫筆>
아마도 정주程朱(정호程顥·정이程頤와 주희朱熹)의 학문은 대학이란 책에 인하여 들어가는 것이 아니라, 다만 대학이란 책으로 이를 증명할 뿐이다. *盖(개)대개, 아마도. 證(증)증명하다.

(2) 한정부사 사용

▷唯(유) · 惟(유)

學者所患, **惟**有立志不誠. <鶴峯集>
학자가 근심할 것은 오직 세운 뜻이 성실하지 못함에 있다. *患(환)근심. 誠(성)정성.

肉雖多, 不使勝食氣, **唯**酒無量, 不及亂. <論語>
고기가 비록 많아도, 밥 기운을 이기게 하지 않게 하였으며, 다만 술은 일정한 양은 없었으나, 어지러운 지경에 이르지 않았다.

▷但(단)

但將弟子問處, 便作己問. <小學>
다만 제자들이 물은 곳을 가지고, 곧 자기의 물음으로 만든다. *將(장)가지다. 便(변)곧.

相見無雜言, **但**道桑麻長. <陶潛詩>
서로 만나 잡된 말 없고, 다만 뽕나무와 삼나무가 자라는 것을 말하였다. *道(도)말하다. 桑(상)뽕나무. 麻(마)삼.

但見宵從海上來, 寧知曉向雲間沒. <李白詩>

다만 (달이) 밤마다 바다 위로 옴을 볼 뿐이지, 어찌 새벽이면 구름 사이로 없어짐을 알겠는가. 宵(소)밤. 寧(녕)어찌. 曉(효)새벽.

▷只(지)

不識廬山眞面目, **只**緣身在此山中. <蘇軾詩>

여산廬山의 진면목을 모르는 것은, 다만 이 몸이 이 산 안에 있기 때문이네. *廬山眞面目(여산진면목)너무도 깊고 유원하여 그 참모습을 파악하기 어려움에 비유함. *廬(려)오두막집. 緣(연)말미암다.

只不求同年同月同日生, **只**願同年同月同日死. <三國志演義>

다만 한 해 한 달 한 날에 난 것은 구하지 않고, 다만 한 해 한 달 한 날에 죽기를 원할 뿐이다.

▷徒(도)

相如素賤人, **徒**以口舌, 居我上. <十八史略>

인상여藺相如는 본래 천한 사람인데, 다만 입으로 내 위에 거할 뿐이다. *素(소)본디. 賤(천)천하다.

善用人者, 非**徒**使善者善之, 亦能使不善者善之. <人政/崔漢綺>

사람을 잘 쓰는 자는 단지 선한 사람으로 하여금 선하게 할 뿐 아니라, 또한 불선한 사람으로 하여금 선하게 할 수 있다.

▷獨(독)

非**獨**染絲然也, 國亦有染. <墨子>

다만 물들어짐은 실만이 그러한 것이 아니라, 나라 또한 물들어짐이 있다. *獨(독)다만. 染(염)물들이다.

人皆有粟舂之, 我**獨**無焉, 何以卒歲. <三國史記>

남들은 모두 곡식이 있어 찧는데, 우리만 곡식이 없으니, 무엇으로써 한 해를 마치겠는가. *粟(속)곡식. 舂(용)찧다. 卒(졸)마치다.

擧世皆濁, 我**獨**淸, 衆人皆醉, 我**獨**醒. <漁父辭>

온 세상이 다 흐린데 나만 맑고, 뭇사람들이 다 취했는데 나만 깨어
있었다. *擧(거)모두, 다. 濁(탁)흐리다. 醉(취)취하다. 醒(성)깨다.

▷祗(지)·秪(지)·祇(지)

行路難不在水, 不在山, 秪在人情反覆間. <白居易詩>
길을 가기 어려움은 물과 산에 있지 않고, 다만 인정의 번복하는 사
이에 있다. *秪(지)다만. 覆(복)뒤집히다.

雖有名馬, 秪辱於奴隸人之手, 騈死於槽櫪之間, 不以千里稱也. <雜說>
비록 명마가 있다 하더라도 다만 노예의 손에서 욕됨을 당하고, 말구
유 사이에서 보통 말들과 나란히 죽는다면, 천리마로 일컫지 못한다.
*秪(지)다만. 騈(병)나란히 하다. 槽(조)구유. 櫪(력)말구유.

(3) 한정종결사 사용

▷爾(이)

以能順木之天, 以致其性焉爾. <種樹郭槖駝傳>
나무의 천성에 순응하여, 그 본성을 다하게 할 뿐이다. *致(치)다하다.
爾(이)뿐.

迫於唐帥定方之威, 逐於人後爾. <三國遺事>
당나라 장수 소정방蘇定方의 위엄에 눌려서, 남의 뒤에서 따를 뿐입
니다. *迫(박)다그치다. 帥(수)장수. 逐(축)쫓다, 따르다.

▷耳(이)

父母許與汝同居, 故來耳. <大東韻府群玉>
부모님이 그대와 함께 살기를 허락하였기 때문에 왔을 뿐이다. *許
(허)허락하다. 汝(여)너. 耳(이)뿐.

狡兔有三窟, 僅得免其死耳. <戰國策>
교활한 토끼는 세 개 굴이 있어, 겨우 그 죽음을 면할 수 있었을 따름

이다. *狡兔三窟(교토삼굴)지혜롭게 준비하여 어려운 일을 면함. *狡(교)교활하다. 窟(굴)굴. 僅(근)겨우. 免(면)면하다.

▷ 而已(이이)

兄弟之情, 友愛**而已**. <學語集>
형제의 정은 우애일 뿐이다.

凡祭, 主於盡愛敬之誠**而已**. <擊蒙要訣>
무릇 제사는 사랑하고 공경하는 정성을 다하는 것을 주로 할 뿐이다.
*敬(경)공경하다. 誠(성)정성.

人生天地之間, 若白駒之過隙, 忽然**而已**. <莊子>
사람이 천지 사이에 살아 있는 것은 흰말이 틈 앞을 지나가는 것처럼, 홀연히 지나갈 뿐이다. *白駒過隙(백구과극)인생이란 순식간에 흘러가는 덧없는 것이란 의미. *駒(구)망아지, 말. 隙(극)틈. 忽(홀)문득, 갑자기.

▷ 而已矣(이이의)

堯舜之道, 孝弟**而已矣**. <孟子>
요와 순의 도는 효도와 공경일 뿐이다. *弟(제)공경하다.<弟悌>

夫子之道, 忠恕**而已矣**. <論語>
부자夫子의 도는 충忠과 서恕일 뿐이다. *忠恕(충서)자기의 정성을 다하고, 자기를 미루어 남을 헤아림.

伯夷之非武王, 非非其擧也, 明其義**而已矣**. <伯夷論>
백이伯夷가 무왕武王을 그르다고 한 것은 그 거사擧事를 그르게 여긴 것이 아니요, 그 의리를 밝혔을 따름이다. *非(비)아니다, 그르다. 擧(거)들다.

11. 感歎形

　말하는 사람의 감동感動・탄식歎息 등의 감정을 드러낸 문장 형식으로 문두文頭에 감탄사나, 문말文末에 감탄종결사를 사용한다.

(1) 감탄사 사용

'噫・嘻・惡・於・吁・嗚呼・嗟夫・嗟乎' 등 사용

▷噫(희)・譆(희)・嘻(희)

噫, 斗筲之人, 何足算也. <論語>
아, 한 말 두 되 들어갈 정도의 좁은 소견을 가진 사람들을 어찌 헤아릴 수 있겠는가. *斗筲之人(두소지인)도량이 좁거나 보잘것없는 사람을 비유함. *噫(희)탄식하다. 斗(두)말. 筲(소)대그릇. 算(산)세다.

噫, 甚矣, 其無愧而不知恥也. <莊子>
아, 심하도다, 그가 부끄러워함이 없고 수치를 알지 못함이여. *甚(심)심하다. 愧(괴)부끄럽다. 恥(치)부끄럽다.

譆, 善哉. 技蓋至此乎. <莊子>
아, 훌륭하다. 재주가 어떻게 이런 경지에까지 이르렀는가. *譆(희)감탄하다. 技(기)재주. 蓋(개)어떻게.

嘻, 子毋讀書遊說, 安得此辱乎. <史記>
아, 당신께서 글을 읽어 유세遊說하지 않았다면, 어찌 이런 욕을 당하겠습니까. *說(세)달래다. 安(안)어찌. 辱(욕)욕되다.

▷嗟乎(차호)・嗟呼(차호)・嗟夫(차부)

嗟乎, 師道之不傳也, 久矣. <師說>
아아, 스승의 도가 전해지지 않은 지 오래이다. *嗟(차)탄식하다.

嗟乎, 一人之心, 千萬人之心也. <阿房宮賦>

아아, 임금 한 사람의 마음은 천만 사람(온 백성)의 마음이다.

嗟呼. 孤爲民父母, 使民至於此極, 孤之罪也. <三國史記>

아아, 내가 백성의 부모가 되어, 백성으로 하여금 이러한 지경에 이르게 한 것은 나의 죄이다. *呼(호)탄식하다. 孤(고)나, 왕후王侯의 겸칭. 極(극)극. 막다른 지경.

嗟夫, 使六國各愛其人, 則足以拒秦. <阿房宮賦>

슬프다, 가령 육국六國이 각각 그 백성을 사랑하였다면, 진秦을 막을 수 있었을 것이다. *使(사)가령. 拒(거)막다.

▷惡(오)

惡, 可不察與. <莊子>

아, 살피지 않을 수 있겠는가. *惡(오)감탄사, 아니. 察(찰)살피다. 與(여)어조사.<반어>

惡, 賜是何言也. 夫君子豈多而賤之, 少而貴之哉. <荀子>

아, 사賜(자공子貢)는 무슨 말인가. 군자가 어찌 많다고 하여 천하게 여기고, 적다고 하여 귀히 여기겠는가. *賜(사)주다. 賤(천)천하다.

▷惡乎(오호)

惡乎, 君子, 天有顯德. <墨子>

아, 군자여, 하늘에는 빛나는 덕이 있다. *顯(현)나타나다.

▷於乎(오호)

於乎, 小子未知臧否. <詩經>

아, 소자는 좋고 나쁨을 알지 못하는구나. *小子(소자)덕이 없는 사람. *臧(장)착하다. 否(비)나쁘다.

▷吁(우)・于嗟(우차)

吁, 惡有滿而不覆者哉. <荀子>

아, 어찌 차고서 엎어지지 않는 것이 있겠는가. *吁(우)탄식하다. 惡(오)어찌. 覆(복)뒤집히다.

吁, 人之慕名利, 猶魚之慕香餌. <於于野談>

아아, 사람이 명예와 이익을 사모하는 것은 물고기가 냄새 좋은 미끼를 사모하는 것과 같구나. *猶(유)같다. 餌(이)먹이.

于嗟, 女兮, 無與士耽. <詩經>

아, 여자여, 남자와 놀아나지 말지어다. *兮(혜)어조사. 耽(탐)즐기다.

▷嗚呼(오호)

嗚呼. 國恥民辱, 乃至於此. <閔泳煥 遺書>

아아, 나라의 수치와 백성의 욕됨이 바로 여기에 이르렀구나. *嗚(오)탄식하다. 恥(치)부끄럽다. 辱(욕)욕되다.

嗚呼. 北也身雖凍死, 名不滅. <申光河詩>

아아, 최북崔北은 몸이 비록 얼어 죽었지만, 이름은 사라지지 않으리라. *凍(동)얼다. 滅(멸)없어지다.

日月逝矣, 歲不我延, 嗚呼, 老矣, 是誰之愆. <朱文公勸學文>

해와 달은 가고, 세월은 나를 기다려 주지 않는다. 아, 늙었구나. 이것이 누구의 잘못인가. *逝(서)가다. 延(연)늘이다. 愆(건)허물.

(2) 감탄종결사 사용

'乎・夫・哉・與・也・矣・兮・矣夫' 등 사용

▷乎(호)

而果其賢乎. <莊子>

너는 과연 현명하구나. *而(이)너. 果(과)과연, 정말.

中庸之爲德也, 其至矣乎. <論語>

중용의 덕이 지극하구나.

十目所視, 十手所指, 其嚴乎. <大學>

열 눈이 보는 바이며, 열 손가락이 가리키는 바이니, 그 엄하구나.

*嚴(엄)엄하다.

惜**乎**, 吾讀書, 本期十年, 今七年矣. <許生傳>
애석하구나, 나는 책 읽는 것을 본래 10년으로 기약했는데 이제 7년
이로구나. *惜(석)아깝다.

▷ 夫(부)

逝者如斯**夫**, 不舍晝夜. <論語>
가는 것이 이와 같도다, 주야로 그치지 않는구나. *逝(서)가다. 舍(사)
그치다, 쉬다. 夫(부)~도다.<감탄>

君之所讀者, 故人之糟魄已**夫**. <莊子>
그대가 읽는 것은 옛사람의 찌꺼기일 뿐이도다. *糟魄(조백)지게미.
조박糟粕. *君(군)그대. 已(이)뿐. 糟(조)지게미. 魄(박)재강.<술을 거르
고 남은 찌끼>

▷ 與(여)

治國而無禮, 譬猶瞽之無相**與**. <禮記>
나라를 다스림에 예가 없음은, 비유하면 맹인이 안내자 없음과 같음
이도다. *譬(비)비유하다. 猶(유)같다. 瞽(고)소경. 相(상)도움, 보조자.

山林**與**, 皐壤**與**, 使我欣欣然而樂**與**. <莊子>
산림이여, 높은 평원이여, 나를 기쁘고 즐겁게 하도다. *皐(고)언덕,
높다. 壤(양)흙. 欣(흔)기뻐하다.

▷ 歟(여)

先天下之憂而憂, 後天下之樂而樂**歟**. <岳陽樓記>
천하 사람들이 근심하기에 앞서 근심하고, 천하 사람들이 즐거워한
뒤에 즐거워하도다.

▷ 兮(혜)

一日不見, 如三秋**兮**. <詩經>
하루 보지 못함이 삼 년과 같도다. *三秋(삼추)삼 년. *兮(혜)어조사.

以暴易暴**兮**, 不知其非矣. <史記>

포악함으로 포악함을 바꿈이여, 그 잘못을 알지 못하도다. *暴(포)사
납다. 易(역)바꾸다.

▷ 哉(재)

愚**哉**, 汝也, 豈有無肝而生者乎. <三國史記>

어리석구나, 거북아, 어찌 간이 없이 사는 것이 있겠느냐. *愚(우)어
리석다. 汝(여)너. 肝(간)간.

曠安宅而弗居, 舍正路而不由, 哀**哉**. <孟子>

편안한 집<인仁>을 비워 두고 거하지 않으며, 바른길<의義>을 버려
두고 따르지 않으니, 슬프구나. *曠(광)비다. 舍(사)버리다.<사捨>

直**哉**, 史魚, 邦有道如矢, 邦無道如矢. <論語>

정직하구나, 사어史魚여, 나라에 도가 있을 때에도 화살처럼 곧으며,
나라에 도가 없을 때에도 화살처럼 곧도다. *邦(방)나라. 矢(시)화살.

▷ 矣(의)

甚**矣**, 汝之不慧. <列子>

심하도다, 그대의 슬기롭지 못함이. *甚(심)심하다. 汝(여)너. 慧(혜)슬
기롭다.

久**矣**, 吾不復夢見周公. <論語>

오래되었도다, 내 다시 꿈속에서 주공周公을 뵙지 못함이여. *復(부)
다시. 見(현)뵙다.

▷ 矣夫(의부)

君子博學於文, 約之以禮, 亦可以弗畔**矣夫**. <論語>

군자가 문을 널리 배우고, 예로써 요약한다면, 또한 도에 어긋나지 않
을 것이도다. *博(박)넓다. 約(약)묶다. 畔(반)어그러지다, 배반하다.

12. 抑揚形

화자話者가 말하려는 생각을 일단 눌러 놓았다가 다시 어조語調를 높여서 뜻을 강하게 표현하는 문장 형식.

(1) '況·矧'과 의문종결사 호응

死馬且買之, **況**生者**乎**. <十八史略>
죽은 말도 또한 사는데, 하물며 산 것임에랴. *買(매)사다.

吾未聞枉己而正人者也, **況**辱己以正天下者**乎**. <孟子>
나는 자기 몸을 굽히고서 남을 바로잡았다는 말을 들어 보지 못하였는데, 하물며 자신을 욕되게 하여 천하를 바로잡음에 있어서랴. *枉(왕)굽히다. 辱(욕)욕되다.

明者睹未萌, **況**已著**邪**. <後漢書>
현명한 자는 아직 싹트지 않은 것도 보는데, 하물며 이미 드러난 것임에랴. *睹(도)보다. 萌(맹)싹트다. 著(저)나타나다. 邪(야)어조사.<의문>

(2) '況·矧' 사용

乍晴乍雨雨還晴, 天道猶然**況**世情. <金時習詩>
잠시 개었다 비 오고, 비 오다가 다시 개니, 하늘도 오히려 그러한데, 하물며 세상의 인심임에랴. *乍(사)잠깐. 還(환)도리어. 晴(청)개다. 猶(유)오히려.

況陽春召我以煙景, 大塊假我以文章. <春夜宴桃李園序>
하물며 따뜻한 봄은 아지랑이 낀 경치로 나를 부르고, 천지는 나에게 문장력을 빌려 줌에랴. *煙景(연경)연하煙霞가 끼어 있는 봄 경치. 大塊(대괴)큰 덩어리, 천지天地. *塊(괴)덩어리. 假(가)빌리다.

相彼鳥矣, 猶求友聲, 矧伊人矣 不求友生. <詩經>

저 새를 보건대 오히려 벗을 찾는 소리를 하는데, 하물며 사람이 벗을 찾지 않는단 말인가. *友生(우생)친구. *相(상)보다. 伊(이)저, 그. 矧(신)하물며.

Part Ⅳ

漢字의 쓰임

Part Ⅳ. 漢字의 쓰임

1. 見(견·현)

① 보다.

見利思義, **見**危授命. <論語>

이利를 보고 의義를 생각하며, 위태로움을 보고 목숨을 바친다. *授(수)주다.

能**見**百步之外, 而不能自**見**其睫. <韓非子>

백 보 밖을 볼 수 있으나, 스스로 그 눈썹을 볼 수 없다. *睫(첩)속눈썹.

② 당하다.

夫子何以知其將**見**殺. <孟子>

선생께서는 어떻게 그가 장차 죽임을 당할 것을 아셨습니까. *見(견)당하다.

夫有高人之行者, 固**見**非於世, 有獨知之慮者, 必**見**敖於民. <史記>

무릇 고사高士의 행동이 있는 자는 진실로 세상에서 비난을 당하고, 홀로 아는 생각이 있는 자는 반드시 백성에게 업신여김을 받는다. *高人(고인)고사高士. 뜻이 높고 지조가 굳은 사람. *非(비)비방하다. 慮(려)생각하다. 敖(오)업신여기다, 거만하다.

③ 뵙다.

冉有季路**見**於孔子. <論語>

염유冉有와 계로季路가 공자를 알현謁見했다. *冉(염)나아가다. 見(현)
뵙다.

世子自楚反, 復**見**孟子. <孟子>

세자가 초나라로부터 돌아와, 다시 맹자를 뵈었다. *自(자)~로부터.
楚(초)초나라. 復(부)다시.

④ 나타나다 · 드러나다.

得志澤加於民, 不得志修身, **見**於世. <孟子>

뜻을 얻으면 백성에게 은택을 가하고, 뜻을 얻지 못하면 몸을 닦아,
세상에 드러낸다. *澤(택)은덕. 見(현)나타나다.

莫**見**乎隱, 莫顯乎微, 故君子愼其獨也. <中庸>

숨기는 것보다 더 잘 드러나는 것이 없고, 미세한 것보다 더 잘 나타
나는 것이 없으니, 그러므로 군자는 그 홀로를 삼간다. *顯(현)나타나
다. 愼(신)삼가다.

2. 故(고)

① 예 · 옛.

人亡餘**故**宅, 空有荷花生. <李白詩>

사람은 죽고 옛집만 남아, 부질없이 연꽃만 피어 있구나. *空(공)부질
없이. 荷(하)연, 연꽃.

羈鳥戀舊林, 池魚思**故**淵. <陶潛詩>

새장 속의 새는 옛 숲을 그리워하고, 연못의 물고기는 옛 연못을 생
각한다. *羈(기)굴레. 戀(연)그리워하다, 사모하다. 淵(연)못.

② 그러므로.

海不辭水, **故**能成其大. <管子>

바다는 물을 마다하지 않기 때문에, 그 큼을 이룰 수 있다. *辭(사)사
양하다.

大丈夫見善明, **故**重名節於泰山. <明心寶鑑>

대장부는 선을 보는 것이 밝으므로, 명예名譽와 절조節操를 태산보다
중히 여긴다. *於(어)~보다.

崔致遠孤雲, 有破天荒之大功, **故**東方學者, 皆以爲宗. <白雲小說>

고운孤雲 최치원崔致遠은 파천황破天荒의 큰 공이 있기 때문에, 동방
의 학자들이 모두 으뜸으로 삼는다. *破天荒(파천황)천지가 열리지
않은 세상을 개척함. *宗(종)으뜸.

③ 짐짓·일부러.

知我**故**來意, 取琴爲我彈. <陶潛詩>

내가 일부러 온 뜻을 알고는, 거문고를 가져다 나를 위해 타 주네.
*故(고)일부러, 짐짓. 彈(탄)타다, 연주하다.

好雨留人**故**不晴, 隔窓終日聽江聲. <申光洙詩>

좋은 비가 사람을 붙들어 두고 일부러 개지 않아, 종일 창밖 강물 소
리 듣고 있네. *留(류)머무르다. 晴(청)개다. 隔(격)사이 뜨다.

④ 연고·까닭.

無**故**而得千金, 不有大福, 必有大禍. <明心寶鑑>

까닭 없이 많은 돈을 얻으면, 큰 복이 있지 아니하고, 반드시 큰 재화
가 있다.

臣弑其君, 子弑其父, 非一朝一夕之**故**. <易經>

신하가 군주를 시해하고, 지식이 아비를 시해함은 일조일석一朝一夕
의 이유가 아니다. *弑(시)죽이다.

⑤ 사고.

父母俱存, 兄弟無**故**, 一樂也. <孟子>
부모가 모두 생존해 계시며, 형제가 무고한 것이 첫 번째 즐거움이다.
*俱存(구존)어버이가 모두 살아 계심.

聖人已死, 則大盜不起, 天下平而無**故**矣. <莊子>
성인이 죽고 나면 큰 도둑이 일어나지 않아, 천하가 평화롭고 사고가
없을 것이다. *盜(도)훔치다.

⑥ 친구.

주로 '人'과 연용하여 '故人'으로 쓴다.

故人知君, 君不知**故人**, 何也. <後漢書>
친구가 그대를 알아주었는데, 그대는 친구를 알아주지 않음은 어쩐
일인가. *故人(고인)오랜 친구.

勸君更盡一杯酒, 西出陽關無**故人**. <王維詩>
그대에게 권하노니 다시 한잔 술 다하게, 서쪽으로 양관陽關을 나서
면 친구도 없을 테니. *陽關(양관)서역으로 가는 남쪽 관문. 북쪽은
옥문관玉門關. *勸(권)권하다. 更(갱)다시.

3. 過(과)

① 허물 · 잘못.

過而不改, 是謂**過**矣. <論語>
잘못하고도 고치지 않는 것을 잘못이라고 한다. *過(과)허물.

刑**過**不避大臣, 賞善不遺匹夫. <韓非子>
죄과罪過를 범하는 것은 대신大臣도 피하지 않으며, 선을 상 주는 것
은 필부匹夫도 빠뜨리지 않는다. *刑(형)벌하다. 避(피)피하다. 遺(유)

남기다. 匹(필)혼자, 하나, 천한 사람.

欲勝己者親, 無如改**過**之不吝. <近思錄>
자기보다 나은 자와 친하고자 한다면, 허물을 고치기를 인색하지 않는 것만 한 것이 없다. *勝(승)낫다. 吝(린)인색하다, 아끼다.

② 지나치다·초월하다·넘다.

仁可過也, 義不可**過**也. <刑賞忠厚之至論>
인은 지나칠 수 있지만, 의는 지나치면 안 된다.

遠非道之財, 戒**過**度之酒. <明心寶鑑>
도리가 아닌 재물은 멀리하고, 도에 지나치는 술을 경계하여야 한다.
*戒(계)경계하다. 度(도)법도.

他花不**過**一時之好, 惟棉花衣被天下. <大東奇聞>
다른 꽃은 한때의 좋음에 지나지 않으나, 오직 목화는 천하 사람들에게 옷을 입힌다. *被(피)옷을 입다. 棉(면)목화.

③ 지나다. <세월>

藝不少學, **過**時悔. <明心寶鑑>
재주는 어렸을 때 배우지 않으면, 시기가 지났을 때 뉘우친다. *藝(예)재주. 悔(회)뉘우치다.

過歲不婚娶者, 官宜成之. <牧民心書>
과년過年하도록 결혼하지 못한 사람은 관아에서 마땅히 그들을 혼인시켜 줘야 한다. *婚娶(혼취)장가들고 시집감. *娶(취)장가들다.

過去事明如鏡, 未來事暗似漆. <明心寶鑑>
지나간 일은 밝기가 거울과 같고, 미래의 일은 어둡기가 칠흑과 같다.
*鏡(경)거울. 似(사)같다. 漆(칠)옻, 검다.

④ 통과하다·지나가다·들르다.

孔子**過**泰山側. <禮記>
공자가 태산 근처를 지나갔다. *側(측)곁.

鯉趨而**過**庭, 日學詩乎. <論語>

제(鯉鯉. 공자의 아들)가 빨리 걸어 뜰을 지나는데, "시를 배웠느냐" 하고 물으셨다. *鯉(리)잉어. 趨(추)빨리 가다, 달리다.

禹稷當平世, 三**過**其門, 而不入. <孟子>

우왕禹王과 후직后稷이 태평한 세상을 당하여, 세 번 그 문 앞을 지나면서도 들르지 못하였다. *禹(우)하우씨. 稷(직)기장.

⑤ 낫다.

婦工者, 不必技巧**過**人也. <內訓>

부공婦工이란 기교가 남보다 뛰어난 것을 기필하지 않는다. *必(필)기필期必하다. 技(기)재주. 巧(교)공교하다.

若要人重我, 無**過**我重人. <明心寶鑑>

남이 나를 중히 여기기를 바란다면, 내가 먼저 남을 중히 여기는 것보다 나음이 없다.

4. 幾(기)

① 몇·얼마.

子來, **幾**日矣. <孟子>

그대가 온 지 며칠이나 되었는가. *子(자)그대. 幾(기)몇, 얼마.

少壯**幾**時兮, 奈老何. <秋風辭>

젊은 날이 몇 해인가, 늙음을 어찌하랴. *壯(장)젊다, 장하다. 兮(혜)어조사. 奈(내)어찌.

相識滿天下, 知心能**幾**人. <增廣賢文>

서로 얼굴을 아는 사람이 세상에 가득하지만, 마음을 알아주는 사람이 몇이나 될까.

▷ '何'와 연용한 '幾何'의 형태로 쓰이는 경우가 많다.

先生能飮**幾何**而醉. <史記>
선생께서는 얼마를 마시면 취할 수 있습니까. *幾何(기하)얼마.

浮生若夢, 爲歡**幾何**. <春夜宴桃李園序>
덧없는 인생이 꿈과 같으니, 기쁨을 즐기는 것이 얼마나 되겠는가.
*浮(부)뜨다. 歡(환)기쁘다.

② 기미·낌새.

智者知**幾**, 而固守. <近思錄>
지혜로운 사람은 기미를 알아서, 굳게 지킨다. *幾(기)기미, 낌새.

哲人知**幾**, 誠之於思. <動箴>
어질고 밝은 사람은 기미를 알아서, 생각할 때에 성실히 한다. *哲
(철)밝다.

③ 거의.

滅其軍**幾**盡者, 文德一人之力也. <三國史記>
그 군사를 거의 섬멸해 버릴 수 있었던 것은 을지문덕乙支文德 한 사
람의 힘이었다. *幾(기)거의. 滅(멸)멸하다.

禍莫大於輕敵, 輕敵**幾**喪吾寶. <老子>
재앙은 적을 가볍게 여기는 것보다 더 큰 것이 없으니, 적을 가볍게
여기면 거의 나의 보물을 잃는다. *禍(화)재앙. 敵(적)원수. 喪(상)잃다.

其妻妾不羞也, 而不相泣者, **幾**希矣. <孟子>
그 처첩이 부끄러워 아니 하고, 서로 울지 않을 자가 거의 드물 것이
다. *羞(수)부끄러워하다. 泣(읍)울다. 希(희)드물다.<희稀>

④ 가깝다.

知樂, 則**幾**於禮矣. <禮記>
음악을 알면 예에 가깝다. *幾(기)가깝다.

水善利萬物, 而不爭, 處衆人之所惡, 故**幾**於道. <老子>

물은 만물을 이롭게 하지만 다투지 않고, 많은 사람이 싫어하는 곳에 처하기 때문에 도에 가깝다. *爭(쟁)다투다. 處(처)살다, 머무르다. 惡(오)싫어하다.

耳不聞人之非, 目不視人之短, 口不言人之過, 庶**幾**君子. <明心寶鑑>

귀로는 남의 나쁜 것을 듣지 말고, 눈으로는 남의 단점을 보지 말고, 입으로는 남의 허물을 말하지 않아야 군자에 가깝다. *庶(서)거의, 가깝다.

⑤ 바라다.

王庶**幾**改之, 王如改諸, 則必反子. <孟子>

왕이 고치시기를 바라노니, 왕이 만일 이를 고치신다면 반드시 나를 돌리게 하셨을 것이다. *庶(서)바라다. 幾(기)바라다. 諸(저)이, 저. 子(여)나.

如知爲君之難也, 不**幾**乎一言而興邦乎. <論語>

만일 임금 노릇 하기가 어려움을 안다면, 한마디 말로 나라를 흥하게 함을 바랄 수 없겠습니까. *如(여)만약. 邦(방)나라.

5. 寧(녕)

① 편안하다.

濟濟多士, 文王以**寧**. <詩經>

많은 선비들이여, 문왕이 이들 때문에 편안하다. *濟(제)많고 성하다.

民惟邦本, 本固邦**寧**. <書經>

백성은 오직 나라의 근본이니, 근본이 굳어야 나라가 편안하다. *固(고)굳다.

周公兼夷狄, 驅猛獸而百姓**寧**. <孟子>

주공周公이 이적夷狄을 하나로 하고, 맹수를 몰아내어 백성들이 편안
하였다. *兼(겸)겸하다. 夷(이)오랑캐. 狄(적)오랑캐. 驅(구)몰다. 猛(맹)
사납다.

② 어찌.

經國之臣, **寧**懷妻孥邪. <三國志>

나라를 다스리는 신하가 어찌 처자식을 생각하겠는가. *經(경)다스리
다. 孥(노)자식. 邪(야)어조사.<반어>

十人而從一人者, **寧**力不勝, 智不若耶. <戰國策>

열 사람이 한 사람을 따르는 것이 어찌 힘이 낫지 못해서이며, 지혜
가 같지 못해서이겠는가. *勝(승)낫다. 耶(야)어조사.<반어>

③ 차라리.

寧鬪智, 不能鬪力. <史記>

차라리 지혜로 싸울지언정, 힘으로 싸울 수 없다. *鬪(투)싸우다.

寧以義死, 不苟幸生. <縱囚論>

차라리 의에 따라 죽을지언정, 구차히 요행으로 살려고 하지 아니한
다. *苟(구)구차하다. 幸(행)다행.

寧無病而食麤飯, 不有病而服良藥. <明心寶鑑>

차라리 병이 없이 변변치 못한 밥을 먹을지언정, 병이 있어 좋은 약
을 먹지 말 것이다. *麤(추)거칠다. 服(복)약을 먹다.

6. 乃(내)

① 이에.

舟覆**乃**見善游, 馬奔乃見良御. <淮南子>

배가 엎어져 봐야 이에 헤엄을 잘 치는 것을 볼 수 있고, 말이 달리면 이에 잘 부리는가 볼 수 있다. *覆(복)뒤집히다. 游(유)헤엄치다. 奔(분)달리다. 御(어)부리다.

孟母日, 此非所以居子也, 乃徙舍學宮之傍. <列女傳>
맹자의 어머니는 "이곳도 자식을 살게 할 곳이 아니다" 하고, 이에 집을 학교(학궁學宮) 옆으로 옮겼다. *徙(사)옮기다. 傍(방)곁.

② 곧.

用術者, 乃所以爲拙. <菜根譚>
교묘한 재주를 부리는 것은 곧 재주가 서툴기 때문이다. *術(술)재주, 꾀. 乃(내)이에, 곧. 拙(졸)옹졸하다.

民墜塗炭, 天乃錫王勇智. <書經>
백성들이 도탄塗炭에 떨어지니, 하늘이 곧 왕에게 용기와 지혜를 주어야 한다. *錫(석)주다. 墜(추)떨어지다. 塗(도)진흙. 炭(탄)숯.

若惟不耕與不敎, 是乃父兄之過歟. <白樂天勸學文>
만약 밭 갈지도 않고 가르치지도 않는다면, 이는 곧 부형의 잘못이도다. *與(여)~와. 過(과)허물. 歟(여)어조사.

③ 비로소.

士窮, 乃見節義. <柳子厚墓誌銘>
선비는 곤궁困窮하게 되고 나서야, 비로소 절개節槪와 의리義理가 나타나게 된다. *乃(내)비로소. 見(현)나타나다.

曾子仆地, 而不知人久之, 有頃乃蘇. <孔子家語>
증자가 땅에 넘어져, 오랫동안 사람도 알아보지 못하다가 얼마 후 비로소 깨어났다. *仆(부)넘어지다. 頃(경)잠깐. 蘇(소)깨어나다.

④ 너.

往踐乃職, 無逆朕命. <春秋左氏傳>
귀국해서 그대의 직분을 지켜, 짐의 명령에 거역함이 없게 하라. *乃

(내)너. 踐(천)지키다. 逆(역)거스르다. 朕(짐)나, 천자의 자칭.

今欲發之, **乃**能從我乎. <漢書>

지금 그 일을 펴려고 하는데, 너희들은 나를 따를 수 있겠는가.

⑤ ～이다. <연계동사>

'乃' 뒤에 보어 명사, 명사구가 오면 연계동사이다.

口**乃**心之門. <菜根譚>

입은 마음의 문이다.

詩爲有聲畵, 畵**乃**無聲詩. <成侃詩>

시는 소리 있는 그림이요, 그림은 소리 없는 시이다.

7. 道(도)

① 길·도로.

國無盜賊, **道**不拾遺. <韓非子>
나라에 도적이 없고, 길에서 떨어뜨린 물건을 줍지 않는다. *盜(도)훔
치다. 賊(적)도적. 拾(습)줍다. 遺(유)잃다.

道雖邇, 不行不至, 事雖小, 不爲不成. <荀子>
길이 비록 가까우나, 가지 않으면 이르지 못하고, 일이 비록 작으나,
하지 않으면 이루지 못한다. *邇(이)가깝다.

② 도·이치.

朝聞**道**, 夕死可矣. <論語>
아침에 도를 들으면, 저녁에 죽어도 괜찮다.

非其**道**, 則一簞食, 不可受於人. <孟子>
그 도가 아니라면, 한 그릇의 밥이라도, 남에게 받아서는 안 된다.

*簞(단)대 밥그릇, 대바구니. 食(사)밥. 受(수)받다.

③ 길·방법.

刻削之道, 鼻莫如大, 目莫如小. <韓非子>
조각을 잘하는 법은 코는 크게 하는 것이 좋고, 눈은 작게 하는 것이 좋다. *刻(각)새기다. 削(삭)깎다.

學問之道無他, 有不識, 執塗之人而問之, 可也. <北學議序>
학문하는 방법은 다른 것이 없고, 모르는 것이 있으면, 길을 가는 사람이라도 잡고 묻는 것이 옳다. *執(집)잡다. 塗(도)길.

富與貴是人之所欲也, 不以其**道**得之, 不處也. <論語>
부와 귀는 사람들이 하고자 하는 것이나, 정상적인 방법으로 얻지 않으면, 처하지 않아야 한다.

④ 말하다.

無**道**人之短, 無說己之長. <文選>
남의 단점을 말하지 말고, 자기의 장점을 말하지 마라. *無(무)말다. 道(도)말하다.

孟子**道**性善, 言必稱堯舜. <孟子>
맹자께서 성의 선함을 말씀하시되, 말씀마다 반드시 요순堯舜을 일컬으셨다. *稱(칭)일컫다.

已聞淸比聖, 復**道**濁如賢. <李白詩>
이미 청주는 성인에 비한다고 들었고, 다시 탁주는 현인과 같다고 말한다. *比(비)견주다. 復(부)다시. 濁(탁)흐리다.

⑤ 인도하다·다스리다.

忠告而善**道**之, 不可則止, 無自辱焉. <論語>
충심으로 말해 주고 잘 인도하되, 불가하면 그만두어서 스스로 욕됨이 없게 하여야 한다. *辱(욕)욕되다. 焉(언)어조사.

道千乘之國, 敬事而信, 節用而愛人, 使民以時. <論語>

천승千乘의 나라를 다스리되, 일을 공경하고 믿게 하며, 쓰기를 절도 있게 하고 백성을 사랑하며, 백성을 부리기를 때에 하여야 한다. *千乘(천승)제후諸侯. 주대周代에 전시戰時에 천자天子는 만승萬乘, 제후는 천승千乘을 내도록 되어 있었음. *乘(승)수레.

8. 良(량)

① 어질다·뛰어나다·훌륭하다.

董狐古之**良**史也. <春秋左氏傳>
동호董狐는 옛날에 훌륭한 사관史官이다. *董(동)성. 狐(호)여우. 史(사)사관史官.

家貧則思**良**妻, 國亂則思**良**相. <史記>
집안이 가난해지면 어진 아내를 생각나고, 나라가 혼란해지면 훌륭한 재상을 생각한다.

良醫之門, 多病人 <荀子>
훌륭한 의원의 집에는 아픈 사람이 많이 모인다. *醫(의)의원.

馬氏五常, 白眉最**良**. <三國志>
마씨馬氏 오 형제에서, 흰 눈썹이 난 사람이 가장 뛰어났다. *五常(오상)촉한蜀漢의 마량馬良의 자는 계상季常이며, 형제 다섯이 상常 자를 사용하여 자를 만들었음. *白眉(백미)우수한 여럿 중에서 가장 뛰어남.

② 좋다.

良藥苦於口, 而利於病. <孔子家語>
좋은 약은 입에 쓰나 병에 이롭다.

對案不食, 思得**良**饌. <四字小學>

밥상을 대하고서 잡수시지 않으시면 좋은 음식 얻을 것을 생각하라.
*案(안)밥상. 饌(찬)반찬.

良田萬頃, 不如薄藝隨身. <明心寶鑑>
좋은 밭 만 이랑이 박한(하찮은) 재주가 몸에 따르는 것만 못하다. *
頃(경)백 이랑. 薄(박)엷다.

③ 참으로 · 진실로.

古人秉燭夜遊, **良**有以也. <春夜宴桃李園序>
옛날 사람이 촛불을 잡고 밤에 놀았던 것은 진실로 까닭이 있었다.
*秉(병)잡다. 良(량)진실로. 以(이)까닭.

大抵作官嗜利, 所得甚少, 而吏人所盜不訾矣, 以此被重譴, **良**可惜也. <小學>
대저大抵 관리가 이익을 좋아하면 자신이 얻는 것은 매우 적으면서
도, 아전들이 도둑질하는 것은 헤아릴 수 없다. 이 때문에 무거운 벌
을 받게 되니 참으로 애석하다. *嗜(기)좋아하다, 즐기다. 訾(자)세다,
재물. 譴(견)죄과, 꾸짖다.

④ 남편.

주로 '良'과 연용하여 '良人'로 쓰인다.

良人者, 所仰望而終身也. <孟子>
남편이란 우러러 바라보면서 일생을 마쳐야 할 사람이다.

何日平胡虜, **良人**罷遠征. <李白詩>
어느 날 오랑캐를 평정하고, 남편이 원정을 그만둘 것인가. *何(하)어
느. 胡(호)오랑캐. 虜(로)오랑캐. 罷(파)마치다, 그만두다. 征(정)치다.

⑤ 잠시 · 좀 있다가.

주로 '久'와 연용하여 '良久'로 쓰인다.

韓立馬**良久**, 謂島曰, 作敲字佳矣. <湘素雜記>
한유韓愈는 말을 세우고 한참 있다가, 가도賈島에게 "고敲 자로 짓는
것이 좋겠구나" 하였다. *敲(고)두드리다. 佳(가)좋다.

爲開籠縱鶴, **良久**逋必棹小船, 而歸. <夢溪筆談>

새장을 열어 학을 풀어놓으면 한참 있다가 임포林逋가 작은 배를 저어 돌아왔다. *籠(롱)새장. 縱(종)놓다. 逋(포)도망가다. 棹(도)노.

⑥ 본래부터.

人之所不學而能者, 其**良**能也. 所不慮而知者, 其**良**知也. <孟子>

사람들이 배우지 않고도 능한 것은 양능良能(타고난 재능)이요, 생각하지 않고도 아는 것은 양지良知(타고난 지혜)이다.

9. 亡(망·무)

① 망하다.

天之**亡**我, 非戰之罪也. <史記>

하늘이 나를 망하게 하려는 것이지, 전쟁을 잘못한 죄가 아니다.

順天者存, 逆天者**亡**. <孟子>

하늘의 이치를 순종하는 자는 보존되고, 천리를 거스르는 자는 망한다.

亡國之大夫, 不可以圖存. <史記>

망한 나라의 대부는 나라의 존속을 도모할 수 없다. *圖(도)꾀하다.

② 달아나다.

廣故數言欲**亡**. <史記>

오광吳廣은 도망하려 한다고 일부러 자주 말했다. *故(고)일부러. 數(삭)자주.

馬無故**亡**, 而入胡. <淮南子>

말이 까닭 없이 달아나 오랑캐 땅에 들어갔다. *故(고)까닭. 胡(호)오랑캐.

③ 죽다.

亡子計齒. <東言解>

죽은 자식 나이를 세다. *計(계)세다. 齒(치)나이.

亡父, 未嘗以白金委人也, <小學>

돌아가신 아버지께서 일찍이 은(백금白金)을 남에게 맡기시지 않았습니다. *委(위)맡기다.

實爲吾**亡**弟卓而之再期. <亡弟再期祭文>

실은 나의(김창협金昌協) 죽은 아우 탁이卓而의 두 번째 기일이다. *卓(탁)높다. 期(기)돌, 일주년.

④ 잃다.

亡羊而補牢, 未爲遲也. <戰國策>

양을 잃고 우리를 고쳐도 아직 늦지 않다. *亡羊補牢(망양보뢰)이미 실패한 뒤에 뉘우쳐도 쓸데없음. *牢(뢰)우리. 遲(지)더디다.

人有**亡**鈇者, 疑其鄰之子. <列子>

어떤 사람이 도끼를 잃은 자가 있었는데, 그 이웃집의 아들을 의심하였다. *鈇(부)도끼. 鄰(린)이웃.

大道以多歧**亡**羊, 學者以多方喪生. <列子>

큰길은 갈림길이 많아서 양을 잃어버리고, 배우는 데는 방도가 많아서 삶을 잃는다. *多歧亡羊(다기망양)학문의 길이 많아 진리를 찾기 어려움을 뜻함. *歧(기)갈림길.

⑤ 없다.

人皆有兄弟. 我獨**亡**. <論語>

사람들은 모두 형제가 있는데, 나만이 홀로 없구나. *亡(무)없다.

國初有**亡**名士, 隱居智異山. <補閑集>

국초에 이름 없는 선비가 지리산에 숨어 살았다. *隱(은)숨다.

亡而爲有, 虛而爲盈 約而爲泰, 難乎有恒矣. <論語>

없으면서 있는 체하며, 비었으면서 가득한 체하며, 적으면서 많은 체
하면 항심恒心이 있기가 어려울 것이다. *盈(영)차다. 約(약)적다. 泰
(태)넉넉하다. 恒(항)항상.

10. 無(무)

① 없다.

獲罪於天, **無**所禱也. <論語>
하늘에 죄를 얻으면 빌 곳이 없다. *獲(획)얻다. 禱(도)빌다.

蛇固**無**足, 子安能爲之足. <戰國策>
뱀은 본래 다리가 없는데, 그대는 어찌 그 다리를 그릴 수 있는가. *蛇
足(사족)쓸데없는 군더더기. *蛇(사)뱀. 固(고)원래. 子(자)그대. 安(안)
어찌.

② 말다.

女爲君子儒, **無**爲小人儒. <論語>
너는 군자다운 선비가 되고, 소인 같은 선비는 되지 마라. *女(여)너.
儒(유)선비.

無爲其所不爲, **無**欲其所不欲. <孟子>
하지 않아야 할 것을 하지 말며, 하고자 하지 아니하는 것을 하지 말
아야 한다.

③ 아니다.

술어 앞에 위치하여 부정사 '不・非・未'의 의미로 쓰인다.

君子食**無**求飽, 居**無**求安. <論語>
군자는 먹음에 배부름을 구하지 아니하며, 거처할 때에 편안함을 구
하지 않는다. *飽(포)배부르다.

賓客不來門戶俗, 詩書**無**敎子孫愚. <明心寶鑑>

손님이 오지 않으면 집안이 비속卑俗해지고, 시서詩書을 가르치지 않으면 자손이 어리석어진다.

11. 微(미)

① 작다.

居常至**微**細事, 敎之必有法度. <小學>

평상시에 작은 일에 이르기까지도 그녀를 가르침에 반드시 법도가 있었다.

謹德, 須謹於至**微**之事. <菜根譚>

덕행을 삼감에는 모름지기 지극히 작은 일을 삼가야 한다.

② 적다.

德**微**而位尊, 智小而謀大, 無禍者鮮矣. <易經>

덕은 적으면서 지위가 높으며, 지혜는 작으면서 꾀하는 것이 크면, 화가 없을 자가 드물다. *微(미)적다. 謀(모)꾀하다. 鮮(선)드물다.

③ 몰래·은밀히.

帝與共論朝臣, **微**觀其意. <後漢書>

황제는 조정의 신하들과 함께 의논하며 은밀히 그들의 뜻을 살펴보았다. *微(미)몰래, 은밀히.

昔仲尼沒, 而**微**言絕. <漢書>

옛적에 공자(중니仲尼)가 숨지니 미언微言이 끊겼다. *微言(미언)넌지시 하는 말, 은밀히 하는 말.

④ 미천하다.

子思臣也, **微**也. <孟子>

자사子思는 신하였고 미천하였다. *微(미)미천하다.

今臣亡國之賤俘, 至**微**至陋. <陳情表>
지금 신은 망국의 비천한 포로로, 매우 미약하고 매우 고루합니다. *賤
(천)천하다. 俘(부)포로, 사로잡다. 至(지)매우, 지극히. 陋(루)고루하다.

⑤ ~이 아니라면, 만약 ~이 없으면. <가정>

微子之言, 吾亦疑之. <史記>
그대의 말이 없었더라도, 나 또한 그를 의심하고 있다. *微(미)아니다,
없다. 子(자)그대. 疑(의)의심하다.

向**微**太公, 伯夷其免矣乎. <伯夷論>
그때 태공太公이 아니었다면 백이伯夷는 죽음을 면했을까. *向(향)접때.

⑥ 조금.

花看半開, 酒飮**微**醉. 此中大有佳趣. <菜根譚>
꽃은 반쯤 피었을 때 보고, 술은 약간 취하는 정도로 마신다. 이런 중
에 아주 좋은 멋이 있다. *微(미)조금. 醉(취)취하다. 趣(취)뜻, 멋.

12. 夫(부)

① 지아비·남편.

老而無**夫**曰寡. <孟子>
늙어서 남편이 없는 이를 과부라 한다. *寡(과)홀어머니, 과부.

夫之不幸, 乃妾之不幸也. <小學>
남편의 불행이 곧 아내 된 저의 불행이다. *妾(첩)첩.<여자의 겸칭>

② 사내·장정.

臣鄰家**夫**與妻, 俱之田. <說苑>

신의 이웃집 사내와 그의 아내가 함께 뽕나무 밭에 갔다. *鄰(린)이
웃. 與(여)~와. 俱(구)함께. 之(지)가다.

丈**夫**處世兮, 其志大矣. <安重根詩>
장부가 처세함이여, 그 뜻이 크도다. *兮(혜)어조사.

遂率子孫, 荷擔者三**夫**. <列子>
마침내 자손을 거느리니 메고 짐을 진 자가 세 사내였다. *遂(수)드디
어. 率(솔)거느리다. 荷(하)메다. 擔(담)메다.

③ 저·그. <3인칭 대명사>

'夫'는 피수식어가 있으면 지시대명사, 없으면 인칭대명사이다.

我皆有禮, **夫**猶鄙我. <左傳>
우리가 다 예의가 있더라도, 저들은 오히려 우리를 비루하게 여길 것
이다. *夫(부)저. 猶(유)오히려. 鄙(비)더럽다.

使**夫**往而學焉, **夫**亦愈知治矣. <左傳>
그로 하여금 가서 배우게 한다면, 그 또한 점차 다스림을 알 것이다.
*愈(유)더욱, 점점.

④ 저·그. <지시대명사>

汝不知**夫**螳螂乎. <莊子>
당신은 저 사마귀를 모르십니까. *汝(여)너. 螳(당)사마귀. 螂(랑)사마귀.

客亦知**夫**水與月乎. <赤壁賦>
객은 또한 저 물과 달을 아는가. *與(여)~와.

⑤ 대저.

夫驥一日而千里, 駑馬十駕, 則亦及之矣. <荀子>
무릇 천리마는 하루면 천 리를 달리지만, 둔한 말도 열흘 동안 달리
면, 또한 천 리 길에 미칠 수 있다. *駑馬十駕(노마십가)능력이 안 되
는 사람이라도 열심히 하면 좋은 성과를 얻을 수 있음을 이름. *驥
(기)천리마. 駑(노)둔하다. 駕(가)어거馭車하다, 멍에.

夫飛鳥之摯也, 俛其首, 猛獸之攫也, 匿其爪. <淮南子>

대저 나는 새가 먹이를 낚아챔에 그 머리를 숙이고, 맹수가 먹이를 잡을 때에는 그 발톱을 숨긴다. *摯(지)잡다. 俛(면)숙이다. 攫(확)움키다. 猛(맹)사납다. 匿(익)숨기다.

⑥ ～도다, ～구나. <감탄>

逝者如斯**夫**, 不舍晝夜. <論語>

가는 것이 이와 같도다, 주야로 그치지 않는구나. *逝(서)가다. 舍(사)그치다, 쉬다.

用之則行, 舍之則藏, 惟我與爾有是**夫**. <論語>

써 주면 도를 행하고, 버리면 은둔하는 것은, 오직 나(공자)와 너(안연顔淵)만이 이것이 있을 뿐이도다. *行藏(행장)용사행장用舍行藏. 세상에 나가 도를 행하는 일과 물러가서 숨음. *舍(사)버리다. 藏(장)감추다.

13. 使(사·시)

① ～로 하여금 ～하게 하다.

善歌者, **使**人繼其聲. <禮記>
노래를 잘하는 자는 남으로 하여금 그 소리를 잇게 한다. *繼(계)잇다.

王乃**使**玉人理其璞, 而得寶焉 遂命曰和氏之璧. <韓非子>
왕은 곧 옥인으로 하여금 그 옥돌을 다듬게 하니, 보옥이 되니, 드디어 화씨지벽和氏之璧이라 명하였다. *璞(박)옥돌. 璧(벽)구슬.

② 부리다·시키다.

疑人勿**使**, **使**人勿疑. <金史>
남을 의심하거든 부리지 말고, 남을 부렸거든 의심하지 마라. *使(사)

부리다.

凡**使**奴僕, 先念飢寒. <明心寶鑑>

무릇 노복을 부림에는 먼저 배고픔과 추위를 생각하라. *僕(복)종. 飢(기)주리다.

君**使**臣以禮, 臣事君以忠. <論語>

임금은 예로써 신하를 부리고, 신하는 임금을 충성으로써 섬겨야 한다. *事(사)섬기다.

曾參自以爲無罪, **使**人請於孔子. <孔子家語>

증삼曾參은 스스로 잘못이 없다고 생각하여, 사람을 보내 공자에게 뵙기를 청하였다.

③ 사신.

一朝隨漢**使**, 遠嫁單于國. <明妃曲>

하루아침에 한나라 사신을 따라, 멀리 선우국單于國으로 시집갔다. *單于(선우)흉노匈奴왕 칭호. *使(시)사신. 嫁(가)시집가다.

趙誠發**使**, 尊秦昭王爲帝, 秦必喜罷兵去. <戰國策>

조趙나라가 진실로 사신을 내어 진秦나라 소왕昭王을 높여 황제로 여긴다면, 진은 반드시 기뻐하여 무력을 파하고 갈 것이다. *昭(소)밝다. 罷(파)파하다.

④ 쓰다·운용하다.

使錢如水, 乾沒囊. <乞士行>

돈을 물 쓰듯, 남의 물건을 빼앗아 주머니에 넣는구나. *乾沒(건몰)남의 돈이나 물건을 빼앗음. *使(사)쓰다, 운용하다. 乾(건)몰수하다. 囊(낭)주머니.

詩家作詩多**使**事, 謂之點鬼簿. <破閑集>

시인들이 시를 지으며 고사를 사용함이 많은데, 이를 점귀부點鬼簿라 이른다. *簿(부)장부.

⑤ 가령·만약.

使我得此人以自輔, 豈有今日之勞乎. <史記>

만약 내가 이 사람을 얻어 보필하게 했다면, 어찌 오늘의 수고로움이
있었겠는가. *輔(보)돕다.

如有周公之才之美, **使**驕且吝, 其餘不足觀也已. <論語>

만약 주공周公의 재주의 아름다움을 가지고도 가령 교만하고 인색하
다면, 그 나머지는 볼 것이 없다. *驕(교)교만하다. 吝(린)아끼다, 인색
하다.

⑥ <사신으로> 가다·보내다.

使於四方, 不辱君命, 可謂士矣. <論語>

사방에 사신으로 가서, 군주의 명을 욕되게 하지 않으면, 선비라 말할
수 있다. *使(시)사신 가다.

孰能爲我**使**淮南, 使之發兵背楚. <漢書>

누가 나를 위하여 회남淮南으로 사신 가, 그들로 하여금 군사를 일으
켜 초楚나라를 배반하게 할 수 있겠는가. *孰(숙)누구. 淮(회)강 이름.
背(배)등지다.

14. 師(사)

① 스승.

人之性惡, 必將待**師**法然後正. <荀子>

사람의 성품은 악하니, 반드시 장차 스승의 가르침을 기다린 연후에
바르게 된다.

惑而不從**師**, 其爲惑也, 終不解矣. <師說>

의혹되면서 스승을 좇지 않으면, 그 의혹됨이 끝내 풀리지 않을 것이

다. *惑(혹)미혹하다. 終(종)끝, 마지막.

② 군사.

若旋**師**者, 當奉王朝行在所. <三國史記>

군사를 돌린다면, 마땅히 왕을 받들고, 행재소行在所에서 뵙겠다. *行在所(행재소)임금이 순행巡行 중에 임시 머무르는 곳. *旋(선)돌리다. 朝(조)뵙다.

以萬乘之國, 伐萬乘之國, 簞食壺漿, 以迎王**師**, 豈有他哉. <孟子>

만승의 나라로 만승의 나라를 정벌하였는데, 바구니에 밥을 담고 병에 장물을 담아서 왕의 군대를 환영함은 어찌 다른 이유가 있겠습니까. *伐(벌)치다. 簞(단)도시락, 대바구니. 食(사)밥. 壺(호)병. 漿(장)미음, 음료. 迎(영)맞이하다.

③ 서울.

주로 '京'과 연용하여 '京師'의 형태로 쓴다.

武以始元六年春, 至**京師**. <漢書>

소무蘇武는 시원始元 6년 봄에 서울(경사京師)에 이르렀다.

萬德一帆踔雲海萬頃, 以丙辰秋入**京師**. <樊巖集>

만덕萬德이 배를 타고 만경의 바다를 건너, 병진년 가을에 서울에 들어왔다. *帆(범)돛. 踔(탁)넘다, 달리다. 頃(경)백이랑.

15. 相(상)

① 서로.

同聲**相**應, 同氣相求. <易經>

같은 소리는 서로 응하고, 같은 기운은 서로 구한다. *應(응)응하다.

年年歲歲花**相**似, 歲歲年年人不同. <劉希夷詩>

해마다 꽃은 서로 같으나, 해마다 사람은 같지 않네. *歲歲年年(세세연년)해마다.

煮豆燃豆萁 豆在釜中泣, 本是同根生 相煎何太急. <曹植詩>

콩을 삶는 데 콩대를 태우니, 콩이 솥 안에서 울고 있네, 본래 한 뿌리에서 났는데, 서로 볶는 것이 어찌 그리 급한가. *煮豆燃豆萁(자두연두기)형제가 서로 다툼. *煮(자)삶다. 萁(기)콩깍지. 釜(부)솥. 煎(전)달이다. 太(태)매우.

② 보다. <관찰·점·상>

武王使玉人相之. <韓非子>

무왕武王이 옥을 보는 사람으로 하여금 옥을 보게(감정하게) 하였다.

相馬失之瘦, 相士失之貧. <史記>

말을 감정함에 그 여윔으로 잃고(몰라보고), 선비를 봄에 그 가난함으로 잃는다. *失(실)잃다. 瘦(수)파리하다, 여위다.

凡人不可逆相, 海水不可斗量. <明心寶鑑>

무릇 사람은 미리 점칠 수 없고, 바닷물은 말로 헤아릴 수 없다. *凡(범)무릇. 逆(역)미리, 사전에. 量(량)헤아리다.

③ 돕다·도움.

管仲相桓公. <論語>

관중管仲이 환공桓公을 도왔다. *桓(환)굳세다.

周公相成王, 制禮作樂, 然後敎化大行. <孟子>

주공周公이 성왕成王을 도와, 예를 짓고 음악을 만든 뒤에야 교화가 크게 행해졌다.

人主無賢, 如瞽無相. <荀子>

임금이 현인이 없음은 맹인이 안내자가 없는 것과 같다. *瞽(고)소경. 相(상)도움, 보조자.

④ 정승.

將門必有將, **相**門必有**相**. <史記>

장군의 가문에는 반드시 장군이 나고, 재상의 가문에는 반드시 재상이 나온다.

無藥可醫卿**相**壽, 有錢難買子孫賢. <明心寶鑑>

약으로도 재상의 목숨을 고칠 수 없고, 돈이 있어도 자손의 어짊을 사기가 어렵다. *醫(의)고치다. 錢(전)돈. 買(매)사다.

仕宦而至將**相**, 富貴而歸故鄕, 此人情之所榮. <相州晝錦堂記>

벼슬하여 장상將相에 이르고, 부귀해져 고향에 돌아감, 이는 인정에 영화롭게 여기는 것이다. *仕(사)벼슬. 宦(환)벼슬.

16. 善(선)

① 착하다 · 선하다.

爲**善**者, 天報之以福. <孔子家語>

착한 일을 하는 사람은 하늘이 복으로 갚는다. *報(보)갚다.

愛而知其惡, 憎而知其**善**. <禮記>

사랑하면서 그 나쁨을 알고, 미워하면서 그 선함을 안다. *憎(증)미워하다.

窮則獨**善**其身, 達則兼**善**天下. <孟子>

궁하면 그 몸을 홀로 선하게 하고, 영달하면 천하를 겸하여 선하게 한다.

上品之人不敎而**善**, 中品之人敎而後**善**, 下品之人敎亦不**善**. <小學>

상품上品의 사람은 가르치지 아니하여도 착하고, 중품中品의 사람은 가르친 뒤에 착하고, 하품下品의 사람은 가르쳐도 또한 착하지 않다.

② 잘하다.

齊人固**善**盜乎. <晏子春秋>

제齊나라 사람들은 본디 도둑질을 잘합니까. *固(고)원래. 盜(도)훔치다.

申氏幼時通經史, **善**書畵. <東溪雜錄>

신사임당申師任堂은 어려서 경사經史에 능통하고, 서화書畵를 잘하였다.

善作者不必**善**成, **善**始者不必**善**終. <戰國策>

만들기를 잘하는 자가 반드시 이루기를 잘하는 것은 아니요, 시작을 잘하는 자가 반드시 마치기를 잘하는 것은 아니다.

③ 잘되다・훌륭하다.

蔬之將**善**, 兩葉可辨. <耳談續纂>

나물이 장차 잘될 것은 떡잎으로 분별할 수 있다. *蔬(소)나물. 辨(변) 분별하다.

善哉, 問. <論語>

훌륭하도다. 물음이. *哉(재)어조사.

④ 좋다.

長袖**善**舞, 多錢**善**賈. <韓非子>

소매가 길면 춤추기에 좋고, 돈이 많으면 장사하기가 좋다. *袖(수)소 매. 舞(무)춤추다. 賈(고)장사.

百戰百勝, 非**善**之**善**者, 不戰而屈人之兵, **善**之**善**者也. <孫子>

백전백승이 좋은 것 중의 좋은 것이 아니고, 싸우지 아니하고 남의 병사를 굴복시킴이 좋은 것 중의 좋은 것이다. *屈(굴)굽히다.

⑤ 잘・교묘히.

天之道, 不爭而**善**勝. <老子>

하늘의 도는 다투지 않아도 잘 이긴다.

善建者不拔, **善**抱者不脫. <老子>

(도를) 잘 세운 것은 뽑히지 않고, 잘 안은 것은 벗어나지 않는다. *拔
(발)뽑다. 抱(포)안다. 脫(탈)벗어나다.

17. 所(소)

① 곳·장소.

是吾劍之**所**從墜. <呂氏春秋>
이곳이 내 검이 떨어진 곳이다. *劍(검)칼. 墜(추)떨어지다.

退之方六歲, 適父**所**. <國朝人物考>
퇴지退之가 막 여섯 살이었는데, 아버지가 계신 곳에 갔다. *方(방)바
야흐로, 장차. 適(적)가다.

北辰居其**所**, 而衆星共之. <論語>
북극성北極星이 그곳에 머물러 있으면, 뭇별들이 그에게로 향한다.
*辰(신)별. 共(공)향하다.<향向>

② ~한 바(것)

'所＋용언류'의 형태로 용언류를 체언화한다.

遇**所**記, 書諸紙背. <櫟翁稗說序>
기억나는 것을 만나면, 종이 뒷면에 썼다. *記(기)기억하다. 諸(저)~
에 그것을.<지어之於>

身有**所**忿懥, 則不得其正. <大學>
마음에 성내는 바가 있으면, 그 바름을 얻지 못한다. *忿(분)성내다.
懥(치)성내다.

天下之**所**順, 攻親戚之**所**畔. <孟子>
천하가 순종하는 바로 친척이 배반하는 바를 공격한다. *攻(공)치다.
戚(척)겨레. 畔(반)배반하다.

③ 당하다.

주로 '爲ⓐ所ⓑ : ⓐ에게 ⓑ당하다'의 형태로 쓰인다.

澹泊之士, 必**爲**濃艷者**所**疑. <菜根譚>
담박한 선비는 반드시 호화로운 자에게 의심을 받는다. *澹(담)담박
하다. 泊(박)담박하다. 濃(농)짙다. 艷(염)곱다.

人之丹府本靜, **爲**物欲**所**散亂. <旅軒集>
사람의 참마음은 본래 고요한데, 물욕에 의해 산란하게 된다. *丹府
(단부)진심. *散(산)흩어지다.

④ 관용적 표현.

▷所以~ : ~한 것.<방법·까닭>

言**所以**宣意也, 奚取乎簡哉. <言說/尹鑴>
말은 자신의 뜻을 펼치는 수단인데, 무엇 때문에 간단하게 하려는 것이
겠는가. *宣(선)펴다. 奚(해)어찌, 무엇. 簡(간)간단하다. 哉(재)어조사.

萬物之**所以**生長收藏, 無非四時之功也. <啓蒙篇>
만물이 나고 자라고 거두고 감춰지는 것이, 사시四時의 공이 아님이
없다. *收(수)거두다. 藏(장)감추다.

此乃信之, **所以**爲陛下禽也. <史記>
이것이 곧 한신韓信이 폐하에게 사로잡히게 된 까닭입니다. *乃(내)
곧, 바로. 陛(폐)대궐의 섬돌. 禽(금)사로잡다.<금擒>

▷所~者 : ~하는 바의 것(사람)

'所+수식어'가 '者'를 수식하는 형태로 '所'는 해석하지 않아도 무방하다.

毋自欺三字, 是吾平生**所**自勉**者**. <沙溪遺稿>
무자기毋自欺 세 글자는 내가 평생 동안 힘써 온 바이다. *毋自欺(무
자기)자신을 속이지 않음. *欺(기)속이다. 勉(면)힘쓰다.

所愛**者**, 撓法活之, **所**憎**者**, 曲法誅滅之. <史記>
사랑하는 사람은 법을 구부러지게 하여 그를 살리고, 미워하는 사람

은 법을 왜곡歪曲시켜 그를 죽인다. *撓(요)휘다. 憎(증)미워하다. 誅(주)베다. 滅(멸)멸하다.

▷所ⓐ乎(於)ⓑ者 : ⓐ에게 ⓑ하는 바의 것, ⓐ가 ⓑ하는 것.

所貴**乎**講學**者**, 爲其實用也. <燕巖集>
학문을 연구함에 있어 귀하게 여기는 것은 그 실용 때문이다. *講(강)익히다, 연구하다.

所貴**乎**人**者**, 以其有五倫也. <童蒙先習>
사람을 존귀하게 여기는 까닭은 오륜五倫이 있기 때문이다. *五倫(오륜)부자유친父子有親・군신유의君臣有義・부부유별夫婦有別・장유유서長幼有序・붕우유신朋友有信.

18. 勝(승)

① 이기다.

柔弱**勝**剛强. <老子>
부드럽고 약한 것이 강한 것을 이긴다. *剛(강)굳세다.

屈己者能處重, 好**勝**者必遇敵. <明心寶鑑>
자기를 굽히는 자는 중요한 지위에 처할 수 있고, 이기기를 좋아하는 사람은 반드시 적을 만난다. *屈(굴)굽히다. 遇(우)만나다.

② 낫다.

德**勝**才者, 謂之君子. <資治通鑑>
덕이 재주보다 나은 사람을 군자라고 이른다.

質**勝**文則野, 文勝**勝**則史, 文質彬彬然後君子. <論語>
바탕(내용)이 문채(외관)보다 나으면 촌스럽고, 문채가 바탕보다 나으면 겉치레만 잘함이니, 문文과 질質이 적당히 배합된 뒤에야 군자이

다. *彬彬(빈빈)수식과 내용이 서로 알맞게 갖추어져 있는 모양. *彬
(빈)빛나다.

薄薄酒**勝**茶湯, 粗粗布**勝**無裳, 醜妻惡妾**勝**空房. <蘇軾詩>
맛없는 술도 차보다는 낫고, 거친 삼베옷도 치마가 없는 것보다는
낫고, 추악한 처첩도 방이 빈 것보다는 낫다. *薄薄(박박)맛없는 모
양. *湯(탕)끓이다. 粗(조)거칠다. 裳(상)치마. 醜(추)추하다.

③ 경치 좋다.

勝地本來無定主. <白居易詩>
명승지는 본래 일정한 주인이 없다.

高城三日浦, 有水石之**勝**. <稗官雜記>
고성高城의 삼일포三日浦에는 물과 돌의 뛰어난 경치가 있다. *浦
(포)물가.

大同江, 是西都人送別之渡, 江山形**勝**, 天下絶景. <補閑集>
대동강大同江은 서도西都 사람들이 송별하는 나루로, 강산의 지형 아
름다움이 천하의 절경이다. *渡(도)건너다. 絶(절)뛰어나다.

④ 모두·다.

如臣之輩, 車載斗量, 不可**勝**數. <三國志演義>
저와 같은 무리는 수레로 싣고 말로 헤아려도 이루 다 셀 수 없습니
다. *輩(배)무리. 載(재)싣다.

瓌姿瑋態, 不可**勝**讚. <神女賦>
아름다운 자태姿態는 이루 다 칭찬할 수 없습니다. *瓌(괴)아름답다.
姿(자)맵시, 모양. 瑋(위)아름답다. 讚(찬)기리다.

19. 是(시)

① 이·이것.

惡死亡而樂不仁, **是**猶惡醉而强酒. <孟子>

죽고 망하는 것을 싫어하면서 어질지 못함을 좋아하니, 이는 취함을 싫어하면서도 억지로 술을 마시는 것과 같다. *惡(오)싫어하다. 醉(취)취하다. 强(강)억지로.

一生奔走于門逕之間, 不求升堂入室, **是**厮僕矣. <阮堂全集>

일생 동안 문경門逕 사이만 오가면서, 승당입실升堂入室을 구하지 않는다면, 이것은 하인이 될 뿐이다. *升堂入室(승당입실)마루에 올라 방에 들어간다는 뜻으로, 일은 순서를 제대로 밟아야 함을 이름. *奔(분)달리다. 逕(경)길. 升(승)오르다. 厮(시)하인. 僕(복)종.

② 옳다·바르다.

覺今**是**而昨非. <歸去來辭>

지금이 옳고 어제는 잘못이었음을 깨달았다. *覺(각)깨닫다. 昨(작)어제. 非(비)그르다.

是非朝朝有, 不聽自然無. <增廣賢文>

시비가 아침마다 있더라도, 듣지 않으면 저절로 없어진다.

③ ~이다. <연계동사>

爲善**是**受福之道. <與猶堂全書>

선을 행하는 것이 복을 받는 길이다. *受(수)받다.

勝敗兵家不可期, 包羞忍恥**是**男兒. <杜牧詩>

승패를 병가도 기약할 수 없으니, 부끄러움 안고, 치욕을 참는 것이 남아이다. *包(포)싸다. 羞(수)부끄러워하다. 恥(치)부끄럽다.

20. 惡(악·오)

① 악·악하다·나쁘다.

苟志於仁矣, 無惡也. <論語>

진실로 인仁에 뜻을 두면, 악함이 없다. *苟(구)진실로, 만약.

行惡之人, 如磨刀之石, 不見其損, 日有所虧. <明心寶鑑>

악을 행하는 사람은 칼을 가는 숫돌과 같아, 갈려 닳아 없어지는 것
이 보이지 않으나, 날로 이지러지는 바가 있다. *磨(마)갈다. 損(손)덜
다. 虧(휴)이지러지다.

② 미워하다·싫어하다.

惡似而非者. <孟子>

같은 것 같으나 아닌 것을 미워한다. *似(사)같다. 惡(오)미워하다.

惟仁者能好人, 能惡人. <論語>

오직 어진 사람이라야 남을 좋아할 수 있고, 미워할 수 있다.

衆好之, 必察焉, 衆惡之, 必察焉. <論語>

여러 사람이 좋아하더라도 반드시 살펴야 하며, 여러 사람이 미워하
더라도 반드시 살펴야 한다. *察(찰)살피다.

③ 어찌·어떻게.

惡有滿, 而不覆者哉. <荀子>

어찌 가득 차고도, 엎어지지 않는 것이 있겠는가. *惡(오)어찌. 覆(복)
뒤집히다. 哉(재)어조사.<반어>

以小易大, 彼惡知之. <孟子>

작은 것(양)으로 큰 것(소)과 바꾸었으니, 저들이 어찌 이것을 알겠습
니까. *易(역)바꾸다.

先生飮一斗而醉, 惡能飮一石哉. <史記>

선생은 한 말 술을 마시면 취하는데, 어떻게 열 말 술을 마실 수 있겠습니까. *石(석)섬.<부피의 단위>

④ 어디.

夫子**惡**乎長. <孟子>
부자께서는 어디에 장점이 있으십니까. *惡(오)어디.

學**惡**乎始, **惡**乎終. <荀子>
배움은 어디에서 시작하여 어디에서 끝나는가.

⑤ 감탄사.

惡. 可不察與. <莊子>
아, 살피지 않을 수 있겠는가. *惡(오)감탄사, 아니. 察(찰)살피다. 與(여)어조사.<반어>

惡, 是何言也. <孟子>
아, 이것이 무슨 말인가.

21. 於(어 · 오)

① ～에, ～에서, ～로. <처소>

附耳之言, 聞**於**千里也. <淮南子>
귀에 대고 하는 말이 천 리에서 들린다. *附(부)붙다.

是鳥也海運, 則將徙**於**南冥. <莊子>
이 새는 바다가 움직이면, 장차 남명南冥(천지天池)으로 날아갈 것이다. *徙(사)옮기다. 冥(명)어둡다.

失火, 而取水**於**海, 海水雖多. 火必不滅矣. 遠水不救近火也. <韓非子>
잘못으로 불이 나 바다에서 물을 취하려 한다면, 바닷물이 비록 많을지라도, 불은 반드시 꺼지지 않을 것이다. 먼 곳의 물은 가까운 곳의 불을 끄지 못하기 때문이다. *失(실)잘못. 滅(멸)멸하다, 끄다. 救(구) 돕다.

② ~에서, ~에게서. <기점·출발>

日出**於**東方, 日入**於**西方. <啓蒙篇>
해는 동쪽에서 나와, 서쪽으로 들어간다.

官怠**於**宦成, 病加**於**小愈. <明心寶鑑>
관리는 지위가 성취되는 데서 게을러지고, 병은 조금 나아진 데서 심해진다. *怠(태)게으르다. 宦(환)벼슬, 관직. 愈(유)낫다.

吾東方之文, 始**於**三國, 盛**於**高麗, 極**於**盛朝. <東文選序>
우리 동방의 문은 삼국에서 비롯하여, 고려에서 성하였고, 조선에서 극에 이르렀다. *盛(성)성하다. 極(극)다하다.

③ ~보다, ~와.

'於'가 술어<형용사> 뒤에 위치하면 비교의 뜻이다.

氷水爲之, 而寒**於**水. <荀子>
얼음은 물로 되었지만 물보다 더 차다.

世俗之人, 皆喜人之同乎己, 而惡人之異**於**己也. <莊子>
세속의 사람들은 모두 남이 자기와 같음을 좋아하고, 남들이 자기와 다름을 싫어한다. *惡(오)미워하다.

④ ~을(를)

일반적으로 타동사 뒤에는 전치사가 놓이지 않으나, 놓이는 경우가 이에 해당된다.

行百里者, 半**於**九十. <戰國策>
백 리를 가는 자는 구십 리를 반으로 한다.

三年無改**於**父之道, 可謂孝矣. <論語>
삼 년 동안 아버지의 도를 고치지 말아야 효라 이를 수 있다.

⑤ ~에, ~에게. <대상>

當仁, 不讓**於**師. <論語>

인에 당해서는 스승에게도 양보하지 않는다. *讓(양)양보하다.

富貴世情所喜, 而入**於**詩則陋. <芝峯類說>

부귀는 세인들이 좋아하는 것이지만, 시에 들어오면 누추하다. *陋
(루)누추하다.

志**於**道, 據**於**德, 依**於**仁, 游**於**藝. <論語>

도에 뜻을 두고, 덕에 의거하며, 인에 의지하며, 예에 노닐다. *據(거)
의거하다. 依(의)의지하다. 游(유)놀다.

⑥ 피동.

타동사 뒤에 놓여 타동사를 피동으로 만드는 경우이다.

染於蒼則蒼, 染**於**黃則黃. <墨子>

푸른색에 물들면 푸르러지고, 노란색에 물들면 노래진다. *染(염)물들
이다. 蒼(창)푸르다.

通者常制人, 窮者常制**於**人. <荀子>

달통한 사람은 늘 남을 제어하고, 궁한 사람은 늘 남에게 제어당한다.
*制(제)다스리다.

⑦ 감탄사.

'乎·呼·戱' 등과 연용하여 쓰기도 한다.

王在靈沼, **於**, 牣魚躍. <詩經>

왕이 영소靈沼에 계시니, 아, 가득히 고기들이 뛰논다. *於(오)탄식하
다. 沼(소)늪. 牣(인)가득하다. 躍(약)뛰다.

於乎, 小子未知臧否. <詩經>

아, 소자小子는 좋고 나쁨을 알지 못하는구나. *小子(소자)덕이 없는
사람. *臧(장)착하다. 否(비)나쁘다.

於戱, 前代帝王有盛德大業者 必見於歌頌. <大唐中興頌>

아, 전대의 제왕으로 성한 덕과 큰일이 있는 자는 반드시 가송歌頌에 나타났도다. *戲(희)탄식하다. 盛(성)성하다. 見(현)나타나다. 頌(송)기리다.

22. 若(약)

① 같다.

∘若＋체언 : ～과 같다. <비교>

∘若＋용언 : 만약 ～이라면. <가정>

子之廢學, **若**吾斷斯織也. <列女傳>
네가 배움을 그만둠은, 내가 이 베를 자름과 같다. *子(자)너. 廢(폐)폐하다. 斯(사)이. 織(직)짜다.

指不**若**人, 則知惡之, 心不**若**人, 則不知惡. <孟子>
손가락이 남들과 같지 않으면, 이것을 싫어할 줄 알되, 마음이 남들과 같지 않으면, 이것을 싫어할 줄 모른다. *指(지)손가락. 惡(오)미워하다, 싫어하다.

② 만약.

寅**若**不起, 日無所辦. <明心寶鑑>
새벽에 일어나지 않으면, 하루에 힘쓸 것이 없다. *寅時(인시)새벽, 오전 3～5시. *辦(판)힘쓰다.

家**若**富, 不可恃富而怠學. <明心寶鑑>
집이 부하더라도, 부를 믿고 배움을 게을리할 수 없다. *恃(시)믿다. 怠(태)게으르다.

龜何龜何, 首其現也, **若**不現也, 燔灼而喫也. <三國遺事>
거북아, 거북아, 머리를 내놓아라, 만약 내놓지 않으면, 구워서 먹겠다. *現(현)나타나다, 드러내다. 燔(번)굽다. 灼(작)굽다. 喫(끽)먹다.

③ 너.

不者, **若**屬皆且爲所虜. <史記>

그렇지 않으면, 너희들은 모두 장차 잡힐 것이다. *屬(속)무리. 且(차)
장차. 虜(로)사로잡다.

余將告于莅事者, 更**若**役, 復**若**賦則何如. <捕蛇者說>

내가 장차 일을 맡은 자에게 말하여, 너의 일을 바꾸고, 너의 조세를
회복시켜 준다면 어떻겠는가. *莅(리)담당하다. 余(여)나. 更(경)바꾸
다, 고치다. 復(복)돌이키다. 賦(부)구실, 조세.

④ ～와(및)

大夫沒矣, 則稱諡**若**字. <禮記>

대부가 죽으면, 시호와 자를 부른다. *沒(몰)죽다.<몰歿>. 諡(시)시호.

父母有婢子**若**庶子庶孫, 甚愛之. <禮記>

부모는 계집종이 낳은 아들과 첩이 나은 아들과 손자일지라도, 그들
을 매우 사랑한다. *婢(비)계집종. 庶(서)서출.

23. 焉(언)

① ～이다.

雖聖人, 亦有所不知**焉**. <中庸>

비록 성인이라도 또한 알지 못하는 것이 있다.

人之性生, 而有好利**焉**. 順是故爭奪生, 而辭讓亡**焉**. <荀子>

사람의 성품은 나면서부터 이를 좋아함이 있어, 이를 따르는 까닭에
쟁탈이 생기고, 사양이 없어졌다. *奪(탈)빼앗다. 辭(사)사양하다. 讓
(양)사양하다, 양보하다. 亡(망)잃다, 없어지다.

② ~느냐.

반드시 의문사와 결합한다.

旣庶矣, 又何加**焉**. <論語>

이미 백성들이 많으면, 또 무엇을 더해야 합니까. *旣(기)이미. 庶(서)많다.

人無兄弟, 胡不佽**焉**. <詩經>

사람이 형제가 없거늘, 어찌 도와주지 않는가. *胡(호)어찌. 佽(차)돕다.

③ 어찌・어떻게.

國**焉**得無亡乎. <韓非子>

나라가 어찌 망함이 없을 수 있겠는가. *焉(언)어찌. 亡(망)망하다.

子爲政, **焉**用殺. <論語>

그대는 정치를 함에, 어찌 죽임을 쓰려는가.

焉知賢才, 而擧之. <論語>

어떻게 어진 이와 유능한 이를 알아 등용합니까. *擧(거)등용하다, 들다.

④ 어디.

且**焉**置土石. <列子>

장차 어디에 토석을 두려는가. *焉(언)어디. 置(치)두다.

天又雨, 公將**焉**之. <戰國策>

하늘에서 또 비가 내리는데, 그대는 어디로 가려고 하는가. *公(공)그대. 之(지)가다.

汝今離家, 欲**焉**往. <韋鳥王傳>

너는 지금 집을 떠나, 어디로 가려고 하는가. 汝(여)너. *離(리)떠나다. 往(왕)가다.

⑤ 이에・이보다・이와・이것을.

廣土衆民, 君子欲之, 所樂不存**焉**. <孟子>

토지를 넓히고 백성을 많게 함을 군자가 하고자 하나, 즐거워함은 여기에 있지 않다. *焉(언)이에.

人誰無過, 過而能改, 善莫大**焉**. <左傳>
사람이 누가 허물이 없겠는가, 잘못이 있으되 고칠 수 있다면, 선이 이보다 더 큰 것이 없다. *焉(언)이보다.

見賢思齊**焉**, 見不賢而內自省也. <論語>
어진 이를 보고 그와 같기를 생각하며, 어질지 못한 이를 보고 안으로 스스로 살핀다. *焉(언)이와. 齊(제)가지런하다. 省(성)살피다.

24. 與(여)

① ～과(와・및)

小人**與**小人, 以同利爲朋. <朋黨論>
소인과 소인은 이익을 함께하여 벗이 된다.

足下**與**項王有故, 何不反漢與楚連和. <史記>
그대와 항왕項王은 연분이 있는데, 어찌하여 한漢을 반대하고 초楚와 연합하지 아니하는가. *足下(족하)동료에 대한 존칭. 連和(연화)연합하여 화목함. 故(고)연고.

女子**與**小人, 爲難養也, 近之則不孫, 遠之則怨. <論語>
여자와 소인은 기르기가 어렵다, 가까이하면 불손하고, 멀리하면 원망한다. *孫(손)공손하다.<손遜> 怨(원)원망하다.

② ～와 더불어.

得志, **與**民由之, 不得志, 獨行其道. <孟子>
뜻을 얻으면, 백성과 더불어 이를 행하고, 뜻을 얻지 못하면, 홀로 그 도를 행한다.

蓬生麻中, 不扶而直, 白沙在涅, **與**之俱黑. <荀子>

쑥이 삼 가운데서 자라면, 붙들어 주지 않아도 곧아지고, 흰모래가 진흙에 있으면, 그와 함께 검어진다. *蓬(봉)쑥. 麻(마)삼. 涅(열)진흙. 俱(구)함께.

③ ~보다.

與其病後能服藥, 不若病前能自防. <明心寶鑑>

병난 후에 약을 먹기보다는 병나기 전에 스스로 예방하는 것이 낫다. *服(복)먹다. 防(방)막다.

奢則不孫, 儉則固, **與**其不孫也, 寧固. <論語>

사치하면 공순하지 못하고, 검소하면 고루하니, 공순하지 못한 것보다는, 차라리 고루한 것이 낫다. *奢(사)사치하다. 孫(손)겸손하다.<손遜>. 固(고)고루하다.

④ 주다.

卞氏曰諾, 立**與**萬金. <許生傳>

변씨卞氏는 "좋습니다" 하고, 곧 만금을 주었다. *卞(변)성. 諾(낙)대답하다, 허락하다. 立(립)곧. 與(여)주다.

受人施者, 常畏人, **與**人者, 常驕人. <孔子家語>

남의 베풂을 받은 자는 늘 남을 두려워하고, 남에게 준 자는 항상 남에게 교만하다. *施(시)베풀다. 驕(교)교만하다.

曾子養曾晳, 必有酒肉, 將徹必請所**與**. <孟子>

증자曾子께서 아버지(증석曾晳)를 봉양할 적에 반드시 술과 고기가 있었는데, 밥상을 치우려 할 때에는 반드시 줄 곳을 청하였다. *晳(석)밝다. 徹(철)치우다, 거두다.<철撤>

⑤ 참여하다.

吾不**與**祭, 如不祭. <論語>

내가 제사에 참여하지 않음은 제사하지 않는 것과 같다. *與(여)참여하다.

天之將喪斯文也, 後死者, 不得**與**於斯文也. <論語>
하늘이 장차 이 문文을 없애려 하셨다면, 뒤에 죽는 사람(공자)이 이 문에 참여하지 못하였을 것이다. *斯文(사문)유교의 학문, 도의를 이름.

⑥ 종결사 <의문·반어·감탄>

牛之性, 猶人之性**與**. <孟子>
소의 성性이 사람의 성과 같단 말인가. *猶(유)같다.

夫子聖者**與**. 何其多能也. <論語>
공자는 성자聖者이신가. 어찌 능한 것이 많으신가.

舜其大孝也**與**. <中庸>
순임금은 그 대효大孝이도다.

25. 如(여)

① 같다.

人生**如**朝露. <漢書>
인생은 아침이슬과 같다.

耳聞之不**如**目見之. <說苑>
귀로 듣는 것은 눈으로 보는 것만 못하다.

學而智遠, **如**披祥雲而覩靑天. <莊子>
배워서 지혜가 원대해지면, 상서로운 구름을 헤치고 푸른 하늘을 보는 것과 같다. *披(피)헤치다. 覩(도)보다.

② 같게 하다.

愛君**如**愛父, 憂國**如**憂家. <趙光祖詩>
임금 사랑하기를 아버지 사랑하듯 하였고, 나라 근심하기를 집안 근심하듯 하였다.

見善**如**不及, 見不善**如**探湯. _{<論語>}

선함을 보면 미치지 못할 것과 같이 하고, 선하지 않음을 보면 끓는 물을 만지는 것과 같이 하라. *探(탐)찾다. 湯(탕)끓이다.

懲忿**如**救火 窒慾**如**防水. _{<明心寶鑑>}

분함을 참는 것을 불을 끄듯이 하고, 욕심 막기를 큰물을 막는 것같이 하여야 한다. *懲(징)벌하다. 忿(분)성내다. 窒(질)막다. 救(구)돕다.

③ 만약.

如水益深, **如**火益熱, 亦運而已矣. _{<孟子>}

만일 물이 더욱 깊어지며, 불이 더욱 뜨거워진다면, 또한 전향轉向할 따름이다.

富貴**如**將智力求, 仲尼年少合封侯. _{<明心寶鑑>}

부귀를 만약 지혜와 힘을 가지고 구하였다면, 중니仲尼(공자의 자)는 젊은 나이에 제후에 봉해졌을 것이다. *將(장)가지다. 尼(니)여승. 封(봉)봉하다. 侯(후)제후.

④ 가다.

縱牛所**如**, 隨意自酌. _{<陽村集>}

소가 가는 대로 놓아, 뜻에 따라 자작自酌하였다. *縱(종)놓다. 如(여)가다. 酌(작)따르다.

二人**如**唐, 爲武寧軍小將. _{<三國史記>}

두 사람(장보고張保皐와 정년鄭年)이 당나라에 가서, 무령군武寧軍 소장小將이 되었다.

⑤ 어찌·어찌하랴·어떠한가.

'何·奈'와 연용하여 '如何·何如·如之何' 등으로 쓴다.

取妻**如何**, 匪媒不得. _{<詩經>}

아내를 얻으려면 어찌해야 하는가. 중매가 아니면 얻지 못한다. *匪(비)아니다. 媒(매)중매.

以五十步笑百步, 則**何如**. <孟子>
오십 보로써 백 보를 비웃으면, 어떻습니까. *五十步百步(오십보백보)
차이가 별로 없음.

如之何其使斯民飢而死也. <孟子>
어찌 그가 이 백성들로 하여금 굶어 죽게 하였는가. *斯(사)이. 飢(기)
주리다.

26. 庸(용)

① 떳떳하다 · 일정하여 변함이 없다.

庸德之行, **庸**言之謹. <中庸>
떳떳한 덕을 행하며, 떳떳한 말을 삼가다.

② 쓰다 · 등용하다.

名一藝者, 無不**庸**. <進學解>
하나의 재주라도 이름난 사람은 등용하지 않음이 없다.

無稽之言勿聽, 弗詢之謀勿**庸**. <書經>
상고함이 없는 말을 듣지 말며, 묻지 않은 계책을 쓰지 마라. *稽(계)
상고하다. 詢(순)묻다.

③ 범상凡常하다.

田光先生亦善待之, 知其非**庸**人也 <史記>
전광선생田光先生 또한 그를 잘 대해 줌은 그가 보통 사람이 아님을
알았다.

庸人尙羞之 況於將相乎. <史記>
평범한 사람도 오히려 부끄럽게 여기는데, 하물며 장군과 재상에서랴.
*羞(수)부끄럽다. 相(상)재상.

待**庸**衆之人, 當寬嚴互存. <菜根譚>

보통 사람을 대함은 마땅히 관대와 엄격을 함께 지녀야 한다. *寬(관)
너그럽다. 嚴(엄)엄하다. 互(호)서로, 함께.

④ 공적.

殺之而不怨, 利之而不**庸**. <孟子>

죽여도 원망하지 않으며, 이롭게 하여도 공으로 여기지 않는다. *庸
(용)공.

善學者, 師逸而功倍, 又從而**庸**之. <禮記>

잘 배우는 사람은 스승이 편안히 하면서도 공이 배가되고, 또 따라서
스승에게 공을 돌린다. *逸(일)편안하다.

⑤ 어찌.

異日爲患, **庸**有極乎. <小學>

다른 날 근심됨이 어찌 끝이 있겠는가. *庸(용)어찌.

庸知其年之先後生於吾乎. <師說>

어찌 나이가 나보다 앞에 나고 뒤에 남을 알겠는가. *於(어)~보다.

縱夫子驚祿爵, 吾**庸**敢驚霸王乎. <呂氏春秋>

비록 선생이 녹과 지위를 가볍게 여기더라도, 내가 어찌 감히 패왕霸
王을 가볍게 여기겠는가. *縱(종)비록. 驚(오)깔보다. 祿(녹)녹. 爵(작)
벼슬. 霸(패)으뜸.

⑥ 어리석다.

微臣**庸**愚, 固不足以參大政. <三國史記>

미천한 저는 용렬하고 어리석어, 진실로 중대한 국정에 참여할 수 없
습니다. *微(미)미천하다. 固(고)진실로. 參(참)참여하다.

病臥於床, 委之**庸**醫, 比之不慈不孝. <近思錄>

병으로 침대에 누워 있는데, 용렬한 의사에게 맡김은 사랑하지 않고
효도하지 않음에 견준다. *委(위)맡기다.

27. 爲(위)

① 하다.

見義不**爲**, 無勇也. <論語>
의를 보고 행하지 않음은 용기가 없는 것이다.

君子之學, 不**爲**則已, **爲**則必要其成. <中庸>
군자의 배움은 하지 않으면 그만이며, 한다면 반드시 그 완성을 요한
다. *已(이)그치다, 그만이다.

② 되다.

高岸**爲**谷, 深谷**爲**陵. <詩經>
높은 언덕은 골짝이 되었고, 깊은 골짝은 언덕이 되었다. *岸(안)언덕.
陵(릉)언덕.

學則庶人之子**爲**公卿, 不學則公卿之子**爲**庶人. <柳屯田勸學文>
배우면 평민의 자식도 공경公卿이 되고, 배우지 아니하면 공경의 자
식도 평민이 된다. *庶(서)여러, 많다. 卿(경)벼슬.

③ 위하다.

爲人謀, 而不忠乎. <論語>
남을 위하여 도모해 줌에 마음을 다하지 못하였는가. *謀(모)꾀하다.

庖丁**爲**文惠君, 解牛. <莊子>
포정庖丁이 문혜文惠왕을 위해서 소를 잡았다. *庖丁解牛(포정해우)
포정이 소의 뼈와 살을 발라낸다는 뜻으로 어떤 일에 뛰어난 솜씨를
일컬음. *庖(포)부엌.

士**爲**知己者死, 女**爲**悅己者容. <戰國策>
선비는 자기를 알아주는 자를 위하여 목숨을 바치고, 여자는 자기를
즐겁게 해 주는 사람을 위하여 얼굴을 꾸민다. *悅(열)기쁘다. 容(용)
치장하다, 꾸미다.

④ 이다. <연계동사>

勤爲無價之寶. <明心寶鑑>

부지런함은 값으로 따질 수 없는 보배이다. *勤(근)부지런하다. 寶(보)
보배.

地之高處, 便爲山, 地之低處, 便爲水. <啓蒙篇>

땅의 높은 곳이 곧 산이요, 땅의 낮은 곳이 곧 물이다. *便(변)곧.

⑤ 삼다 · 여기다 · 생각하다.

주로 '以ⓐ爲ⓑ : ⓐ를 ⓑ라고 하다 · 삼다 · 여기다 · 생각하다'의 형태
로 쓰인다.

堯**以**不得舜**爲**己憂. <孟子>

요堯는 순舜을 얻지 못함을 자기의 근심으로 삼았다.

鮑叔不**以**我**爲**貪. <史記>

포숙鮑叔은 나를 탐욕스럽다고 생각하지 않았다. *鮑(포)저린 어물.
貪(탐)탐하다.

⑥ 만들다.

百工**爲**方以矩, **爲**圓以規. <墨子>

장인들은 곱자로 네모를 만들고, 그림쇠로 원을 만든다. *矩(구)곱자.
規(규)그림쇠.

木直中繩, 輮以**爲**輪, 其曲中規. <荀子>

나무가 곧아 먹줄에 맞는다 하더라도, 굽히어 수레바퀴를 만들면, 그
굽은 것이 그림쇠에 들어맞는다. *中(중)맞다. 繩(승)먹줄. 輮(유)휘다.
輪(륜)바퀴. 規(규)그림쇠.

粉甘葛笋咬**爲**筆, 核爛榴房剖作盃. <黃玹詩>

분말 달콤한 칡 순을 씹어서 붓을 만들고, 씨 곱게 익은 석류를 쪼개
서 술잔을 만들다. *粉(분)가루. 葛(갈)칡. 笋(순)죽순. 咬(교)씹다. 核
(핵)씨. 爛(란)무르익다, 빛나다. 榴(류)석류. 剖(부)쪼개다. 盃(배)잔.

⑦ ~라고 하다.

知之爲知之, 不知爲不知, 是知也. <論語>
아는 것을 안다고 하고, 모르는 것을 모른다고 하는 것이 아는 것이다.

晝夜飮酒歌舞, 名之爲舞天. <三國志 東夷傳>
주야로 술 마시며 노래하고 춤을 추었는데, 이를 이름하여 무천舞天
이라 하였다. *舞(무)춤추다.

⑧ 당하다.

不爲酒困. <論語>
술에 곤함을 당하지 않는다. *困(곤)곤하다. 괴롭히다.

明者唯爲之使. <莊子>
눈 밝은 자는 오직 그들에게 부림을 당한다. *使(사)시키다.

身死人手, 爲天下笑者, 何也. <過秦論>
몸이 남의 손에 죽어 천하 사람들의 비웃음을 받음은 무엇 때문인가.

⑨ ~로 인하여, ~ 때문에. <원인・이유>

爲其老, 彊忍, 下取履. <史記>
그가 노인이었기 때문에, 억지로 참고 다리 아래로 내려가서 신을 주
워 왔다. *彊(강)억지로, 굳세다. 履(리)신.

義斷親疎, 只爲錢. <明心寶鑑>
의가 끊어지고 친함이 소원해짐은 다만 돈 때문이다. *疎(소)성기다.
錢(전)돈.

始作俑者, 其無後乎. 爲其象人而用之也. <孟子>
처음 용俑을 만든 자는 그 후손이 없을 것인데, 이는 사람을 형상하
여 장례에 사용하였기 때문이다. *俑(용)허수아비. 장사葬事에 쓰기
위해 나무로 만든 허수아비 사람. 象(상)모양.

28. 以(이)

① ~로써, ~을 가지고.

君子**以**文會友, **以**友輔仁. <論語>

군자는 글로써 벗을 모으고, 벗으로 인을 돕는다. *輔(보)돕다.

以德服人者, 中心悅而誠服也. <孟子>

덕으로 남을 복종시키는 것은 마음이 기뻐서 진실로 복종한다. *誠
(성)진실로. 悅(열)기쁘다. 服(복)좇다, 따르다.

仁者**以**財發身, 不仁者**以**身發財. <大學>

어진 자는 재물로써 몸을 일으키고, 어질지 못한 자는 몸으로써 재물
을 일으킨다.

② ~ 때문에, ~으로 인하여.

不以物喜, 不**以**己悲. <岳陽樓記>

남 때문에 기뻐하지 않고, 자기 때문에 슬퍼하지도 않는다.

此木**以**不材, 得終其天年. <莊子>

이 나무는 재목이 되지 못하여, 그 천수를 마칠 수 있다. *天年(천년)
자연의 수명, 천수天壽.

③ ~로서. <자격>

以臣弒君, 可謂仁乎. <史記>

신하로서 임금을 죽이는 것을 인이라고 할 수 있습니까. *弒(시)죽이다.

毗曇等, **以**臣而謀君. <三國史記>

비담毗曇등이 신하로서 임금을 꾀하였다. *毗(비)돕다. 曇(담)흐리다.
謀(모)꾀하다.

④ ~을(를)

大塊假我**以**文章. <春夜宴桃李園序>

천지는 나에게 문장력을 빌려주었다. *塊(괴)덩어리. 假(가)빌리다.

天子不能**以**天下與人. <孟子>
천자는 천하를 남에게 줄 수 없는 것이다. *與(여)주다.

⑤ ~에. <시간을 나타내는 말 앞에 위치함>

夫餘**以**殷正月, 祭天. <三國志 東夷傳>
부여에서는 은나라 정월에 하늘에 제사 지냈다. *殷正月(은정월)음력 12월.

以秦昭王四十八年正月, 生於邯鄲. <史記>
(진시황은) 진소왕秦昭王 48년 정월에 한단邯鄲에서 태어났다. *昭(소)밝다. 邯(한)현 이름. 鄲(단)현 이름.

⑥ ~하여. <접속>

妻爲人縫刺, **以**糊口. <許生傳>
아내가 남의 바느질을 하여 입에 풀칠하였다. *縫(봉)꿰매다. 刺(자)바느질하다. 糊(호)풀칠하다.

立身行道, **以**顯父母, 孝之終也. <孝經>
몸을 세워 도를 행하여 부모를 드러냄이 효의 마침이다. *顯(현)나타나다.

⑦ 이유 · 까닭.

古人秉燭夜遊, 良有**以**也. <春夜宴桃李園序>
옛날 사람이 촛불을 잡고 밤에 놀았던 것은, 진실로 까닭이 있었다. *秉(병)잡다. 良(량)진실로.

⑧ 쓰다 · 등용하다.

君子不施其親, 不使大臣怨乎不**以**. <論語>
군자는 그 친척을 버리지 않으며, 대신들이 써 주지 않음을 원망하게 해서는 안 된다. *施(이)버리다. 怨(원)원망하다. 以(이)쓰다.

如有政, 雖不吾**以**, 吾其與聞之. <論語>

만약 정무가 있으면, 내 비록 등용되지 않았지만, 그 일을 함께 들었을 것이다.

⑨ 관용적 표현.

▷以ⓐ爲ⓑ : ⓐ를 ⓑ라고 하다.<삼다·여기다·생각하다>

'以'를 사용하여 목적어를 술어 앞으로 위치하여 고정 구문을 이루었다.

百姓皆**以**王**爲**愛也. <孟子>

백성들은 모두 왕을 인색하다고 생각합니다. *愛(애)아끼다, 인색하다.

酒**以**不勸**爲**歡, 棋**以**不爭**爲**勝. <菜根譚>

술은 권하지 않음을 기쁨으로 삼고, 바둑은 다투지 않음을 이김으로 삼는다. *歡(환)기쁘다. 棋(기)바둑.

▷以爲~ : ~라고 하다.<삼다·여기다·생각하다>

民猶**以爲**大, 不亦宜乎. <孟子>

백성이 오히려 크다고 여김이 또한 마땅하지 않은가. *宜(의)마땅하다.

定心應物, 雖不讀書, 可**以爲**有德君子, <明心寶鑑>

마음을 정하여 사물에 응하면, 비록 글을 읽지 않았더라도 덕이 있는 군자라 할 수 있다.

29. 而(이)

① ~하고, ~하여서.

古者易子, **而**敎之. <孟子>

옛날에는 아들을 바꾸어 가르쳤다. *易(역)바꾸다.

君子不鏡於水, **而**鏡於人. <墨子>

군자는 물을 거울로 하지 않고, 사람을 거울로 한다. *鏡(경)거울.

儒以文亂法, **而**俠以武犯禁. <史記>

선비는 글로써 법을 어지럽히고, 협객은 힘으로써 금함을 범한다. *俠(협)호협하다. 犯(범)범하다.

君子周**而**不比, 小人比**而**不周. <論語>

군자는 두루 사랑하고 편당偏黨하지 않으며, 소인은 편당하고 두루 사랑하지 않는다. *比(비)편들다.

② ~하나, ~인데, ~이지만.

學**而**不思則罔, 思**而**不學則殆. <論語>

배우되 생각하지 않으면 어둡고, 생각하되 배우지 아니하면 위태롭다. *罔(망)어둡다, 어리석다. 殆(태)위태롭다.

膽欲大**而**心欲小, 知欲圓**而**行欲方. <近思錄>

담력은 크고자 하되 마음가짐은 섬세하고자 하고, 지혜는 원만하고자 하되 행동은 방정하고자 하여야 한다. *膽(담)담력, 쓸개. 知(지)지혜. 方(방)바르다, 모.

可與言, **而**不與之言失人, 不可與言, **而**與之言失言. <論語>

더불어 말을 할 수 있으나, 그와 더불어 말하지 않는 것은 사람을 잃는 것이요, 더불어 말을 할 수 없으나, 그와 더불어 말하는 것은 말을 잃는 것이다.

③ ~이면.

親其親, 長其長, **而**天下平. <孟子>

그 어버이를 친히 하고, 그 어른을 어른으로 섬기면, 천하가 평안해질 것이다.

水積**而**魚聚, 木茂**而**鳥集. <淮南子>

물이 깊어지면 물고기들이 모여들고, 나무가 우거지면 새들이 날아든다. *積(적)쌓다. 聚(취)모이다. 茂(무)무성하다, 우거지다.

往**而**不可追者, 年也, 去**而**不可得見者, 親也. <韓詩外傳>

흘러가면 쫓을 수 없는 것이 세월이요, 돌아가시면 뵐 수 없는 것이 어버이이다.

④ 접미사.

시간이나 때를 나타내는 말 뒤에 위치한다.

七十**而**從心所欲, 不踰矩. <論語>

일흔 살에 마음에 하고자 하는 바를 좇아도, 법도에 넘지 않았다. *從心所欲(종심소욕)마음에 하고 싶은 대로 함. *踰(유)넘다. 矩(구)법, 법도.

士一日**而**不讀書, 面目不雅, 語言不雅. <燕巖集>

선비가 하루라도 책을 읽지 않으면, 얼굴과 눈빛이 단아하지 못하고, 말씨가 아름답지 못하다. *雅(아)우아하다.

今**而**分金, 忽萌忌兄之心. <新增東國輿地勝覽>

지금 황금을 나눔에 갑자기 형을 꺼리는 마음이 싹텄다. *萌(맹)싹트다. 忌(기)꺼리다.

朝**而**往, 暮**而**歸, 四時之景不同, 而樂亦無窮也. <醉翁亭記>

아침에 와서 저녁에 돌아오니, 사계절의 풍경이 같지 않아서, 그 즐거움은 끝이 없도다.

小**而**聰了, 大未必奇. <後漢書>

어려서 총명한 것이 커서 반드시 뛰어난 것은 아니다. *聰(총)총명하다. 奇(기)기특하다.

⑤ 너·당신.

余知**而**無罪也. <左傳>

나는 네가 죄가 없음을 안다. *余(여)나.

余**而**所嫁婦人之父也. <左傳>

나는 그대가 개가시킨 부인의 아버지입니다. *嫁(가)시집가다.

而果其賢乎, 丘也請從**而**後也. <莊子>

너는 과연 현명하구나, 구丘(공자의 이름)도 너의 뒤를 따르기를 청한다. *果(과)과연, 정말.

⑥ 뿐 · 따름.

주로 '已 · 已矣' 등과 연용하여 '而已 · 而已矣' 등의 형태로 쓴다.

豈不爾思, 室是遠**而**. <論語>

어찌 그대를 생각하지 않겠는가. 집이 멀 뿐이로다. *爾(이)너.

衣服不可華侈, 禦寒**而已**. <擊蒙要訣>

의복은 화려하고 사치해서는 안 되고, 추위를 막을 따름이다. *侈(치)사치하다. 禦(어)막다.

王何必曰利, 亦有仁義**而已矣**. <孟子>

왕은 어찌 반드시 이利를 말씀하십니까. 또한 인仁과 의義가 있을 뿐입니다.

30. 已(이)

① 이미.

常思**已**往之非, 每念未來之咎. <明心寶鑑>

언제나 지나간 잘못을 생각하고, 늘 미래의 허물을 생각하라. *已(이)이미. 咎(구)허물.

萬事分**已**定, 浮生空自忙. <名賢集>

모든 일은 분수가 이미 정해져 있는데, 덧없는 인생은 부질없이 스스로 바쁘구나. *浮(부)뜨다. 空(공)부질없이, 헛되이. 忙(망)바쁘다.

漢皆**已**得楚乎. 是何楚人之多也. <史記>

한나라가 이미 다 초나라를 얻었는가. 이 어찌 초나라 사람이 많은가.

② 너무.

仲尼不爲已甚者. <孟子>

중니仲尼(공자)는 너무 심한 것은 하지 않으셨다. *已(이)너무.

君子以齊人之殺哀姜也, 爲已甚矣. <左傳>

군자는 제나라 사람들이 애강哀姜을 죽인 것을 너무 심하다고 생각할
것이다.

③ 그치다·말다.

學不可以已. 靑取之於藍而靑於藍. <荀子>

배움은 그만둘 수 없다. 청靑은 남藍에서 취했지만 남藍보다 푸르다.
*靑出於藍(청출어람)제자가 스승보다 더 훌륭한 경우를 이름. *已(이)
그치다. 藍(람)쪽.

泰山雖高是亦山, 登登不已有何難. <漢譯楊士彦時調>

태산이 비록 높다 하더라도 이 또한 산이니, 오르고 올라 그치지 아
니하면 무슨 어려움이 있겠는가.

此鳥不飛則已, 一飛沖天, 不鳴則已, 一鳴驚人. <史記>

이 새는 날지 아니하려면 말 것이나, 한 번 날면 하늘을 찌르고, 울지
않으면 말 것이나, 울면 사람을 놀라게 할 것이다. *沖(충)오르다. 驚
(경)놀라다.

④ 뿐·따름.

주로 다른 종결사와 연용하여 '也已·而已·而已矣'의 형태로 쓴다.

天下, 皆知美之爲美, 斯惡已, 皆知善之爲善, 斯不善已. <老子>

천하 사람들이 모두 아름다움이 아름답다고 아는데, 이는 추악醜惡일
뿐이요, 모두 선함이 선하다고 아는데, 이는 불선不善일 뿐이다. *已
(이)뿐, 따름.

攻乎異端, 斯害也已. <論語>

이단을 전공하면, 해가 될 뿐이다. *攻(공)닦다, 연구하다. 端(단)실마리, 끝.

我知種樹**而已**. <種樹郭橐駝傳>

나는 나무를 심을 줄만 알 뿐이다. *種(종)심다.

道二, 仁與不仁**而已矣**. <孟子>

길은 둘로, 어짊과 어질지 못함일 뿐이다. *與(여)~와.

31. 爾(이)

① 너.

豈食**爾**粟, 而求生者乎. <韓國痛史>

어찌 너희들의 곡식을 먹고서, 삶을 구하려는 사람이겠는가. *爾(이)너. 粟(속)곡식.

我心等虛空, 摠**爾**翻脣舌. <明心寶鑑>

내 마음은 허공과 같거늘, 모두 네가 입술과 혀만 너불거릴 뿐이다. *等(등)같다. 摠(총)모두. 翻(번)뒤집다. 脣(순)입술. 舌(설)혀.

② 뿐.

以能順木之天, 以致其性焉**爾**. <種樹郭橐駝傳>

나무의 천성에 순응하여, 그 본성을 다하게 할 뿐이다. *爾(이)뿐.

莊王圍宋, 軍有七日之糧**爾**. <公羊傳>

장왕이 송나라를 포위함에, 군에는 7일의 군량이 있을 뿐이었다. *莊(장)성, 엄숙하다. 圍(위)두르다. 糧(량)양식.

③ 가깝다.

道在**爾**, 而求諸遠, 事在易, 而求諸難. <孟子>

도가 가까운 곳에 있는데도 먼 곳에서 구하며, 일이 쉬운 데 있는데도 어려운 데에서 찾는다. *爾(이)가깝다.<이邇>. 諸(저)~에서 이를.

④ 그러하다.

問君何能**爾**, 心遠地自偏. <陶潛詩>

그대는 어찌 그럴 수 있느냐고 묻기에, 마음이 속세와 멀어지니 사는 곳은 저절로 한적하다네. *爾(이)그러하다.<然然> 偏(편)치우치다.

豈大者獨惡死, 而小則不**爾**耶. <虱犬說>

어찌 큰 것만이 죽기를 싫어하고, 작은 것은 그렇지 않겠는가. *惡(오)싫어하다. 耶(야)어조사.<의문>

⑤ 접미사.

형용사 뒤에 접미사처럼 쓰여 모양이나 상태를 나타낸다.

子路率**爾**而對. <論語>

자로子路가 경솔히 대답하였다. *率(솔)경솔하다.

漁父莞**爾**而笑, 鼓枻而去. <漁父辭>

어부는 빙그레 웃고, 노를 두드리며 갔다. *莞(완)웃다. 枻(예)노.

蹴**爾**而與之, 乞人不屑也. <孟子>

차면서 그것을 주면, 걸인도 달갑게 여기지 아니할 것이다. *蹴(축)차다. 與(여)주다. 乞(걸)빌다. 屑(설)달갑게 여기다.

32. 者(자)

① 사람.

善爲吏**者**, 樹德. <韓非子>

관리를 잘하는 자는 덕을 심는다. *樹(수)심다.

有無故阿君**者**, 君其愼之. <戰國策>

까닭 없이 그대에게 아첨하는 사람이 있으면, 그대는 그것을 삼가라. *故(고)까닭. 阿(아)아첨하다. 君(군)그대. 愼(신)삼가다.

知之**者**, 不如好之**者**, 好之**者**, 不如樂之**者**. <論語>

도를 아는 자가 좋아하는 자만 못하고, 좋아하는 자가 즐거워하는 자
만 못하다.

② 것.

一出而不可反者, 言也. <新書>
한 번 나오면 돌이킬 수 없는 것이 말이다.

往者不可諫, 來者猶可追. <論語>
지나간 것은 간할 수 없고, 오는 것은 오히려 따를 수 있다. *諫(간)
간하다. 猶(유)오히려.

高麗遂爲弱國者, 未得渤海之地故也. <渤海考序>
고려가 마침내 약한 나라가 된 것은 발해의 땅을 얻지 못했기 때문이
다. *遂(수)마침내. 渤(발)바다 이름. 故(고)까닭.

③ 곳.

此非孟德之困於周郞者乎. <赤壁賦>
여기는 맹덕孟德이 주랑周郞에게 곤욕을 당한 곳이 아닌가. *困(곤)
괴로움을 겪다.

水淺者, 大魚不遊, 地薄者, 大物不産. <湛軒書>
물이 얕은 곳은 큰 물고기가 놀지 않고, 땅이 척박한 곳은 큰 물건이
나지 않는다. *淺(천)얕다. 薄(박)척박하다.

地廣者粟多, 國大者人衆, 兵强者士勇. <逐客書>
땅이 넓은 곳은 곡식이 많고, 나라가 큰 곳은 사람이 많고, 군대가 강
한 곳은 병사가 용맹스럽다. *粟(속)곡식.

④ ~은, ~라고 하는 것은.

友也者, 友其德也. <孟子>
벗이란 그 덕을 벗함이다.

兩班者, 士族之尊稱也. <兩班傳>
양반이란 사족士族을 높여서 칭하는 것이다. *士族(사족)사대부의 집

안. *稱(칭)일컫다.

國是**者**, 一國之人不謀, 而同是者也. <退溪集>
국시란 한 나라의 사람이 상의하지 않고도 함께 옳다고 하는 것이다.
*國是(국시)만민이 인정한 국가의 대계. *是(시)옳다. 謀(모)꾀하다,
의논하다.

⑤ 접미사.

때를 가리키는 말 뒤에 붙는다.

今**者**薄暮舉網得魚. <後赤壁賦>
오늘 해 질 무렵에 그물을 들어 고기를 잡았다. *薄暮(박모)해질녁.
*舉(거)들다. 網(망)그물.

昔**者**高氏居于北, 日高句麗. <渤海考序>
옛날에 고씨高氏가 북쪽에 살면서, 고구려高句麗라고 하였다.

旬餘還鄉, 又遇向**者**少年. <梅泉野錄>
열흘 뒤에 고향으로 돌아가다가, 또 지난번의 소년을 만났다. *旬(순)
열흘. 遇(우)만나다. 向(향)접때.

往**者**醉失禮, 王隱忍不加誅也. <說苑>
지난날 취하여 예를 잃었으나, 왕께서는 감추고 참아 목을 베지 아니
하였습니다. *隱(은)숨기다. 誅(주)베다.

33. 自(자)

① 자기·자신.

일반적으로 '自'는 동사 앞에, '己'는 동사의 앞뒤에 쓰인다.

自勝者强, 知足者富. <老子>

자기를 이기는 자는 강하고, 만족할 줄 아는 사람은 부유하다.

所謂誠其意者, 毋**自**欺也. <大學>

이른바 뜻을 진실하게 한다는 것은, 자신을 속이지 않음이다. *毋(무)
말라, 없다, 아니다. 欺(기)속이다.

自暴者, 不可與有言也, **自**棄者, 不可與有爲也. <孟子>

자신을 해롭게 하는 자와는 더불어 말할 수 없고, 스스로 버리는 자
는 더불어 일할 수 없다. *自暴自棄(자포자기)자기 몸을 스스로 해치
고 버림. *暴(포)해치다, 사납다. 棄(기)버리다.

② 스스로.

引壺觴而**自**酌. <歸去來辭>

술병과 술잔을 끌어 스스로 따라 마시다. *引(인)끌다. 壺(호)병. 觴
(상)술잔. 酌(작)따르다.

酒不醉人, 人**自**醉. <明心寶鑑>

술이 사람을 취하게 하는 것이 아니라, 사람이 스스로 취하는 것이다.
*醉(취)취하다.

③ 저절로.

讀書百遍, 意**自**見. <魏書>

글을 백 번 읽으면, 뜻이 저절로 보인다. *遍(편)번, 횟수. 自(자)저절
로. 見(현)보이다, 나타나다.

桃李不言, 下**自**成蹊. <漢書>

복숭아와 자두는 말이 없더라도, 그 아래에 길이 저절로 되었다. *덕
이 있는 사람은 스스로 말하지 않아도 따름을 의미함. *桃(도)복숭아.
蹊(혜)지름길, 좁은 길.

安分身無辱, 知機心**自**閑. <明心寶鑑>

분수에 편안하면 몸에 욕됨이 없을 것이요, 기미를 알면 마음이 저절
로 한가할 것이다. *辱(욕)욕되다.

④ ～로부터.

有朋**自**遠方來, 不亦樂乎. <論語>
벗이 먼 지방으로부터 찾아오면, 또한 즐겁지 않겠는가.

生子, **自**稍有知識時, 當導之以善. <擊蒙要訣>
자식을 낳으면, 조금 지식이 생길 때부터 마땅히 선으로 인도해야 할
것이다. *稍(초)점점. 導(도)이끌다.

⑤ 진실로・만약.

주로 부정사 '非'와 연용한 '自非～<만약 ～이 아니라면>'의 형태로 쓰인다.

自非聖人, 不能無過. <後漢書>
진실로 성인이 아니라면, 허물이 없을 수 없다. *自(자)진실로.

自非顯才高行, 安可强冠之哉. <西京雜記>
만일 드러난 재능과 고상한 행실이 아니라면, 어찌 억지로 벼슬할 수
있겠는가. *顯(현)나타나다. 安(안)어찌. 强(강)억지로. 冠(관)갓을 쓰다.

34. 將(장)

① 장차 ～하려고 하다.

國**將**興聽於民, **將**亡聽於神. <耳談續纂>
나라가 장차 흥하려 할 때는 백성에게 듣고, 망하려 할 때는 귀신에
게 듣는다. *於(어)～에게.

叟不遠千里而來, 亦**將**有以利吾國乎. <孟子>
노인께서 천 리를 멀다 하지 않고 오셨으니, 또한 장차 내 나라를 이
롭게 함이 있겠습니까. *叟(수)늙은이.

② 장수.

廉頗者, 趙之良**將**也. <史記>

염파廉頗는 조趙나라의 훌륭한 장수이다. *廉(렴)성, 청렴하다. 頗(파) 자못.

敗軍之**將**, 不可以言勇. <史記>
패한 군의 장수는 용기를 말할 수 없다.

③ 거느리다.

其馬**將**駿馬, 而歸. <淮南子>
그 말이 오랑캐의 준마를 거느리고 돌아왔다. *將(장)거느리다. 駿(준) 준마.

陛下不能**將**兵, 而善**將**將. <史記>
폐하는 병사는 거느릴 수 없으나, 장군을 잘 거느릴 수 있다. *陛(폐) 섬돌.

將風伯雨師雲師, 而主穀主命主病主刑主善惡. <三國遺事>
풍백風伯・우사雨師・운사雲師를 거느리고, 농사・생명・질병・형벌・선악을 주관하였다.

④ 가지다.

難**將**一人手, 掩得天下目. <李鄴詩>
한 사람의 손을 가지고, 천하 사람들의 눈을 가리기 어렵다. *將(장) 가지다. 掩(엄)가리다.

難**將**寸草心, 報得三春暉. <孟郊詩>
한 치 되는 풀의 마음을 가지고, 석 달 봄빛 갚기 어렵다. *촌초심寸草心은 부모의 은혜를 갚으려는 마음, 삼촌휘三春暉는 부모의 은혜를 비유함. *暉(휘)빛나다, 빛. 報(보)갚다.

崔女**將**利刀, 潛入庫中, 割鼓面角口, 以報好童. <三國史記>
최녀가 날카로운 칼을 가지고 몰래 무기고 안에 들어가, 고면鼓面과 각구角口를 베고 호동好童에게 알렸다. *潛(잠)몰래. 庫(고)곳집. 割(할)베다. 角(각)뿔피리.

⑤ 거의.

固天縱之**將**聖, 又多能也. <論語>

진실로 하늘이 풀어놓으신 성인이실 것이요, 또 능한 것이 많으시다.

*將(장)거의. 固(고)진실로. 縱(종)놓다.

今藤絶長補短, **將**五十里也. <孟子>

지금 등藤나라는 긴 곳을 잘라 짧은 곳에 더하면, 거의 50리가 된다.

*藤(등)나라 이름, 등나무. 補(보)깁다, 더하다.

35. 適(적)

① 맞다·알맞다.

士之特立獨行, **適**於義而已. <伯夷頌>

선비는 특립독행特立獨行하여 의에 맞게 할 뿐이다. *特立獨行(특립독행)남에게 의지하지 않고 소신대로 나아감. *適(적)맞다.

憂勤是美德, 太苦, 則無以**適**性怡情. <菜根譚>

근심과 부지런함은 미덕이나, 지나치게 애쓰면 본성에 맞게 마음을 기쁘게 할 수 없다. *太(태)심히. 苦(고)애쓰다. 怡(이)기쁘다.

② 가다.

隨友**適**江南. <旬五志>

친구를 따라 강남江南에 가다. *隨(수)따르다.

孔子**適**鄭, 與弟子相失. <史記>

공자가 정鄭나라에 갔을 때, 제자들과 서로 어긋났다.

凡婦不命**適**私室, 不敢退. <禮記>

모든 며느리들은 자기 방으로 가라 명하지 않으면 감히 물러나지 않는다. *凡(범)모두.

③ 시집가다.

適人之道, 一與之醮, 終身不改. <小學>

남에게 시집가는 도리는 한 번 그와 결혼하면, 종신토록 개가하지 않
는 것이다. *醮(초)혼례婚禮.

有夫而**適**他, 雖萬乘之威, 終不奪也. <三國遺事>

남편이 있는데도 남에게 가는 일은, 비록 만승의 위엄을 가지고도 끝
내 뺏을 수 없다. *奪(탈)빼앗다.

④ 마침.

適有群鷄, 亂啄庭除. <太平閑話滑稽傳>

마침 여러 마리 닭이 있어, 뜰에서 어지럽게 먹이를 쪼았다. *適(적)
마침. 啄(탁)쪼다. 除(제)뜰.

今**適**有知而欺之, 是敎之不信. <列女傳>

이제 때마침 지각知覺이 나려고 하는데 그를 속인다면 이는 그에게
불신을 가르치는 것이다. *欺(기)속이다.

36. 絶(절)

① 끊다 · 자르다 · 그만두다. <교제, 사물>

與友厚, 而小**絶**之. <韓詩外傳>

벗과 더불어 두터이 지내다가 작은 일로 절교하였다. *厚(후)두텁다.

北方有佳人, **絶**世而獨立. <李延年詩>

북방에 아름다운 사람이 있어, 세상을 끊고 홀로 서 있네.

鍾子期死, 伯牙破琴**絶**絃. <列子>

종자기鍾子期가 죽자, 백아伯牙는 거문고를 부수고 줄을 끊었다. *伯
牙絶絃(백아절현)자기를 알아주는 절친한 벗의 죽음을 슬퍼함. *伯

(백)맏. 絃(현)악기 줄.

子反之爲人也, 嗜酒而甘之, 不能**絕**於口. <淮南子>

자반子反의 사람됨은 술을 즐기고 달게 여겨, 입에서 술을 끊을 수가 없었다. *嗜(기)즐기다.

② 끊어지다.

以財交者, 財盡而交**絕**. <戰國策>

재물로써 사귄 사람은 재물이 다하면 사귐도 끊어진다.

千山鳥飛**絕**, 萬徑人蹤滅. <柳宗元詩>

온 산에 새가 낢이 끊어지고, 모든 길에는 사람 자취 없어졌다. *徑(경)길, 지름길. 蹤(종)자취.

③ 뛰어나다.

曹操智計 殊**絕**於人. <後出師表>

조조曹操의 지략은 남보다 다르게 뛰어났다. *操(조)잡다. 殊(수)다르다.

是二儒者吐詞爲經, 擧足爲法, **絕**類離倫優入聖域. <進學解>

이 두 유자(맹자孟子와 순자荀子)는 말을 하면 경經이 되고, 발을 들면 법이 되어, 보통 사람보다 뛰어나고 무리에서 벗어나 성인의 경지(성역聖域)에 들어가기에 넉넉하였다. *吐(토)털어놓다, 말하다. 詞(사)말씀. 類(류)무리. 倫(륜)무리. 優(우)넉넉하다.

④ 전혀 · 매우.

幽武置大窖, **絕**不飮食. <十八史略>

소무蘇武를 큰 움에 가두고, 전혀 마시고 먹지 못하게 하였다. *幽(유)가두다. 窖(교)움, 움집. 絕(절)전혀.

家貧市遠, **絕**無兼味, 惟淡泊是愧耳. <太平閑話滑稽傳>

집이 가난하고 시장이 멀어, 전혀 맛을 겸할 것이 없고, 오직 담박하니 이것이 부끄러울 따름이다. *淡(담)담박하다. 泊(박)담박하다. 愧(괴)부끄럽다.

37. 諸(제 · 저)

① 모든 · 여러.

一日不念善, **諸**惡自皆起. <莊子>

하루라도 선을 생각하지 않으면, 모든 악이 저절로 다 일어난다. *諸(제)모두, 모든.

諸將易得耳, 至如信者國士無雙. <史記>

여러 장수는 얻기가 쉬울 따름이나, 한신韓信과 같은 자는 나라의 선비에서 둘도 없다.

② 이를 ～에게.

君子求**諸**己, 小人求**諸**人. <論語>

군자는 자신에게서 찾고, 소인은 남에게서 찾는다. *諸(저)～에게 이를.<지어之於>

施**諸**己而不願, 亦勿施於人. <中庸>

자기 몸에 베풀어 원하지 않는 것을, 또한 남에게 베풀지 말아야 한다. *施(시)베풀다.

③ 그것이 ～입니까, 그것을 ～입니까.

子路問. 聞斯行**諸**. <論語>

자로가 물었다. 들으면 곧 이를 행하여야 합니까. *諸(저)그것을～입니까.<지호之乎>

湯放桀, 武王伐紂有**諸**. <孟子>

탕왕湯王이 걸왕桀王을 유치留置(가두어 둠)하고, 무왕武王이 주왕紂王을 정벌하였다 하니, 그러한 일이 있습니까.

④ 이 · 저.

王庶幾改之, 王如改**諸**, 則必反予. <孟子>

왕이 고치시기를 바라노니, 왕이 만일 이를 고치신다면 반드시 나를 돌리게 하셨을 것이다. *庶(서)바라다. 幾(기)바라다. 諸(저)이, 저. 子(여)나.

38. 卒(졸)

① 군사.

天寒大雨, 士**卒**凍飢. <漢書>
날씨가 춥고 크게 비가 내려, 사졸이 얼고 굶주렸다. *凍(동)얼다. 飢(기)주리다.

卒有病疽者, 起爲吮之. <史記>
병사 중에 종기에 걸린 자가 있어, 오기吳起가 그를 위해 종기를 빨았다. *吮疽之仁(연저지인)상사가 부하를 극진히 사랑함, 혹은 목적달성을 위한 가식적 사랑. *吮(연)빨다. 疽(저)종기.

② 갑자기.

時夏月, 暴雨**卒**至. <世說新語>
여름에 폭우가 갑자기 내렸다. *暴(폭)사납다. 卒(졸)갑자기.

賈姬如廁, 野彘**卒**入廁. <史記>
가희賈姬가 변소에 갔는데, 멧돼지가 갑자기 변소에 들어왔다. *賈(가)성. 如(여)가다. 廁(측)뒷간. 彘(체)돼지.

煩使之而觀其能, **卒**然問焉, 而觀其知, <莊子>
번거롭게 그를 부려 그 재능을 보고, 갑자기 물어, 그 지혜를 본다. *煩(번)번거롭다. 知(지)지혜.<지智>

③ 마치다.

有始有**卒**者, 其惟聖人乎. <論語>

처음이 있고 끝이 있는 사람은 오직 성인이로다.

保皐飮之極歡, 飮未**卒**, 聞王弒國亂無主. <三國史記>
장보고張保皐는 술을 마시면서 마음껏 즐기는데, 술자리가 끝나기 전에, 왕이 시해되고 나라가 어지러워져서 주인이 없다는 소문이 들렸다. *歡(환)기쁘다. 皐(고)언덕. 弒(시)죽이다.

④ 마침내.

盈虛者如彼, 而**卒**莫消長也. <前赤壁賦>
(달은) 찼다 기울었다 하는 것이 저처럼 하나, 끝내 사라지거나 커지는 것이 아니다. *盈(영)차다. 消(소)사라지다.

言其利, 不言其害, **卒**有秦禍. <史記>
그것의 이로움을 말하고, 해로움을 말하지 않는다면, 결국은 진秦나라에 화가 있을 것이다.

孟軻好辯, 孔道以明, 轍環天下, **卒**老于行. <進學解>
맹자는 변론을 좋아하여, 공자의 도가 이 때문에 밝아졌으나, 수레바퀴 자국이 온 천하를 돌다가 마침내 길에서 늙으셨다. *軻(가)굴대. 辯(변)말 잘하다. 轍(철)바퀴 자국. 環(환)돌다.

⑤ 죽다.

巴素**卒**, 國人哭之慟. <三國史記>
을파소乙巴素가 죽자, 백성들이 통곡하였다. *慟(통)서럽게 울다.

父欲立叔齊, 及父**卒**, 叔齊讓伯夷. <史記>
아버지는 숙제叔齊를 세우려 하였으나, 부친이 돌아가시자, 숙제는 백이伯夷에게 양보하였다. *叔(숙)아저씨. 讓(양)사양하다.

39. 縱(종)

① 세로.

淬以烏賊之沫, **縱**橫擊刺. <虎叱>

(붓을) 오징어(오적烏賊) 거품에 담갔다 꺼내어, 종횡으로 치고 찌른
다. *淬(쉬)담그다. 沫(말)거품. 橫(횡)가로. 擊(격)치다. 刺(자)찌르다.

康州地陷成池, **縱**廣五十餘尺. <三國史記>

강주康州에서 땅이 내려앉아 연못이 되었는데, 가로와 세로가 50여
척尺이었다. *陷(함)무너지다. 縱(종)세로. 廣(광)넓이, 가로.

② 놓다・놓아주다.

七**縱**七擒. <漢晉春秋>

일곱 번 놓아주고 일곱 번 사로잡았다. *상대를 마음대로 다룸, 또는
인내를 가지고 상대가 숙여 들어오기를 기다림. *擒(금)사로잡다.

一日**縱**敵, 數世之患也. <春秋>

하루 적을 놓아준 것이 몇 대의 우환일 것이다. *敵(적)적. 世(세)대.

縱一葦之所如, 凌萬頃之茫然. <赤壁賦>

쪽배가 가는 대로 맡겨, 만경萬頃의 아득한 물결을 지나다. *縱(종)놓
다, 놓아주다. 葦(위)작은 배, 갈대. 如(여)가다. 凌(능)지나다. 頃(경)백
이랑. 茫(망)아득하다.

③ 방종하다・방임하다.

太甲欲敗度, **縱**敗禮. <書經>

태갑太甲이 욕심으로 법도를 무너뜨리고, 방종放縱으로 예를 무너뜨
렸다. *欲(욕)욕심. 度(도)법도. 縱(종)방종하다.

縱欲之病可醫, 而執理之病難醫. <菜根譚>

욕심을 함부로 하는 병은 고칠 수 있으나, 이론을 고집하는 병은 고
치기 어렵다. *執(집)잡다. 醫(의)고치다.

水一傾, 則不可復, 性一**縱**, 則不可反. <明心寶鑑>

물은 한 번 기울어지면 회복할 수 없고, 성품이 한 번 방종해지면 돌이킬 수 없다. *傾(경)기울다. 復(복)돌아오다.

④ 비록.

縱我不往, 子寧不來. <詩經>

비록 나는 가지 못하지만, 그대는 어찌 오지 않는가. *縱(종)비록. 寧(녕)어찌.

縱有蹉跌, 其腹心已潰, 四支無能爲也. <三國史記>

비록 차질이 있더라도, 그들의 심장부가 이미 무너졌으므로, 사지四支를 움직일 수 없을 것이다. *蹉(차)넘어지다. 跌(질)넘어지다. 潰(궤)무너지다.

40. 則(즉 · 칙)

① ~이라면.

過**則**勿憚改. <論語>

잘못이 있다면 고치기를 꺼리지 마라. *過(과)허물. 憚(탄)꺼리다.

汝不從我敎, **則**固不得爲吾女也. <三國史記>

네가 내 가르침을 따르지 않는다면, 진실로 내 딸이 될 수 없다. *汝(여)너. 固(고)진실로.

使之持危城, **則**必畔, 遇敵處戰, **則**必北. <荀子>

그들로 하여금 위험한 성을 지키게 한다면 반드시 배반할 것이고, 적을 맞아 싸우게 한다면 반드시 달아날 것이다. *持(지)지키다. 畔(반)배반하다. 遇(우)맞서다, 상대하다. 北(배)달아나다.

② 곧, ～하면.

木從繩則正, 后從諫則聖. <書經>

나무는 먹줄을 쫓으면 바르게 되고, 임금은 간함을 따르면 성군이 된다. *繩(승)먹줄. 后(후)임금. 諫(간)간하다.

仕而優則學, 學而優則仕. <論語>

벼슬하면서 여가가 있으면 학문을 하고, 학문을 하고서 여가가 있으면 벼슬을 한다. *仕(사)벼슬. 優(우)넉넉하다.

學則乃爲君子, 不學則爲小人. <明心寶鑑>

배우면 군자가 되고, 배우지 않으면 소인이 된다.

③ ～은, ～에 이르러서는.

弟子入則孝, 出則弟. <論語>

제자는 들어와서는 효도하고, 나와서는 공손해야 한다. *弟(제)공손하다.<제悌>

唯義所在, 則舍命效忠. <啓蒙篇>

오직 의리가 있는 곳에는 목숨을 버리고 충성을 바쳐야 하는 것이다. *舍(사)버리다.<사捨> 效(효)바치다.

④ ～은(가)

'則'이 대비하는 종속절과 주절이 없이 주어 다음에 쓰일 경우이다.

公則一, 私則萬殊. <近思錄>

공公은 한결같고, 사私는 여러 가지로 다르다. *殊(수)다르다.

公則自傷, 鬼惡能傷公. <莊子>

공께서 스스로 상한 것이지, 귀신이 어찌 공을 해할 수 있겠습니까. *惡(오)어찌.

鳥則擇木, 木豈能擇鳥. <春秋>

새가 나무를 택하지, 나무가 어찌 새를 택할 수 있겠는가. *擇(택)가리다.

⑤ 법·법칙·본받다.

惟天爲大, 惟堯**則**之. <孟子>

오직 하늘이 위대하거늘, 요임금이 이것을 본받았다. *則(칙)본받다.

知我者希, **則**我者貴. <老子>

나를 아는 자는 드물고, 나를 본받는 자는 귀하다. *希(희)드물다.<희稀>

先生施敎, 弟子是**則**. <小學>

선생께서 가르침을 베푸시면, 제자는 이를 본받는다. *施(시)베풀다.

41. 之(지)

① 가다.

海上之人, 每旦**之**海上. <列子>

바닷가 사는 사람이 아침마다 바닷가에 갔다. *旦(단)아침.

曾子**之**妻之市, 其子隨之而泣. <韓非子>

증자의 아내가 시장을 가는데, 그 아들이 그를 따르며 울었다. *隨
(수)따르다. 泣(읍)울다.

② 지시대명사. <사람·사물>

敬人者, 人恒敬**之**. <孟子>

남을 공경하는 자는 남이 항상 그를 공경한다. *恒(항)늘.

雖楚有材, 晉實用**之**. <春秋左氏傳>

비록 초楚나라에 인재가 있지만, 진晉나라에서 실제로 이들을 씁니다.
*楚材晉用(초재진용)초나라의 인재가 진나라에 의해 쓰임. 곧 인재가
바깥으로 흘러 나가 다른 나라에 의해 쓰임.

兄弟骨肉之親, 比**之**木, 則同根也. <學語集>

형제는 뼈와 살을 같이한 지극히 친한 사이이니, 이를 나무에 비한다

면 뿌리가 같다. *比(비)견주다.

③ ～의, ～한, ～하는.

身體髮膚, 受之父母, 不敢毀傷, 孝之始也. <孝經>
신체와 모발과 피부는 그것을 부모에게서 받았으니, 감히 헐고 상하지 아니함이 효의 시작이다. *髮(발)터럭. 膚(부)살갗. 毀(훼)헐다. 傷(상)다치다.

無羞惡之心, 非人也. <孟子>
부끄러워하고 미워하는 마음이 없으면 사람이 아니다. *羞惡之心(수오지심)자기의 옳지 못함을 부끄러워하고, 남의 옳지 못함을 미워하는 마음. *羞(수)부끄러워하다. 惡(오)미워하다.

以責人之心責己, 以恕己之心恕人. <小學>
남을 꾸짖는 마음으로 자기를 꾸짖고, 자기를 용서하는 마음으로 남을 용서하라. *責(책)꾸짖다. 恕(서)용서하다.

④ ～이(가)

大道之行, 天下爲公. <禮記>
큰 도가 행하여지니 천하가 공평하다.

子隨我後, 觀百獸之見我而敢不走乎. <戰國策>
그대는 나의 뒤를 따라, 모든 짐승이 나를 보고 감히 달아나지 않는가를 보라. *子(자)그대. 隨(수)따르다. 敢(감)감히. 百(백)모든.

强秦之所以不敢加兵於趙者, 徒以吾兩人也. <十八史略>
강한 진秦나라가 조趙나라에 출병을 하지 않는 까닭은, 다만 우리 두 사람이 있기 때문이다. *徒(도)다만.

⑤ ～을(를)

'之'를 사용하여 목적어를 술어 앞으로 도치한 경우이다.

博愛之謂仁. <原道>
널리 사랑하는 것을 인이라 한다. *博(박)넓다.

富貴不能淫, 貧賤不能移, 威武不能屈, 此之謂大丈夫. <孟子>

부귀에도 음란하지 않으며, 빈천에도 옮기지 않으며, 권위와 무력에
도 굽히지 않을 수 있는 것, 이를 대장부라 이른다. *淫(음)음란하다.
移(이)옮기다. 威(위)위엄. 屈(굴)굽히다.

42. 且(차)

① 또.

仁且智, 夫子旣聖矣. <孟子>

어질고 슬기로우시니, 부자夫子는 이미 성인이십니다.

奈之何民不窮且盜也. <原道>

어찌 백성이 곤궁하고 훔치지 않겠는가. *窮(궁)다하다, 고생하다. 盜
(도)훔치다.

邦有道, 貧且賤焉恥也, 邦無道, 富且貴焉恥也, <論語>

나라에 도가 있을 때에, 가난하고 천한 것이 부끄러운 일이며, 나라에
도가 없을 때에, 부하고 귀한 것이 부끄러운 일이다. *邦(방)나라. 恥
(치)부끄럽다.

② 장차 ~하려고 하다.

彼且奚適也. <莊子>

저것은 장차 어디로 갈 것인가. *且(차)장차. 奚(해)어디. 適(적)가다.

子爲寡人, 謀且奈何. <戰國策>

그대가 과인을 위하여, 꾀함에 장차 어떻게 하려고 하는가. *子(자)그
대. 謀(모)꾀하다. 奈(내)어찌.

③ 또한.

死馬且買之, 況生者乎. <十八史略>

죽은 말도 또한 사는데, 하물며 산 것임에랴. *買(매)사다. 況(황)하물며.

夢中許人, 覺且不背其信. <新書>

꿈속에서 사람에게 허락한 일을 깨어서도, 또한 그 믿음을 어기지 아니한다. *覺(교)깨다. 背(배)등지다.

奕棋淸戲也, 且動戰爭之心. <菜根譚>

바둑과 장기는 고상한 놀이나, 또한 싸우려는 마음이 움직인다. *奕(혁)바둑. 棋(기)장기. 戲(희)놀다.

④ 우선·먼저.

且自大君之門, 而乃大吾門

우선 스스로 그대 자신의 가문을 크게 하고, 이에 우리 가문을 크게 해 주시오.

遇沈沈不語之士, 且莫輸心. <菜根譚>

음침하여 말하지 않는 사람을 만나거든, 먼저 속마음을 털어놓지 말아야 한다. *遇(우)만나다. 輸(수)보내다.

⑤ 관용적 표현.

▷且~且~ : 한편으로 ~하고, 한편으로 ~하다.

述等且戰且行. <三國史記>

우문술宇文述 등은 한편으로는 싸우고 한편으로는 행군하였다.

見信死, 且喜且憐之, <史記>

한신韓信이 죽은 것을 보고, 한편으로는 기뻐하고 한편으로는 그를 불쌍히 여겼다. *憐(련)가엾다.

金泰洙(號: 畔松·逸樂齋) ─────────────────────────

▌약력

　檀國大學校 漢文敎育科 卒業
　檀國大學校 漢文學科 博士課程 修了
　前) 서울中東高等學校 漢文敎師
　啓明大學校, 中央大學校 등 講師 歷任
　大韓民國書藝大展 招待作家·審査歷任
　韓國書藝家協會, 韓國書藝포럼, 以書會 會員
　個人展(2004. 白岳美術館)
　現) 檀國大學校(漢文敎育科), 서울敎育大學校(美術科) 講師

▌주요논문 및 저서

　秋史 流配期 漢詩 硏究
　「六書尋源」 考
　「金石叢話」 譯
　한문명구선-새김과 서예를 만나다
　매월당시 서예산책 등

　서울시 종로구 인사동길 9. 401호 반송서예
　e-mail : kimbansong@hanmail.net

(개정판) 한문문법

초판인쇄　2020년 9월 29일
초판발행　2020년 9월 29일

지은이　김태수
펴낸이　채종준
펴낸곳　한국학술정보㈜
주소　경기도 파주시 회동길 230(문발동)
전화　031) 908-3181(대표)
팩스　031) 908-3189
홈페이지　http://ebook.kstudy.com
전자우편　출판사업부　publish@kstudy.com
등록　제일산-115호(2000. 6. 19)

ISBN　979-11-6603-102-1　93710